JUSQU'À L'ÉPUISEMENT DE LA NUIT

Le convoi des « Tatoués »
27 avril 1944

Vincent Quivy

JUSQU'À L'ÉPUISEMENT DE LA NUIT

Le convoi des « Tatoués »
27 avril 1944

Éditions Anne Carrière

Ouvrage publié sous la direction de
Alexandre Maujean

ISBN : 978-2-3808-2345-5

www.anne-carriere.fr

Pour mon père

« Et c'est encore toi sans fin qui te promènes
Berger des longs désirs et des songes brisés
Sous les arbres obscurs dans les Champs-Élysées
Jusqu'à l'épuisement de la nuit ton domaine

Oh la gare de l'Est et le premier croissant
Le café noir qu'on prend près du percolateur
Les journaux frais les boulevards pleins de senteurs
Les bouches du métro qui captent les passants

La ville un peu partout garde de ton passage
Une ombre de couleur à ses frontons salis
Et quand le jour se lève au Sacré-Cœur pâli
Quand sur le Panthéon comme un équarrissage

Le crépuscule met ses lambeaux écorchés
Quand le vent hurle aux loups dessous le Pont-au-Change
Quand le soleil au Bois roule avec les oranges
Quand la lune s'assied de clocher en clocher

Je pense à toi Desnos qui partis de Compiègne
Comme un soir en dormant tu nous en fis récit
Accomplir jusqu'au bout ta propre prophétie
Là-bas où le destin de notre siècle saigne »...

Louis Aragon,
extrait de « La complainte de Robert le Diable »,
Les Poètes, Gallimard, 1960

INTRODUCTION

« Nos frères dans l'ordre de la nuit… »

Une plaque, ici ou là, apposée sur les murs de nos villes.

Quelques noms, quelques mots, disséminés dans l'espace, courts hommages sur lesquels glisse, indifférent, le regard des passants :

« À la mémoire de Pierre Marzelière, né le 20 juin 1921, martyr de la Résistance, déporté en Allemagne, disparu en mars 1945 »,

« Besnard Jacques, vingt-huit ans, juge d'instruction à Château-Gontier, a sauvé de nombreux résistants, mort en déportation à Buchenwald »,

« Ici vécut de 1934 à 1944 Robert Desnos, poète français. Arrêté par la Gestapo et déporté, il trouva la mort parce qu'il était épris de liberté, de progrès et de justice. »

Ces ombres préservées de l'oubli ont toutes emprunté le même train, celui qui, un jour ensoleillé d'avril 1944, a emporté 1 670 hommes vers l'anéantissement. Ils ont été choisis pour leur appartenance réelle ou supposée à la Résistance ou au Parti communiste, pour leur refus de travailler ou de combattre pour l'Allemagne, parfois simplement parce qu'ils étaient au mauvais endroit au mauvais moment, dans la rue, dans un bar, dans une salle. En avril 1944, les nazis ont alors largement vidé l'Europe conquise des Juifs, des Tsiganes, des homosexuels, des opposants politiques, de toutes sortes de gens coupables de ne pas être des Aryens fanatiques ; et ils ne sont plus très regardants sur le profil de leurs victimes. Alors que les parias ont été déportés, l'ogre continue de vouloir se nourrir et s'invente de nouveaux boucs émissaires. Il n'a besoin ni de justification ni de théorie, il suit une logique de destruction et de haine qui, par essence, n'a pas de fin. Débarrassé de tous ses « mauvais éléments », le IIIe Reich ne semble pourtant pas accéder à la prospérité et au bonheur annoncés. Le pays est exsangue, les défaites s'accumulent, les ressources manquent et les villes ploient sous les bombes.

Dans la France occupée, les prisons sont pleines. Les forces aux ordres du gouvernement de Vichy traquent communistes et résistants. À leurs côtés, la Gestapo et la Wehrmacht redoublent d'efficacité. On arrête, on torture, on fusille et, de plus en plus, on déporte. Les ennemis du Reich sont décidément trop nombreux, les prisons trop petites, et la Grande Allemagne manque de bras pour ses usines. Elle les massacre ou les épuise à un rythme effrayant. L'instauration du travail obligatoire (STO) ne change rien : les jeunes Français refusent massivement de partir outre-Rhin et viennent grossir les maquis de la Résistance.

Quand, le 27 avril 1944, les nazis remplissent en gare de Compiègne (Oise) des wagons à bestiaux de Français issus des prisons de l'Hexagone, personne ne connaît leur but. Envoient-ils ces hommes, jeunes pour la plupart, travailler en Allemagne ou les destinent-ils à une mort programmée dans l'univers concentrationnaire ? S'agit-il d'utiliser ou de punir ? Les deux ?

Quand les 1 670 détenus débarquent au camp d'extermination d'Auschwitz (Pologne) quatre jours plus tard, leur sort semble scellé. Pourtant, ils échappent aux chambres à gaz et aux fours crématoires. Ils n'évitent pas, en revanche, le rituel qui attend les déportés d'Auschwitz – et uniquement d'Auschwitz : le tatouage de leur matricule sur leur avant-bras gauche. Après quelques jours d'attente et de sidération, ils sont rembarqués dans un train à bestiaux à destination du camp de concentration de Buchenwald (Allemagne). Leur calvaire ne fait que commencer, il va durer un an. Douze mois d'enfer dont la moitié d'entre eux ne réchappera pas.

De leur passage à Auschwitz, ils vont garder le surnom de « convoi des Tatoués » car ils sont les seuls à avoir été ainsi acheminés dans « l'usine de la mort », marqués dans leur chair puis réexpédiés par un autre train vers une nouvelle destination.

En partant sur leurs traces dans la nuit froide d'un passé sombre et âpre, j'ai voulu raconter leur parcours mais aussi dire qui ils étaient. Leur redonner vie. Adultes et adolescents, professeurs et lycéens, hommes mûrs et étudiants, aristocrates et ouvriers, élus et intellectuels, curés et médecins, officiers supérieurs et soldats sans grade, marchands prospères et petits fonctionnaires, juge et malfrats, résistants mais aussi, parfois, collabos, ils forment une cohorte hétéroclite et représentative de la France de l'époque. Ils sont un ensemble d'histoires, une somme de passions, de sentiments, de souvenirs, de tout ce qui constituait leurs existences avant qu'elles ne soient broyées par la puissance du Mal. Leur nombre empêche, sauf à privilégier les statistiques froides et anonymes, de s'intéresser à tous.

Je me suis arrêté sur certains plutôt que sur d'autres, comme, quand on remonte un train wagon après wagon, on remarque des visages et on en oublie d'autres. Beaucoup auraient mérité, par leur personnalité, leur courage ou leur touchante destinée, d'être évoqués ici, mais le but de cet ouvrage, contrairement à l'émouvant *Convoi du 24 janvier* de Charlotte Delbo ou à l'impressionnant *Livre des 9 000 déportés de France à Mittelbau-Dora*, n'est pas encyclopédique. Il se veut un éclairage partiel mais représentatif qui permet d'avoir peut-être, paradoxalement, une vision plus nette et plus précise. Il montre que ce train à destination de la nuit concentrationnaire n'était pas rempli que de héros de la Résistance. Il était aussi composé de petits Français indifférents ou passifs, de pétainistes disciplinés ou de représentants de la majorité silencieuse qui prenait garde à ne se mêler de rien pour ne pas avoir d'ennuis. Ces hommes qui, n'étant ni juifs, ni résistants, ni communistes, ni francs-maçons, ni tsiganes, ni homosexuels, etc., se croyaient à l'abri de la machine répressive… ont fini par être broyés comme les autres, parce que toute idéologie reposant sur la haine et l'exclusion a, par définition, constamment besoin de nouveaux éléments à haïr et à exclure.

Aussi, faire revivre des victimes, parmi des millions d'autres, de la barbarie nazie – les déportés du « convoi des Tatoués » –, c'est rendre hommage, à travers elles, à « tous les rayés et tous les tondus des camps de concentration », « nos frères dans l'ordre de la nuit », selon les mots d'André Malraux, mais c'est aussi rappeler, aujourd'hui et toujours, à quoi mènent les idéologies fondées sur la haine et les boucs émissaires.

[*Quand il est évoqué pour la première fois, chaque « Tatoué » est suivi du numéro de matricule qui lui a été attribué et tatoué à Auschwitz.*]

AVANT LA NUIT

Desnos

Mercredi 26 avril 1944

Une journée printanière éblouit Paris. Les rayons du soleil font scintiller les feuilles de chêne dorées du képi du maréchal de France. Alerte et souriant, le vieux soldat qui, deux jours plus tôt, a fêté ses quatre-vingt-huit ans adresse depuis le balcon de l'Hôtel de Ville des mots optimistes à une foule enthousiaste qui ne l'entend pas. Mauvaise sonorisation. Pour la première fois depuis 1940, Philippe Pétain, chef de l'État français, est dans la capitale. Son déplacement a pour objet les funérailles des victimes des bombardements anglo-américains. Le ciel clair de Paris cache, en effet, des nuages lourds et sombres. Le printemps s'annonce orageux. Le regard azur du Maréchal se perd vers un horizon qui n'est pour lui ni souriant ni dégagé. Les Allemands avec lesquels il s'est allié sont en train de perdre la guerre. Leurs armées reculent sur le front de l'Est, en Italie, en Afrique du Nord. Le pays occupé bruisse de rumeurs d'un débarquement imminent. Les jeunes Français requis par le IIIe Reich pour participer à l'effort de guerre (Service du travail obligatoire, STO) disparaissent dans la clandestinité et viennent grossir les rangs de la Résistance. L'Armée des ombres s'est mise en ordre de marche derrière le général de

Gaulle et agit partout et à tout moment. Les attentats se multiplient, les sabotages abondent, les maquis pullulent. La Libération est proche, la victoire des Alliés inéluctable.

Comme ignorant « le vent mauvais » de l'Histoire, le Maréchal joue sa partition sans fausse note. On a décapoté la voiture depuis laquelle il salue la foule rameutée en vitesse pour cause de « visite surprise ». Le vainqueur de Verdun doit donner l'illusion d'être toujours le chef de l'État, ou d'une partie de l'État, ou de quelque chose qui s'appellerait encore la France, même s'il n'est plus qu'un fantoche sans royaume. On a mobilisé la Garde républicaine, qui n'est plus « républicaine » mais « de Paris » faute de république, on a sollicité les militants et les derniers fidèles, les enfants des écoles. Sur le parvis de Notre-Dame, le vieux soldat est accueilli en grande pompe par l'archevêque de Paris, tout sourire, par le chef du gouvernement, Pierre Laval, et bon nombre de ses ministres, ainsi que par le général en chef du « Gross Paris », véritable maître de la ville, raide dans son uniforme vert-de-gris, Hans von Boineburg-Lengsfeld.

Depuis la cathédrale, un quart d'heure à pied suffit pour rejoindre – en empruntant le quai des Orfèvres, le Pont-Neuf puis, de l'autre côté de la Seine, la rue Guénégaud – la rue Mazarine et, au n° 19, l'appartement de Robert Desnos (185443), deuxième étage. Mais aucune des personnalités présentes à Notre-Dame n'a l'idée de s'y hasarder. Du reste, l'écrivain-poète est absent. Non pas qu'il soit allé applaudir le Maréchal, mais parce qu'il a été arrêté deux mois plus tôt, le 22 février.

Un coup de fil d'une collaboratrice du quotidien *Aujourd'hui* où il travaille a prévenu : « La Gestapo vient de quitter les locaux du journal. Ils ont l'adresse et vont chez Desnos. »

Le poète hésite. Il est encore temps de fuir mais il faut se hâter. La rédaction, rue de l'Opéra, est à quelques minutes en voiture. Les Allemands seront là très vite. Desnos craint pour la vie de sa compagne, Lucie Foujita alias Youki. Il a entendu de nombreux récits racontant que la Gestapo n'hésitait pas à s'en prendre à la famille et aux proches des résistants. Il espère qu'en se laissant arrêter il protégera la femme qu'il aime, ex-compagne du peintre Foujita, qu'il sent fragile, accro comme elle l'est à l'éther après l'avoir été à la cocaïne et autres substances illicites.

Ou bien se sent-il las et fatigué d'un combat incessant ? La période l'a fragilisé. En 1940, de retour dans Paris occupé par les Allemands, il a, démobilisé, accepté ce poste de journaliste à *Aujourd'hui*. Un quotidien nouveau pour des temps nouveaux, fondé par un ami, ancien du *Canard enchaîné*, Henri Jeanson, qui entendait bien, au nez et à la barbe de Pétain et des Allemands, faire valoir ses idées et insuffler sans le dire un « esprit de résistance ». Les nouveaux maîtres ont autorisé et financé ce journal-caution, heureux de prouver que même les antinazis se ralliaient à leur casaque et que la présence pesante de la Wehrmacht dans la capitale n'entravait pas la vie intellectuelle parisienne.

Robert a hésité. Pourquoi rejoindre ce vaisseau mal armé et ambigu ? Jeanson l'a convaincu, un soir, autour d'un verre : « Mon vieux, tu ne trouveras rien de moins compromettant. Ils ne comprennent rien à notre esprit. On fera de la contrebande[1]. »

Desnos a accepté. En ces temps incertains, toucher un salaire régulier est une aubaine. Il leur assure de quoi vivre, à

1. Les notes et références sont regroupées en fin d'ouvrage, au chapitre « Sources ».

lui et à Youki. Jeanson n'a pas menti : *Aujourd'hui* fait dans la « contrebande ». Desnos écrit, en une, des papiers acerbes. Ce fameux « J'irai le dire à la Kommandantur » de septembre 1940, dans lequel il pointe avec une sombre ironie l'esprit de délation qui se généralise. Mais ce jeu de dupes n'a qu'un temps. Poussés par la presse collaborationniste, les Allemands exigent plus de gages. Jeanson refuse de cautionner les lois antijuives et le nouveau régime. Il est démissionné en novembre 1940. Puis emprisonné. « *Aujourd'hui*, cette oasis du désert de l'Occupation, affirme Desnos avec amertume, était un mirage. »

Le nouveau patron, Georges Suarez, n'est pas un collabo de « contrebande ». C'est un vrai, un pur, qui a fait ses preuves dans les milieux d'extrême droite et fréquente les hérauts du fascisme à la française. Sous sa conduite, *Aujourd'hui* devient vite une de ces feuilles serviles entièrement contrôlées par les nazis. Mais Suarez apprécie, comme beaucoup de journalistes et d'intellectuels parisiens, Robert Desnos. Le poète est alors un auteur reconnu et respecté, un critique écouté, un écrivain qui compte dans le milieu germanopratin des lettres et des arts. Il accepte de poursuivre sa « collaboration » tout en s'exposant moins. Le salaire est l'argument principal, pour ne pas dire le seul. À Dominique Desanti, une amie avec qui il va boire un verre un soir, il confie : « Je travaille à *Aujourd'hui* – un quotidien créé par Eux – pour le fric, le blé, le flouze. »

Il se limite aux critiques de livres, des articles dans lesquels il continue d'exercer son esprit libre et caustique. « Si je n'écris pas tout ce que je pense, je pense tout ce que j'écris », argue-t-il. Il n'hésite pas à s'en prendre aux écrivains bien en cour. En mars 1941, il assassine en quelques phrases le très pétainiste académicien Henry Bordeaux et le très antisémite Louis-Ferdinand Céline, auteur d'un nouveau pamphlet haineux et raciste, *Les Beaux Draps* : « En vérité, si le premier a le souffle court, le second n'a pas de souffle du tout, juge Desnos. Ses colères sentent le bistrot et en cela il est, comme beaucoup d'hommes de lettres, intoxiqué par la moleskine et le zinc. [...] À quoi bon les lire ? Je vois bien pour qui ils écrivent. Je ne vois pas pourquoi. »

L'attaque lui assure la haine de Louis-Ferdinand Céline. L'écrivain n'accepte pas la critique et exige un droit de réponse dans le journal de Desnos. *Aujourd'hui* n'est pas en position de refuser les injonctions de l'auteur antisémite prisé en haut lieu et s'exécute non sans ironie. Il titre : « Un inédit de M. Louis Destouches dit... Louis-Ferdinand Céline : SOMMATION ».

Céline traite la critique de Desnos d'« ordure bien malhabile » avant de se laisser aller à son délire paranoïaque et antisémite : « Pourquoi M. Desnos ne hurle-t-il pas plutôt, écrit-il, le cri de son cœur, celui dont il crève inhibé... "Mort à Céline et Vivent les Juifs !" M. Desnos mène, il me semble, campagne philoyoutre (et votre journal) inlassablement depuis juin. [...] Mieux encore, que ne publie-t-il pas, M. Desnos, sa photo grandeur nature face et profil, à la fin de tous ses articles ! »

« Philoyoutre », dans le langage nauséabond de la Collaboration, signifie « pro-juif » et l'allusion au physique de Desnos – un grand nez, de grosses lèvres et un visage long – laisse à penser que Céline lui trouve des traits similaires aux caricatures antisémites que les nazis répandent.

Face à ces attaques, censées répondre à une critique littéraire, Desnos reste serein et rétorque, sarcastique : « La réponse de M. Louis Destouches, dit "Louis-Ferdinand Céline", est trop claire pour qu'il soit nécessaire de commenter chaque phrase. [...] Je crois utile cependant de souligner la théorie originale suivant laquelle un "critique littéraire" n'a qu'une alternative : ou crier “Mort à Céline” ou crier “Mort aux Juifs”. C’est là une formule curieuse et peu mathématique dont je tiens à laisser la responsabilité à M. Louis Destouches dit “Louis-Ferdinand Céline.” [Signé :] Robert Desnos dit “Robert Desnos”. »

La polémique a pour vertu de réduire, un peu, le sentiment de culpabilité qu’éprouve le poète à continuer de travailler pour un journal collabo. Elle a pour inconvénient de lui valoir, en cette période critique, des ennemis bien placés. Ce n’est pas très prudent. Desnos ne l’est pas. « Robert aurait été un conspirateur idéal, affirme son amie Dominique Desanti, si la colère ne l’avait si souvent emporté. »

Un jour, il a giflé le critique du journal antisémite *Je suis partout*, Alain Laubreaux. « Visqueux », « mouchard-né » qui « se répand en dénonciations anonymes », Laubreaux, puissant et redouté, avait déjà été sévèrement corrigé par l’acteur Jean Marais en 1941. Un épisode que François Truffaut, bien plus tard, relatera dans *Le Dernier Métro*, ressuscitant cette figure antipathique au comportement abject dans le personnage de Daxiat.

Dominique Desanti témoigne de la façon dont Desnos, un soir dans un bar, « alors qu’il n’en était qu’à son troisième verre d’alcool », s’en prend au secrétaire du critique : « Ton *Je chie partout* te conchie le cerveau, mon vieux ! Ton patron, je lui ai filé une paire de claques, il y a trois mois. » S’ensuit un pugilat dont Desnos sort ensanglanté et qui se termine par les menaces prémonitoires du secrétaire de *Je suis partout* à l’encontre du poète : « Tu perds rien pour attendre, gaulliste, communiste, philoyoutre ! Attends, quand le patron saura ça ! »

Même s’il est de plus en plus en retrait à *Aujourd’hui*, Desnos peine à justifier sa présence dans ce monde de zélés collabos. Les grandes rafles de l'été 1942 – l'arrestation, l'enfermement et la déportation de milliers de Juifs, hommes, femmes, enfants – abattent un peu plus le poète. Ancien toxicomane, il compense avec l'alcool. « Desnos, durant l'Occupation, buvait avec une constance jamais démentie, note Dominique Desanti, et souvent dès avant midi, mais disait ne plus toucher à aucune drogue depuis longtemps. »

Un jeune poète, engagé dans la Résistance et ami de Jacques Prévert, André Verdet (186524), lui offre une issue de secours en l'incorporant dans son réseau. Desnos n'est plus ce journaliste cachetonnant dans la presse collabo, il est un combattant de l'ombre qui, grâce à son travail, obtient des informations et du matériel. « Je me sens à l'aise, désormais, de travailler à *Aujourd'hui*, confie-t-il à Dominique Desanti. Je le faisais, tu le sais, pour ma femme. À présent, je suis responsable aussi envers la liberté. [...] J'ai toujours été, je serai jusqu'au bout l'amant fou de la liberté. »

En septembre 1942, il écrit une nouvelle critique acerbe sur un ouvrage d'un écrivain collabo et antisémite, Pierre Pascal. « Le présent livre, lâche-t-il, ira rejoindre, à la fabrique de papier, un certain nombre d'ouvrages sans intérêt qui, refondus, permettront peut-être la publication d'œuvres lisibles. »

Pascal prend la mouche et se plaint à Georges Suarez : « Le sieur Robert Desnos, écrit-il, antifasciste éprouvé, enjuivé d'avant-guerre, surréaliste communisant, s'est servi de vous. » Ses articles, dès lors, disparaissent dans le fond du journal. Suarez le cantonne bientôt à la rubrique des disques. L'activité de Desnos se réduit à quelques paragraphes publiés de plus en plus épisodiquement. Il ne manque pas de glisser, dans le faible espace qu'on lui consent, un peu de son esprit rebelle si mal en phase avec l'esprit du temps. Il prend un malin plaisir à défendre le jazz contre ceux – les maîtres du moment – qui y voient une musique « d'épileptiques » et « de dégénérés ». « L'affirmer est au contraire une preuve d'ignorance majeure, écrit-il. [...] Et, sans crainte, sans remords, continuons à collectionner les disques de jazz. »

Pour gagner sa vie, il rédige scénarios, livres et recueils. Un entrefilet le dit, en décembre 1942, « attaché au département "scénario" de la production Pathé ». Il écrit le film *Bonsoir mesdames, bonsoir messieurs*, réalisé par Roland Tual avec François Périer et Julien Carette qui sortira en février 1944, quelques jours avant son arrestation. N'étant pas de ceux qui refusent de publier sous la botte allemande, Desnos fait paraître avec le soutien de Gaston Gallimard des poèmes, *Fortunes* (NRF, 1942), puis un roman, son premier, un brin autobiographique, *Le vin est tiré* (Gallimard, 1943). Dans le même temps, il alimente les éditions de « contrebande » ou carrément clandestines de textes inédits. Il poursuit une vie « normale », marquée par son amour pour Youki et de joyeux repas avec ses amis artistes et écrivains.

« C'est avec Paul Éluard, [l'écrivain] Georges Hugnet et [le comédien] Jean-Louis Barrault, rapporte le peintre Félix Labisse, que nous organisions des petits déjeuners dans de discrets restaurants de marché noir où on dégustait autre chose que de la purée de rutabagas. Robert n'avait rien perdu de sa causticité. »

Il a ses habitudes à L'Escalope milanaise, à La Vigne d'Or et chez Arnau, quai des Grands-Augustins, fréquente Henri Jeanson et Picasso, croise Jean-Paul Sartre et Simone de Beauvoir, voit assidûment Jacques Prévert et André Verdet. « Une belle amitié nous lia bientôt tous trois, raconte ce dernier. Nous nous retrouvions souvent dans un bistrot de la rue Dauphine. »

Il cache chez lui un jeune réfractaire au STO, Alain Brieux.

Il passe de la légèreté au désespoir, de l'alcool à l'écriture, erre dans le Paris de l'Occupation, à Saint-Germain, à Saint-Michel, rue de Seine. « Je rencontre, du côté de la place Maubert, Robert Desnos, au rire large et aux lunettes implacables, rapporte le poète Maurice Fombeure. [...] Il se cache derrière son verbe, tonitruant au besoin. »

Le 22 février 1944, après le coup de fil prévenant de l'arrivée imminente de la Gestapo, Alain Brieux file sans tarder avec quelques papiers que Desnos lui confie pour qu'ils ne tombent pas dans les mains ennemies. Alors qu'il descend, le réfractaire croise les policiers en civil qui montent chez le poète. Desnos ne peut plus fuir.

« J'étais encore en train de dire à Robert "Mais va-t'en, mais va-t'en !", et lui à me répondre "Jamais de la vie !", que ces gens sonnaient à la porte », raconte Youki.

Desnos n'oppose aucune résistance. Il console sa compagne en pleurs.

« Puis, comme on l'emmenait, poursuit-elle, il se tourna vers moi et me tendit son stylo, un Parker auquel il tenait beaucoup, car il lui avait été offert par ses amis cubains Fréjaville lors de son voyage en Amérique du Sud : "Garde-le-moi, chérie, je reviendrai le chercher." »

André Verdet, qui l'avait intégré dans son réseau, est également arrêté. Il s'était marié une semaine plus tôt. Desnos est emmené rue des Saussaies, dans les bureaux de la police allemande, puis incarcéré à Fresnes (Seine puis Val-de-Marne).

Youki et les siens se démènent pour obtenir sa libération. Il s'agit d'arracher au chef de la Gestapo parisienne, Heinrich Illers, une mesure de clémence. Les collègues d'*Aujourd'hui* montent tout un stratagème pour forcer Georges Suarez, réticent et craintif, à intervenir. Selon Youki, le chef nazi finit par se laisser convaincre et en fait l'annonce lors d'un dîner avec des journalistes parisiens chez Maxim's. Alain Laubreaux, présent parmi les convives, s'en offusque et, toujours selon Youki, proteste : « C'est un anti-hitlérien, c'est un communiste », dit-il de Desnos.

Il scelle ainsi le sort du poète. Le 27 mars, Desnos est transféré au camp de Royallieu à Compiègne, dans l'Oise, à 80 kilomètres au nord de Paris. C'est là qu'il se trouve au soir du 26 avril 1944 quand, après avoir passé une partie de l'après-midi dans son appartement du square de La Tour-Maubourg, Philippe Pétain, chef de l'État français, quitte la capitale pour rejoindre Vichy.

Ceux de Clermont

Le Maréchal effectue, comme à l'aller, le trajet en voiture, avec un arrêt pour la nuit à la préfecture de Melun (Seine-et-Marne). Les 400 kilomètres sont fatigants pour l'octogénaire. Le train aurait été plus reposant mais le chemin de fer n'est plus fiable depuis que les Alliés bombardent les lignes et que la Résistance sabote les rails pour empêcher le déplacement des troupes et des armes. La presse collabo parle de « guerre aux voies ferrées ».

Les lignes ne sont pas sûres mais les petites routes sont dangereuses. On voyage sur les grands axes, on évite certaines villes. Même autour de Vichy, la rébellion s'installe. Les attentats troublent Volvic, Riom, Montluçon. À Clermont-Ferrand, en février, une dizaine de résistants ont subtilisé près d'un milliard de francs à la Banque de France. Le 8 mars, un autre groupe a ciblé un détachement de soldats de la Wehrmacht allant, comme tous les mercredis, assister au Paris, place Chapelle-de-Jaude, à une séance de cinéma. Trois résistants venus à bicyclette ont lancé depuis la balustrade de la rue Claussmann, en surplomb, des grenades sur la colonne d'Allemands qui, en chantant, traversaient la rue Montlosier. Une vingtaine d'hommes ont été blessés. La réaction a été immédiate. Les occupants ont tiré dans tous les sens, faisant deux morts et plusieurs blessés parmi les passants. Puis ils ont bouclé le quartier, ont mitraillé le périmètre pendant deux heures et ont incendié deux immeubles place de la Poterne toute proche.

Ensuite ils ont raflé, le soir même et les jours suivants, les hommes du quartier, des groupes d'étudiants, des suspects fichés et des résistants plus ou moins identifiés.

Cordonnier d'origine bretonne, âgé de vingt-huit ans et père de deux enfants, Guillaume Gaonach (185612) habite, rue Claussmann, devant l'endroit depuis lequel les résistants ont balancé leurs grenades. Il est interpellé juste après l'attentat.

Henri Coquelut (185333), lycéen de dix-sept ans, est chef de patrouille chez les scouts, dans la périphérie de Clermont. Au moment de l'attentat, il assiste à une réunion de sa troupe, « Notre-Dame de la Varenne », au cercle Saint-Louis, une sorte de foyer étudiant, installé rue Montlosier. Les Allemands y débarquent et emmènent tout le monde.

Résidant à quelques rues des événements, 38, avenue des États-Unis, Robert Blazeix (185093) est arrêté, une semaine avant son vingtième anniversaire, alors qu'il rentre chez lui.

Jean Jonquet (185788), vingt-sept ans, Albert Coupat (185346), employé de trente-huit ans, et son père, Pierre, soixante-deux ans, ont la mauvaise idée d'habiter rue Montlosier.

Frédéric Renton (186313), lycéen de dix-sept ans originaire de la banlieue de Rouen, vit, lui, avec sa mère à l'hôtel Eldorado, place Chapelle-de-Jaude, là où se trouve le cinéma Le Paris que les Allemands n'ont pas pu atteindre.

Gabriel (186053) et Gilbert (186054) Mathieu, deux frères originaires du petit village de Moussages dans le Cantal, sont venus à Clermont pour étudier, l'un en dentaire, l'autre en pharmacie. Le premier, vingt ans, est raflé le 10, le second, vingt-trois ans, est appréhendé le 13 avec l'un de ses potes, Jean Lascombes (185852), étudiant en médecine, même âge et même origine.

Aimable Issert (185797), mécanicien-horloger, cinquante ans, père de famille, est raflé dès le 8. René Asfaux (184965), vingt-trois ans, étudiant en dentaire, et Alain Girard (185666), vingt-cinq ans, représentant, le 9. Tout comme Bertrand Muller (186118), trente-quatre ans, marié, trois enfants. Et Jean Noalhat (186142), dix-sept ans, ouvrier agricole, pris, comme Gabriel Mathieu et comme René Vivat (186548), dix-sept ans lui aussi, à l'Académie de billard, place Chapelle-de-Jaude, lieu de ralliement d'une bonne partie de la jeunesse locale, surnommé joyeusement « l'Académie du bobard ».

Georges Brunat (185182), vingt-quatre ans, fils d'un médecin de Commentry, dans l'Allier, inscrit depuis plusieurs années à la faculté de pharmacie, est interpellé par la Milice alors qu'il boit un verre à la Brasserie de Strasbourg, avenue des États-Unis.

Mécanicien aux établissements Bergougnan, fabricants de pneus de vélo, Maxime Alliot (184944), trente-huit ans, marié, un enfant, est membre du réseau Jade-Fitzroy, une organisation clandestine vouée au recueil de renseignements et liée à l'Intelligence Service britannique. Il est lui aussi appréhendé le 9 mars avec son camarade Marcel Guittet (185719), « Mimile » dans la Résistance.

Pierre Ravel (186298), dix-huit ans, étudiant en médecine, Marcel Augère (184975), vingt-neuf ans, ouvrier, trois enfants, et Abel Barbarin (184994), vingt-deux ans, cultivateur dans un village tout proche, que les autorités soupçonnent fort d'être résistant, font partie des centaines de personnes raflées à Clermont après l'attentat. Tout comme Robert Coupat

(185347), dix-neuf ans, Guy Gendre (185463), tout juste vingt ans, habitant chez ses parents place Saint-Pierre, en plein centre-ville, Louis Vergne (186527), dix-sept ans, Roger Soubeyroux (186417), dix-huit, Louis Verdier (186526), dix-neuf, Robert Marcon (186006), dix-huit ans depuis quatre jours. La liste est encore longue, trop longue, remplie de vies saisies, au début du mois de mars 1944, sans préavis. Les journaux se taisent, la torpeur s'abat. Au matin du 10, les autorités allemandes publient un communiqué dénonçant « un nouvel attentat contre des militaires de l'armée d'opération [*sic*] » et annonçant des mesures restrictives : on ferme les théâtres, les cinémas, les cafés-concerts et « tous les lieux publics de plaisir ». Les cafés, restaurants et salons de thé devront baisser leur rideau à 19 h 30. On décrète un couvre-feu de 21 heures à 5 heures du matin. « Toutes personnes [*sic*] qui ne se conformeraient pas aux présentes mesures s'exposeraient aux sanctions les plus graves. »

Voilà pour les menaces. Pour les explications, il faut attendre le 11, et un nouvel « avis à la population de Clermont-Ferrand » dans lequel le « Kommandant des Hauptverbindungsstabes » (commandant de l'État-major de liaison) explique que, lors du « lâche attentat commis », « la troupe allemande » a dû riposter « instantanément et avec toute sévérité, de sorte qu'il est inévitable que des gens étrangers à un attentat [puissent], au cours des opérations, en subir les conséquences ». « La population » est donc « invitée à s'opposer à ces agissements criminels d'éléments irréfléchis et excités et à prêter son concours pour éviter de pareils attentats et pour faciliter les recherches ».

Les raflés sont enfermés dans ce qu'on nomme alors le « 92 », la caserne du 92e régiment d'infanterie, transformée en prison par les Allemands. Ils rejoignent tout un lot de proscrits et d'ennemis du Reich arrêtés depuis des jours, des semaines voire des mois. Il y a là la famille Martinon – Robert (186039) et Antonine et leurs fils Pierre (186038) et Abel –, qui exploite l'hôtel du Commerce à Volvic, investi le 1er mars par la Gestapo. Parce qu'un résistant qui s'y trouvait a ouvert le feu, la répression a été immédiate et implacable : le bâtiment a été incendié, tous les résidents ont été arrêtés, dix-sept seront déportés.

Les Strasbourgeois

Il y a là, au « 92 », Henri Margraff (186011). Originaire de Saverne, en Alsace, ce jeune homme de vingt-quatre ans est inscrit à la fac de droit de Clermont-Ferrand. Il est un de ceux qu'on surnomme les « Strasbourgeois », ces étudiants et leurs professeurs repliés avec leur université en Auvergne depuis 1939. Au début de la guerre, en effet, « la zone entre la ligne Maginot et la frontière avec l'Allemagne est évacuée de ses 400 000 habitants. Strasbourg, qui s'y trouve, abrite l'une des universités les plus prestigieuses d'Europe, dont les sept facultés se replient à Clermont-Ferrand », explique l'historien Arnaud Pocris. Plus de mille étudiants et enseignants alsaciens affluent en Auvergne et, après la défaite du printemps 1940 qui entraîne l'annexion de leur région à l'Allemagne et l'enrôlement des jeunes Alsaciens dans la Wehrmacht, y demeurent. L'université clermontoise partage ses locaux et ses moyens. On se serre dans les salles de cours et dans les foyers. On fait bon accueil à ces Françaises et Français qui refusent de devenir allemands. Le non-retour des Alsaciens en terre conquise, nourri par un fort sentiment patriotique, suscite des tensions avec l'occupant.

L'un des profs, Jean Cavaillès, a déjà, au cours d'un déjeuner à la Brasserie de… Strasbourg, 42, avenue des États-Unis, jeté avec une de ses collègues, Lucie Bernard dite Aubrac, et un journaliste parisien, Emmanuel d'Astier de La Vigerie, les bases d'un mouvement : Libération-Sud. « Nous sommes devenus, nous les universitaires, des espèces de commis voyageurs en résistance », explique Lucie Aubrac.

Quand la Wehrmacht envahit la zone non occupée en novembre 1942 et prend possession de la ville, les esprits sont mûrs. L'université, « foyer de l'esprit antiallemand », pleine d'Alsaciens inquiets de leur sort, devient un centre d'action. Elle est étroitement surveillée. La Gestapo y infiltre un étudiant à sa solde, Georges Mathieu. Après la mort de deux de ses agents tués en tentant d'arrêter un professeur, elle procède à une première rafle-représailles dans la nuit du 24 au 25 juin 1943 à la « Gallia », « foyer universitaire de Strasbourg », 14, rue Rabanesse dans le centre de Clermont-Ferrand. Trente-sept étudiants sont arrêtés puis incarcérés au « 92 ».

C'est un premier avertissement. Henri Margraff qui, ne logeant pas à la Gallia, échappe à la rafle, l'a bien compris : « Dès la première heure du lendemain, écrit-il, en prévision d'autres rafles, j'ai grimpé à bicyclette jusqu'à Rochefort [à 30 kilomètres de Clermont]. »

Henri, apprenti avocat, a depuis le début de la guerre appris à être méfiant. Après avoir été mobilisé, à vingt ans, en 1940, puis avoir vécu la débâcle en marchant pendant dix-neuf jours, il est rentré chez lui à Saverne (près de Strasbourg), devenue allemande, et a été intégré à l'université de Heidelberg, près de Mannheim. Son père l'a poussé à faire profil bas malgré ses sentiments antiallemands afin d'éviter les représailles. Mais en 1941, la vision paternelle change : Hitler n'est pas parvenu à conquérir l'Angleterre, le Reich n'est pas invincible, la défaite n'est pas définitive. Henri a l'autorisation de « s'évader ». Il va gagner la France clandestinement. Le passage de la frontière est alors extrêmement dangereux. Il l'effectue caché dans une camionnette derrière des piles de fromages. Puis, après avoir gagné Paris, il doit encore passer la ligne de démarcation séparant la zone occupée par les Allemands de la zone dite « libre », contrôlée par Vichy. Il parvient finalement à Clermont-Ferrand où il reprend ses études en s'inscrivant, en mai 1941, à l'université de Strasbourg. Il fait alors la connaissance d'un curé, l'abbé Vincent, et d'un policier, Henri Weilbacher, qui le poussent à agir et à monter son propre groupe de résistants.

Après avoir fui Clermont au lendemain de la rafle de la Gallia, en juin 1943, Henri passe l'été à Rochefort-Montagne où il sert de valet de ferme avant de s'offrir un long séjour à Vendôme (Loir-et-Cher) et Paris. Il hésite à y rester mais son contact dans la Résistance, à Clermont, attend son retour. Il doit finir de monter son groupe.

« Il fallait y aller », explique-t-il. « La réouverture des cours de la fac de droit eut lieu début novembre. Je m'y rendis », poursuit-il.

La mère d'une de ses relations ayant appris par des officiers français que « les Allemands envisageraient de boucler l'université », Henri se terre dans sa chambre d'étudiant, mais il doit « pointer à des inscriptions » et rencontrer le doyen.

« Il était presque 11 heures du matin le 25, se souvient-il, jamais les amphis n'avaient été si complets. Cela se passa presque sans bruit dans la petite salle au-dessous des combles de l'école de notariat où se tenait le cours auquel j'assistais. Seul un camarade, percevant des bruits sourds, dit : “Les Allemands” et presque aussitôt la porte s'ouvrit et les soldats de la Luftwaffe [armée de l'air] semblèrent tout surpris de trouver encore une salle pleine. Un sous-officier se contenta d'en saisir un, de lui faire mettre les mains sur la nuque, tous les autres suivirent docilement. »

Deux cents hommes bouclent les locaux de l'université. L'objectif est avant tout d'arrêter les Alsaciens, profs et étudiants, accessoirement les Juifs et les résistants. Le traître Georges Mathieu est là pour les identifier. Mille deux cents personnes sont appréhendées. Un prof, Paul Collomp, qui aux yeux de la Gestapo ne manifestait pas assez d'empressement, est abattu sur place.

Suzanne Rocher se souvient de cette journée. Étudiante en pharmacie, elle suit un TP (travail pratique) de chimie avec son coéquipier habituel, un Clermontois de vingt-trois ans, René Dumas (185477). Les Allemands envahissent la salle et emmènent les présents dans la grande cour centrale où sont regroupés tous les étudiants.

« René Dumas a été arrêté ce jour-là, rapporte-t-elle, et n'a eu dès le début aucun espoir de s'en sortir, ayant reconnu aux côtés des Allemands Georges Mathieu, de triste mémoire, qui lui avait procuré des faux papiers ! »

Tous les étudiants passent devant Georges Mathieu.

« Mon tour approchait, témoigne Henri Margraff. Avant d'arriver au niveau de Mathieu, je l'entendais crier, à chaque examen, des "*Links*" et des "*Rechts*" (gauche ou droite) et j'avais déjà compris que les "*Links*" étaient retenus et les "*Rechts*" relaxés. Juste devant moi, ce fut le tour d'un jeune de dix-sept ans, de première année de licence. [...] Pendant qu'on l'emmenait, Mathieu jeta un coup d'œil sur ma carte, regarda la liste à sa main et dit "*Links*". Le mot prononcé me fit l'effet d'un couperet. »

René Dietrich (185454), étudiant strasbourgeois de vingt-quatre ans, a plus de chance. Il passe au travers... provisoirement, puisqu'il sera finalement arrêté le jour de l'attentat de la Poterne en mars 1944. François Boucherez (185133), élève de l'Institut de chimie de Strasbourg, connaît le même sort.

Henri Margraff, enfermé au « 92 », saisit vite l'horreur d'un monde sur lequel règne la Gestapo. Premier interrogatoire, première question, premiers sévices : « Je ne vis pas arriver le coup venu par-derrière, en plein travers des molaires, écrit-il. Les bras à peine levés du côté atteint, un autre coup, ressenti plus fort, me fut asséné sur l'autre côté de la face. Je saignais. »

Après l'arrestation d'un groupe de maquisards, Henri et ses camarades sont requis pour percer des tranchées. « Nous nous doutions qu'il s'agissait de fosses d'exécutions sommaires, mais pour qui ? » Ils craignent de creuser leurs propres tombes. Elles sont finalement remplies de résistants battus puis abattus.

Les exécutions se multiplient. On fusille tous ceux dont l'appartenance active à la Résistance ne fait pas de doute. C'est le cas d'Henri Weilbacher, le policier avec lequel Margraff s'est lié. « À la prison du "92", comme on l'appelait, les jours succédèrent aux jours, guettant les nouvelles, serrés d'angoisse à chaque intrusion de la Gestapo, interrogeant avec avidité les nouveaux arrivés », se souvient le jeune homme.

Dans l'ancienne caserne affluent des suspects et des résistants arrêtés par les hommes du redoutable capitaine SS Hugo Geissler : Alsaciens, Auvergnats, Français de toute région et combattants de diverses nationalités. Le capitaine André Pavelet (186329), bien que basé à Montpellier, y est lui aussi incarcéré. Rendu à la vie civile pour s'être opposé à l'entrée des Allemands en zone libre, il est devenu l'un des responsables de l'Armée secrète. Chargé des liaisons entre les nombreux maquis qui pullulent, il a été arrêté lors d'une réunion à Aurillac, dans le Cantal. Brillant officier de trente-quatre ans, il partage la « chambrée » du jeune Henri Margraff. Compte tenu de ses responsabilités dans la Résistance, il n'a guère d'espoir d'échapper à l'exécution. Mais les Allemands n'ont, semble-t-il, pas encore découvert sa véritable identité. Les papiers trouvés sur lui indiquent qu'il est Max Pionnier, originaire de Chalon-sur-Saône, comptable de vingt-cinq ans, logeant chez l'habitant à Montpellier, 3, rue de la Cavalerie. Le sinistre Geissler semble en voie de le démasquer quand il est abattu par un résistant dans le village de Murat (Cantal).

« Geissler se tenait debout, sur les marches d'un hôtel réquisitionné, relate Henri Margraff. [...] À quelque 400 mètres de là, le maquisard veillait, en poste avancé, l'arme prête : c'était forcément un Allemand, il visa posément, tira et le tua net, d'une seule balle. »

Méfiant et soupçonneux, Geissler gardait « ses affaires en tête, seul à pouvoir déchiffrer les notes de son calepin » rempli de « signes cabalistiques [incompréhensibles] pour tout autre que pour lui-même ». Max Pionnier reste donc Max Pionnier et son appartenance à la Résistance demeure hypothétique.

« Tu as de la chance que notre chef ait été tué, lui lance le traître Georges Mathieu, ton nom est dans son carnet, mais on ne comprend pas les indications notées par lui ; cela t'évite probablement le poteau, et tu seras déporté. »

À Vichy

L'écho des rafles et des exécutions ne semble pas atteindre Vichy, situé seulement à 60 kilomètres de Clermont. Même si les journaux sont pleins de « terroristes » et d'auteurs d'« ignobles assassinats », les attentats sont loin. Et la guerre, partout. Les avions alliés bombardent Berlin, le Reich vacille. Pierre Laval, chef du gouvernement, dément les rumeurs de débarquement et de défaite allemande : « Je vous dis, avec cette tranquillité que j'ai toujours quand j'exprime six mois trop tôt une vérité que les Français acceptent facilement six mois plus tard, que l'armée allemande ne sera pas battue. »

Aujourd'hui, le quotidien de Desnos, a remplacé la chronique du poète par un article du « docteur Goebbels » dans lequel le ministre de la Propagande du Führer souligne « l'erreur fatale de l'Angleterre » tout en envisageant la possibilité d'une victoire britannique. « Supposons que le Reich s'effondre, écrit-il, on ne pavoiserait pas longtemps en Grande-Bretagne, et des démonstrations communistes massives succéderaient bien vite aux jours de fête. »

La presse autorisée est à l'unisson. Au lendemain de l'attentat de la Poterne, *La Croix d'Auvergne*, « hebdomadaire d'informations et d'action catholique », ne semble pas avoir eu vent des événements même si ses locaux sont situés 37, rue Montlosier. Elle a pourtant institué en première page une rubrique sobrement intitulée « Attentats-Arrestations-Exécutions » dans laquelle elle relate froidement chaque semaine le nombre de personnes passées par les armes.

Si le journal évoque le cercle Saint-Louis, ce n'est pas pour parler des arrestations qui y ont eu lieu mais d'une conférence sur la « déformation intellectuelle et morale de l'adolescent ». La rubrique « Chez les scouts » ne rapporte rien de la rafle dont ces derniers ont été victimes et préfère s'arrêter sur la réunion des éclaireurs au cours de laquelle les charmantes têtes blondes ont, à la demande de l'abbé Morel, « aumônier national », « pris la résolution de servir avec enthousiasme Dieu, l'Église et la France ».

Si, à Vichy, Clermont-Ferrand, son agitation, ses attentats et ses arrestations semblent loin, le trajet paraît court pour ceux qui, arrêtés dans la capitale de l'État français, sont transférés et regroupés en Auvergne. Car les petits vers de la Résistance se sont introduits au cœur même du fruit pétainiste en décomposition.

Pierre Marzelière (186043), journaliste de vingt-deux ans, travaille à l'OFI (Office français d'information), une agence de presse gouvernementale créée par Vichy en 1940. Originaire de Tours, il vit à l'hôtel de la Paix, 13, rue du Parc, à dix numéros et moins d'une centaine de mètres de l'hôtel du Parc où se trouvent le logement et les bureaux du maréchal Pétain. Cette proximité n'est pas anodine : elle dit à quel point le jeune homme est installé au cœur de la machine gouvernementale. L'agence de presse est une des sources d'information essentielles de l'État français. Télégrammes, dépêches, rapports, communiqués, situations sur les différents fronts, etc., tombent sur les bureaux de l'OFI.

À l'été 1943, Pierre croise régulièrement Suzanne Bertillon. « Nous prenions nos repas dans le même modeste restaurant et mangions à la même table, confie cette dernière. Un jour, je lui ai demandé de m'accompagner dehors ; nous avons marché au milieu de la rue pour que personne n'entende notre conversation. Je lui ai posé quelques questions auxquelles il a répondu de façon satisfaisante. Ensuite, je lui ai demandé de travailler avec moi et il a accepté avec enthousiasme. »

Suzanne Bertillon, journaliste opposée à la Collaboration et à la politique antisémite de Vichy, travaille depuis peu pour Virginia Hall, correspondante officielle du *New York Post* mais en réalité cheffe de réseau dans les services secrets américains. Financée par l'Office of Strategic Services (Bureau des services stratégiques, OSS), Suzanne recrute à partir de 1943 à Vichy, Clermont-Ferrand puis bientôt dans tout le sud de la France des agents susceptibles de fournir des renseignements précis. Elle nomme son réseau « la Chaîne ». Grâce à son travail, les services américains récoltent des informations précieuses « sur les bases sous-marines à bombarder (celle de [Mourepiane] le 2 décembre 1943), sur des convois de train à détruire (en gare de Maintenon le 18 février 1944), sur l'implantation des aérodromes et même sur de nouvelles armes (dans les carrières de Houilles) ou sur des dépôts de carburant (celui de la forêt de Marcenat) ».

Pierre Marzelière devient rapidement un de ses informateurs principaux. Il lui confie non seulement les infos qui arrivent sur le bureau de l'OFI mais récolte aussi autour de lui de nombreux renseignements. Il structure bientôt son propre groupe.

« C'est grâce à lui que l'on connut les premiers dépôts de “bombes volantes” qui étaient sans doute des bombes V1, se souvient Suzanne. Il a créé des cellules de Résistance dans tous les ministères, y compris les PTT (Postes, Télégraphes et Téléphones) et les chemins de fer. [...] Même s'il n'avait que vingt-deux ans, Marzelière s'est révélé être un leader et un organisateur remarquable. » Les résistants font assaut de prudence. Dans la station thermale qui, si elle est la capitale de l'État français, demeure une petite ville, tout le monde se croise. Les informations circulent vite. « Martel [pseudo de Marzelière] venait généralement me voir à 23 heures, poursuit Suzanne. Je lui avais confié la clé de ma maison pour que ses allées et venues n'attirent pas l'attention. Il m'apportait les documents importants qui avaient été volés dans les ministères et je les copiais pendant la nuit. Il revenait à 8 heures du matin, récupérait les documents et les remettait à leur place respective dans les ministères avant l'arrivée des employés et des chefs de bureau. »

Les activités prospèrent jusqu'à ce que Pierre ait la mauvaise idée de vouloir noyauter également la Milice chargée de pourchasser les résistants. Un de ses meilleurs amis ayant été « placé » dans cette police parallèle, il y voit une opportunité d'être informé « des activités de cette racaille » et pouvoir sauver ainsi les partisans « lorsqu'ils seraient en danger ».

« Je lui ai catégoriquement interdit d'avoir quoi que ce soit à voir avec cette bande de gangsters, affirme Suzanne. Il m'a cependant assuré qu'il n'y avait absolument aucun danger, qu'il pouvait se porter garant de son ami. » Mais le 25 janvier 1944, Marzelière n'est pas au rendez-vous. « J'ai appris le lendemain qu'il avait été arrêté, vendu à la Milice par son fameux ami... »

La prise est, pour le camp adverse, un double succès car le jeune résistant appartenait aussi au « Super-NAP » (Noyautage des administrations publiques), un groupe chargé d'espionner de l'intérieur les ministères. Torturé, le journaliste ne peut nier son appartenance à la Résistance, dont il avait fait part à l'ami qui l'a trahi, mais ne livre aucun nom et ne mentionne pas « la Chaîne ».

« J'avais dit à Martel [Marzelière] que si le pire devait arriver et qu'il était attrapé et torturé, affirme Suzanne, [...] le meilleur moyen d'éviter de mentionner ses camarades serait de réciter les noms des auxiliaires de la Gestapo française dont il m'avait donné les noms, adresses et descriptions, autrefois. Il n'y avait aucun déshonneur à donner les noms de telles ordures en disant qu'ils jouaient un double jeu, puisque ces individus étaient eux-mêmes responsables de la trahison et de la torture de Français. Quelques jours après l'arrestation de Martel, trois de ces misérables individus ont été arrêtés puis libérés. »

Le cloisonnement que Pierre avait scrupuleusement respecté empêche Suzanne de connaître l'identité des nombreux agents qu'il avait recrutés et qui cessent, après son arrestation, leur collaboration. « Privée des informations de Martel, ajoute-t-elle, la "Chaîne" a perdu l'un de ses plus anciens atouts. J'ai essayé de combler le vide, mais à ce moment-là une vague de panique balayait Vichy. » C'est que l'arrestation de Pierre Marzelière est le énième épisode d'un feuilleton qui, depuis l'entrée des troupes allemandes en zone libre et les victoires des Alliés en Afrique du Nord, en Italie et sur le front russe, met au jour le basculement des cadres vichystes dans une opposition de plus en plus active.

Jehan Knall-Demars (186580) en est un exemple. Ce trentenaire, fils d'un officier colonial mort au cours d'une opération en Syrie en 1921, est en 1943 secrétaire général de « La Voix de la France », la radio « nationale » à destination des « colonies », chargée de lutter contre l'influence des gaullistes dans les territoires d'outre-mer. Knall-Demars travaille au Cecil Hotel, siège de la Radiodiffusion nationale, à cinq minutes de l'hôtel du Parc. La radio, modeste, est installée dans deux pièces du bâtiment et « son studio est aménagé dans un coin (une portion du couloir du deuxième balcon) du casino de Vichy ».

Jehan n'est pas un spécialiste des médias ni de la haute fonction publique. Il était avant-guerre cadre de la Compagnie internationale des Wagons-Lits. Puis, mobilisé en 1939, il a intégré le 2e bureau, le service de renseignement de l'armée. Il est en mars 1940 un des héros de ce que l'on va appeler la « première bataille de l'eau lourde ». L'eau lourde est alors considérée comme un des éléments essentiels pour parvenir à fabriquer les futures bombes atomiques. Hitler et les Alliés se la disputent âprement. Une seule usine en fabrique. Elle se trouve en Norvège, que les armées du Reich ne vont pas tarder à envahir. Les Alliés jugent alors primordial de s'emparer du stock existant avant que les nazis ne le fassent. Raoul Dautry, le ministre français de l'Armement, confie l'affaire au 2e bureau. Jacques Allier, officier de réserve, lié à l'entreprise nordique, est envoyé pour négocier l'achat et obtient l'accord des Norvégiens, soulagés de voir leur stock échapper aux nazis. Trois hommes sont alors dépêchés en Scandinavie pour rapatrier les 185 kilos d'eau lourde. Parmi eux le lieutenant Knall-Demars : « Fin février 1940, explique-t-il, le commandant Perruche, chef des services de renseignement, me convoque et m'apprend qu'au retour d'une mission que je dois accomplir en Finlande, je serai chargé de rapporter en France, à travers l'Europe en guerre, le précieux colis. »

Début mars, il est à Stockholm puis parvient à Oslo où il rencontre Jacques Allier. Dans la nuit du 9 au 10 mars, l'eau lourde est transportée dans un pavillon à « quelques dizaines de mètres de la légation du Reich » dont les agents, alertés, font feu de tout bois.

Les bidons sont emballés dans des valises et dans des sacs postaux. « Grâce à ma connaissance des pays scandinaves et à mes relations dans les milieux touristiques européens, poursuit Jehan Knall-Demars, je suis chargé de l'organisation de notre voyage, dont j'assume la responsabilité et que je prépare avec soin dans ses moindres détails. Pour limiter les risques, nous décidons avec M. Allier de nous scinder en deux équipes. »

Les deux groupes empruntent des avions de ligne, Jehan parvenant « à obtenir des places sous des noms d'emprunt dans des avions complets », « à fléchir les pilotes qui refusaient pour la sécurité du vol de prendre des passagers en surcharge et à réserver ostensiblement des places sur des lignes que nous n'emprunterons pas, afin de dérouter les services allemands qui disposent en Norvège d'un nombre incalculable d'agents ».

La première équipe de Jacques Allier s'envole pour l'Écosse le 12 mars. « Le 13 mars, assisté par le capitaine Muller, je m'envole en emportant la seconde moitié de l'eau lourde, à destination de Stavanger [sud-ouest de la Norvège], confie le lieutenant Knall-Demars. L'avion [...] est en limite de charge, je fais enlever des sièges pour diminuer le poids. Nous décollons. Il fait un froid intense et nous survolons des contrées glacées pendant tout le parcours. L'avion n'est pas chauffé. M. Allier m'a dit avant son départ que le point de congélation du liquide contenu dans nos bidons était supérieur à celui de l'eau et que ce liquide "deviendrait inutilisable s'il gelait". Tour à tour, nous nous asseyons sur tous les bidons et tentons de les réchauffer avec nos mains. »

Arrivée à Stavanger, l'équipe s'envole ensuite vers Perth (Écosse) puis, de là, rejoint Londres en train avant de gagner Paris toujours avec sa précieuse marchandise : mission accomplie. L'eau lourde, entreposée en France, fuira au printemps 1940, de Clermont-Ferrand à Bordeaux, puis de Bordeaux à l'Angleterre, l'avancée allemande et les nazis chargés de la récupérer.

On retrouve Knall-Demars en 1943 à Vichy. Il vit 5, rue Michel. Sa femme est restée à Paris. Il semble que, dans le même temps, il collabore à la « société des Travaux ruraux », une entreprise au nom trompeur car elle n'a aucun lien avec les activités agricoles. Elle sert en réalité de couverture. Après la défaite de 1940, l'État français a négocié la survie d'une « armée d'armistice », réduite et passive, et de ses services de renseignement, l'ex-2e bureau. Les nazis ont exigé que « la partie "offensive" du contre-espionnage – celle qui est chargée de la poursuite des espions allemands et italiens [...] [soit] officiellement dissoute », précise l'historienne Claude d'Abzac-Epezy. Mais en réalité le service survit de manière clandestine, avec la bénédiction du régime de Vichy, sous l'apparence de cette « société des Travaux ruraux (TR) ». Il officie de manière assez trouble, sans contours ni desseins précis. Il espionne les Allemands mais a aussi pour mission de surveiller tous les agents « antinationaux », c'est-à-dire les communistes, les gaullistes, les résistants et autres ennemis de Vichy. Quand les troupes du Reich, en novembre 1942, envahissent la zone dite libre, la plupart des agents et responsables filent en Afrique du Nord désormais aux mains des Alliés. Ceux qui restent en métropole réorganisent le service au profit de la Résistance. Il devient désormais le service de renseignement de la France libre et n'a plus qu'un ennemi : les occupants.

Ancien officier efficace et courageux du 2e bureau, Knall-Demars se retrouve logiquement dans cet organisme secret. Il semble qu'il y ait fait entrer son frère, Alain (186579), son cadet de quatre ans. Dès le printemps 1943, l'organisation clandestine est frappée par de nombreuses arrestations. Alain est appréhendé le premier en août à son domicile parisien. Il est incarcéré à Fresnes avant d'être transféré à Vichy où il rejoint Jehan, embastillé le 16 septembre. Tous deux rejoignent le « 92 » à Clermont-Ferrand où ils partagent la « chambrée » d'Henri Margraff et André Pavelet.

Turma-Vengeance

L'arrestation des frères Knall-Demars symbolise les revers que connaît la Résistance intérieure à l'été 1943, alors que ses rangs ne cessent de grossir, la rendant plus forte mais aussi plus fragile parce que plus repérable, plus pénétrable, plus vulnérable. Le réseau Turma, discrète organisation de renseignement née en 1940 qui peu à peu s'étoffe et se développe en mettant sur pied des groupes d'action, répond à cette logique. Devenue Turma-Vengeance, elle est, en 1943, une immense toile tissée un peu partout en France. Pierre Mallez (185996), vingt-trois ans, est alors un de ses agents. C'est un beau et grand jeune homme blond aux yeux clairs originaire de Denain dans le Nord. Il a été reçu à l'École des hautes études commerciales (HEC) et, après avoir été mobilisé puis intégré aux Chantiers de jeunesse créés par le maréchal Pétain, y a fait son entrée sans enthousiasme en 1941. Avec d'autres, il refuse la défaite et rêve de s'engager plutôt que d'attendre sur les bancs des salles de classe situées alors place Malesherbes, à Paris. Un de ses camarades, Jean Charbonneaux, résume ainsi leur pensée : « La guerre continue et notre présence dans cette école est une ineptie. Il faut passer en Angleterre et continuer le combat. Du fond de l'école, il sera probablement difficile de trouver une filière, mais c'est d'accord, le premier qui la trouvera en avertira les autres. »

Jean est le premier à « trouver la filière ». Il permet à Pierre de rejoindre le réseau Turma-Vengeance en avril 1942. Le jeune homme délaisse alors les cours pour remplir de multiples missions, élément efficace d'une organisation faisant feu de tout bois. Transport d'armes, émission de radio, espionnage, formation de nouvelles recrues, traitement des informations, le travail est immense face à un ennemi omniprésent déployant d'énormes moyens pour traquer les résistants. Intrépide et décidé, Pierre Mallez n'a peur de rien, pas même d'apprendre aux plus jeunes à manier mitraillettes et grenades dans sa chambre de bonne alors que, de l'autre côté de la cloison, sa voisine reçoit en toute discrétion un officier allemand.

Comme beaucoup, Pierre, une fois son diplôme obtenu, est requis au STO. Il bascule alors dans la clandestinité et devient un combattant de la Résistance à temps plein. Le réseau lui fournit de quoi vivre et agir. Il est désormais à la tête de la « centrale de renseignement » de Turma-Vengeance, installée au domicile du curé Villien, vicaire de l'église de La Trinité, près de Saint-Lazare. L'existence du jeune résistant est à la fois angoissante et excitante. Comme de nombreux autres, dont son camarade d'HEC Michel Foulon (185565), membre lui aussi de Turma-Vengeance, Pierre va voir ses activités interrompues par l'infiltration de traîtres à la solde de la Gestapo dans son réseau : « Raoul » (Bernard Fallot) et « Raymond » (Raymond Fresnoy).

Le 3 octobre 1943, Pierre retrouve les deux hommes, agents de liaison de son groupe, à la grande brasserie Ruc, devant la gare Saint-Lazare. « [Raoul] est planté devant moi la main droite dans la poche de son imperméable, se souvient Pierre Mallez. Je lui dis : "Ça ne va pas ?" Il [répond] : "Tu es refait – Gestapo !" Je sens en même temps la présence de deux individus qui m'encadrent dans mon dos. Derrière Raymond, je vois sortir du café une personne en civil, puis une seconde armée d'un revolver et enfin un officier allemand. »

Il est emmené au 101 de l'avenue Henri-Martin, dans le chic 16e arrondissement, où Georges Delfanne, alias Masuy, a installé ses locaux. Ce Belge règne en maître sur une officine redoutablement efficace dont l'objet est de traquer les résistants pour le compte de l'Abwehr, les services secrets de l'armée allemande. Il s'est fait une spécialité des interrogatoires. Il se vantera, lors de son procès, après-guerre, d'être l'inventeur du supplice de la baignoire. Il s'agit de plonger pendant des heures les résistants dans de l'eau glacée et/ou, quand le temps manque, de leur maintenir la tête sous l'eau durant de longues minutes. « La baignoire constituait mon métier et mon devoir, proclamera-t-il fièrement devant les juges. [...] J'étais humain parfois mais je poursuivais un but. Il fallait remonter toute la filière des organisations et, pour cela, faire parler les prisonniers. D'ailleurs les séances de baignoire ne duraient que deux à trois minutes ; après je leur offrais un verre de cognac. »

Pierre Mallez se souvient bien de cet étrange verre de cognac, mais pas des « deux à trois minutes » de torture. Les séances étaient bien plus longues.

« Je reçois son poing dans la figure, raconte-t-il. "Déshabille-toi !" Je m'exécute. [...] [Masuy] devient furieux et me tombe dessus à bras raccourcis – coups de poing dans la figure, coups de tranche de la main. Il est nettement plus petit que moi et, maintenant que je suis debout, mon mètre quatre-vingt-cinq l'empêche d'atteindre efficacement mon visage ; aussi Raoul vient à la rescousse pendant que Masuy tape plutôt au foie et à l'estomac. Tout à coup je m'écroule. Masuy essaye de me faire relever en tapant à coups de pied dans mes côtes. Je ne réagis pas. Raoul me tire par les cheveux pendant que Masuy tape dans la figure avec la chaussure. »

La séance dure plus d'une demi-heure. Pierre s'en tire en racontant par le détail des éléments qui ne mettent personne en danger et en donnant des informations que les gestapistes possèdent déjà par les deux infiltrés.

« Mon caleçon est taché de sang, se souvient-il, mes côtes me font horriblement mal à chaque mouvement du bras et à chaque inspiration. J'ai la mâchoire démantibulée. Je peux à peine ouvrir la bouche pour avaler le verre de cognac que me tend Masuy pour me remonter tout en me disant : "Ça aurait été dommage de casser une si belle gueule !" »

Ceux de Polytechnique

Pierre Mallez a évité le supplice de la baignoire. Michel Domenech (185462), étudiant parisien lui aussi, mais à l'École polytechnique, n'y échappe pas.

« "Déshabille-toi. Garde ton caleçon." Pendant ce temps, les deux robinets de la baignoire coulent, mais l'eau chaude est absente, rapporte-t-il. "On va te rafraîchir la mémoire." Bernard, l'acolyte de Raymond, me fait allonger dans l'eau : un quart d'heure, une demi-heure, je commence à sentir le froid. Enfin Raymond revient. Quelques questions amènent des réponses évasives qu'il n'a pas l'air d'apprécier. Brusquement, il m'appuie sur la tête et l'enfonce dans l'eau. Pris à l'improviste, je n'ai pu me préparer et ma réserve d'air ne me permet pas de tenir longtemps. Il arrive un moment où je ne peux plus tenir. [...] D'un coup brusque, j'arrive à sortir la tête hors de l'eau et à reprendre une bonne bouffée d'air mais aussitôt me voilà replongé. Le petit jeu dure un moment. »

La séance s'achève à 22 heures. Elle reprend à 5 heures du matin. Cette fois, c'est le patron qui officie. « Masuy s'y prend autrement pour la baignoire : [je suis] à genoux devant, le buste penché au-dessus du rebord, la tête est plongée dans l'eau pendant qu'il donne de grands coups de poing sur la nuque. Au troisième plongeon, j'arrive à me libérer et en me reculant vivement, mon côté droit touche un clou fiché dans le mur. Bien que superficielle la plaie saigne abondamment. Mais je me débats trop. "Menottes dans le dos." Faute de menottes, du fil de fer fera l'affaire et les plongeons recommencent sans résultat. »

Lui aussi s'en tire en détaillant des éléments sans importance et en dissimulant l'essentiel. Il a droit à sa dose de cognac. « J'accepte et par deux fois je vide mon verre, et je peux constater que l'alcool, ça réchauffe non seulement le cœur, mais aussi le corps… »

Michel Domenech appartient au même réseau que Pierre Mallez mais pas au même groupe. Ils ne se connaissent pas et sont victimes des agissements des mêmes personnages. Ils sont arrêtés à quelques jours d'intervalle. Michel est pris alors qu'il se trouve chez une collègue du réseau, Claire Davinroy, 78, rue de la Faisanderie, 16e arrondissement, cinquième étage.

« Coup de sonnette. Claire va s'informer à travers la porte : "C'est pour le gaz." » Les deux résistants sont méfiants. Les arrestations se multiplient autour d'eux. Michel décide d'escalader par une fenêtre pour rejoindre l'escalier de service, descendre puis remonter pour essayer ensuite, discrètement, de voir à quoi ressemble cet employé du gaz. « J'atteins l'entrée, écrit-il, j'ouvre la porte de l'ascenseur, et au moment où je vais la refermer quelqu'un entre dans la cabine. Je le situe tout de suite : imperméable avec ceinture, chapeau mou sur la tête. "Quel étage, monsieur ? – Sixième", me répond-il, après une très légère hésitation. […] En passant devant le cinquième, je me rends compte que les deux personnages sur le palier, devant la porte de Claire, n'ont pas l'allure d'employés du gaz. Sixième étage, mon compagnon descend et j'appuie sur le bouton du septième et dernier étage. Une fois arrivé, je fais semblant de sonner à la porte palière la plus éloignée de l'escalier. Un moment après, je reprends l'ascenseur pour redescendre au rez-de-chaussée et au moment où il démarre, j'aperçois le "chapeau mou" qui, à mi-étage, observait mon manège... J'arrive avant lui en bas et sors, cependant que je l'entends crier dans l'escalier. Malheureusement, deux de ses acolytes sont devant la loge du concierge et une "traction avant" stationne devant l'entrée de l'immeuble. Je me dirige, en diagonale, devant l'entrée du n° 80. Si je l'atteins, j'ai une chance de prendre le large mais, arrivé à peu près à mi-chemin, j'entends : "Monsieur. Monsieur." Je continue néanmoins, mais le bruit caractéristique d'un revolver qu'on arme me fait arrêter. "Police allemande, vos papiers." »

Comme Pierre Mallez, Michel Domenech a rejoint la Résistance grâce à un ami, pote de lycée, Jean Guyot. Celui-ci est un proche du journaliste Pierre Brossolette, qui s'engage très tôt dans la lutte contre l'occupant. Alors que, diplômé, Michel a rejoint la SNCF, Jean lui donne rendez-vous un jour de décembre 1941 "Chez Francis", place de l'Alma, et lui présente Pierre comme un de ses amis. « Je le connaissais de nom, confie Michel. Il avait beaucoup parlé avant la guerre à la radio, où il tenait une chronique internationale. C'est un homme vif, intelligent : nous échangeons des vues sur les événements. Ancien de Normale Sup, il ne pouvait plus exercer son métier de journaliste et tenait une librairie, rue de la Pompe, en face du lycée Janson-de-Sailly. »

Les résistants poussent dans un premier temps Michel à profiter de sa situation professionnelle pour observer les « trains de troupes » et relever leur « totem » (emblème figurant sur tous les véhicules) : « Cet élément permettait d'identifier l'unité et ainsi de participer à la connaissance de l'ordre de bataille allemand. » Rapidement, Michel glane des éléments plus conséquents sur les mouvements des trains – fiches, programmes, trafic, réseaux ferroviaires – puis développe la « quête des renseignements » en s'appuyant sur d'autres, dont son camarade de Polytechnique « sorti major en 1939 », Robert Lateulade (185853), « Bordelais qui tenait de ses ascendances béarnaise, basque et poitevine la finesse, l'équilibre et la modestie [et] éveillait la sympathie par sa spontanéité et son enjouement ».

Les Volontaires de la liberté

Les grandes écoles sont, dans le bouillonnement de la guerre, des lieux d'échange et de mobilisation. Un condisciple de Michel Domenech et Robert Lateulade, Georges Thierry d'Argenlieu (186464), tisse dès 1941 un maillage de résistance parmi les étudiants de l'élite parisienne avec l'aide d'un de ses camarades de Polytechnique, Henri Lerognon (185931). Au prestigieux lycée Henri-IV, des élèves de prépa littéraire montent, dès le printemps 1941, une cellule dont le but est d'abord « d'éclairer l'opinion publique sur la réalité historique du moment ».

Ils prennent le nom de « Volontaires de la liberté » et militent pour la poursuite du combat, tentant d'ouvrir les yeux des Français sur la politique de Vichy et les atrocités commises par les Allemands en écrivant, en imprimant et en diffusant un journal.

Le groupe s'est créé autour d'une poignée d'élèves de khâgne (préparant le concours de Normale Sup) dont Jacques Lusseyran, dix-sept ans en 1941, aveugle depuis l'enfance, personnage haut en couleur auquel le journaliste et écrivain Jérôme Garcin a consacré un ouvrage en 2014 (*Le Voyant*). À ses côtés Jacques Oudin (186155), dix-neuf ans, et Georges

Guillemin (185714), tout juste vingt ans quand la petite troupe de dissidents se réunit pour la première fois.

« En novembre 1940, à Paris, à Henri-IV, témoigne celui-ci, je trouvai un milieu étudiant très propice à la résistance. J'écoutais la BBC : "Les Français parlent aux Français". [...] Radio-Londres et les interventions du général de Gaulle nous donnaient confiance et approfondissaient notre engagement. »

Peu à peu, l'exaltation et les rencontres engendrent l'action : « Nous étions un petit groupe, confie-t-il. [Des] khâgneux d'Henri-IV et de Louis-le-Grand, et quelques élèves de la faculté de droit et des lettres. Nous avons édité un bulletin qui compta plus de cent numéros pendant les quatre années d'Occupation. Nous le ronéotypions dans une cave de l'hôpital Tarnier, près du jardin du Luxembourg. »

La troupe d'abord très isolée noue peu à peu des contacts avec d'autres réseaux de Résistance. Les jeunes lycéens engagés aspirent à passer à des actions plus concrètes tout en maintenant leur activité militante et intellectuelle. « Je faisais partie de ceux qui voulaient sortir de la résistance "artisanale", explique Georges Guillemin. Mais il était difficile de trouver des contacts. Les filières étaient peu fiables. En fin 1942, l'un de nos professeurs de khâgne me mit en contact avec mon futur chef de réseau [...]. Il s'agissait de monter, à destination de l'Angleterre, un réseau d'évasion d'aviateurs alliés et d'agents. J'ai accepté tout de suite et j'ai commencé à convoyer des fugitifs. C'est ainsi que j'ai fait, avec des groupes d'une douzaine d'aviateurs, la ligne Paris-Toulouse, toujours de nuit, afin de limiter les risques. D'autre part, on en recueillait en Normandie qu'on ramenait à Paris. Il fallait les nourrir, les vêtir, les héberger, leur donner une carte d'identité, d'alimentation, un laissez-passer, un beau jour les rassembler et les aider à rejoindre l'Angleterre. » Les pilotes sont alors des éléments rares et précieux qu'il faut protéger et surtout ramener au Royaume-Uni pour qu'ils puissent poursuivre le combat.

L'activité du jeune passeur est de plus en plus dangereuse. « À force de voyager sur la même ligne, dit-il, je me suis fait remarquer. Les trains et les gares étaient l'objet d'une surveillance attentive. » Mais, selon un scénario désormais bien connu, c'est à cause de la trahison d'un camarade de combat que Georges Guillemin est arrêté, le 28 octobre 1943 à Saint-Girons (Ariège), à 60 kilomètres de la frontière espagnole. « Heureusement, [il peut] se rendre aux toilettes avant d'être complètement fouillé et en profite pour avaler tous les papiers en sa possession. »

Ramené à Toulouse et incarcéré à la prison Saint-Michel, il connaît le sort des résistants qui tombent dans les mains de la Gestapo. « La douleur physique, pour moi, n'était pas le pire, confie-t-il. Le pire, c'était l'ignorance de ce que l'on allait nous faire, la crainte de ce qui allait se passer... » Il suit les conseils donnés par un de ses camarades, Yves Allain : « Plutôt que nier l'évidence, il valait mieux inventer une nouvelle histoire. » Il admet alors être un « passeur » mais affirme qu'il le fait pour l'argent et qu'il n'a donc aucun lien avec la Résistance.

« On luttait contre le temps, explique-t-il. Tout ce qui était avoué avec une heure de retard était une heure de gagnée. Il fallait se dire : "Dans quarante-huit heures mes camarades auront fait le ménage." Le problème était de "promener" son enquêteur... »

De Toulouse, il est ensuite transféré à la prison de Fresnes et interrogé par la Gestapo parisienne, rue des Saussaies. Il subit à nouveau les sévices. Les Allemands, informés par le traître, n'ignorent pas grand-chose de ses activités. Mais ils veulent savoir « avec qui, et où ». « Pendant trois semaines, je leur ai raconté la même histoire, en essayant de ne pas me couper, explique-t-il. Je n'ai jamais produit un effort intellectuel aussi intense. Il fallait produire une histoire cohérente et en même temps apparaître comme un benêt, un type sans importance. Dans ma cellule, à Fresnes, un garçon très sympathique, le commandant Rivière, [...] me disait : "Continue comme ça. Gagne du temps." Alors je continuais à raconter mon histoire. »

Les lycéens

À Paris comme en province, les jeunes s'engagent dans une lutte plus ou moins organisée et dans des actions plus ou moins coordonnées. Ils sont étudiants en lettres, en droit, élèves officiers comme Jacques de Barry (185386), insérés dans un réseau structuré ou simples protestataires en phase de rébellion. Certains font partie de ces adolescents qui, dès le début de l'Occupation, ont manifesté leur opposition à la Collaboration en organisant et en participant à la grande manifestation du 11 novembre 1940.

À la rentrée 1942, Bernard Even (185535) fête ses dix-huit ans. Il devient élève ingénieur à l'École des arts et métiers. « Je cherchais ma voie mais je voulais emmerder les Allemands, se souvient-il. Je me suis joint à des connaissances dans une cellule de résistants. Au début, il n'y avait pas d'organisation. De petits groupes travaillaient plus ou moins ensemble, via des connaissances communes. J'ai assisté à mes premiers parachutages, appris à me servir d'explosifs et monté un réseau avec un ami qui permettait de faire passer des aviateurs ou d'autres dans les doubles cloisons de péniches jusqu'en zone libre. »

Avec ses camarades Jacques Zahm (186566), Michel Lhoste (185951) et Charles Gélinet (185640), étudiants de dix-huit et dix-neuf ans, il participe en janvier 1944 à une opération qui tourne mal. « Un jour, une connaissance de Paris me joint. Il s'agissait d'intimider un bistrotier collabo qui renseignait les Allemands. On a débarqué, croyant être couverts par un gendarme, mais ça ne s'est pas bien passé. Je me suis retrouvé à Fresnes sous garde de la Gestapo. »

François Jacquemin (185765), autre étudiant parisien qui a rejoint, lui, le réseau Turma-Vengeance, connaît un destin similaire. « Aujourd'hui, il s'agit d'un transport d'armes et de cartes d'état-major, pour lequel j'ai rendez-vous à 14 heures, raconte-t-il. [...] En plein Paris, non loin du métro Alma, je fais les cent pas. L'agent de liaison Serge, très exact, arrive à 14 heures. Nous nous asseyons sur un banc et attendons l'officier. 14 h 10. Nous sommes distraits par le passage d'un nain diabolique – celui du [film] *Les Visiteurs du soir*. Intrigués, nous faisons hâtivement quelques pas pour le voir. Au même instant, deux "tractions avant" s'arrêtent ; les portières claquent. En un clin d'œil, nous sommes entourés de cinq ou six hommes revolver au poing. »

Il connaît lui aussi le supplice de la baignoire. « Le chef, porteur d'un chronomètre, donne les temps d'immersion, le second, un carnet à la main, se tient prêt à enregistrer les aveux. Le dernier exécute la torture : première immersion d'une minute. [...] À la fin de la cinquième immersion, on me dresse contre le mur, à demi évanoui, et on m'assène une série de coups sur le dos et les reins. »

Malgré la peur des arrestations et la terreur qu'inspire la Gestapo, l'impatience et l'effervescence sont palpables dans beaucoup de lycées. André Bessière (185074), dix-sept ans, élève à Paris, en est témoin : « Sur le pourtour intérieur des murs de la cour du lycée Rollin, écrit-il, trois jeunes gens viennent d'achever de peindre une énorme frise faite de "V" majuscules, de croix de Lorraine et de "Vive de Gaulle". » Lui-même glisse sur les bureaux des profs collabos ce genre de billets : « Dans votre intérêt personnel, nous vous engageons à cesser votre activité en faveur des Boches. C'est le premier avertissement. La Résistance. »

Beaucoup s'engagent, quand ils le peuvent, dans des réseaux, rejoignent les maquis ou tentent de passer en Espagne pour gagner l'Angleterre.

Certains sont arrêtés pour trois fois rien, suspects de rébellion ou simple main-d'œuvre, jeune, en bonne santé et peu coûteuse aux yeux de l'ogre allemand dont les besoins en hommes sont insatiables.

Guy (185256) et Roland (185257) Chappuis, dix-huit et dix-neuf ans, lycéens à Rouen, sont arrêtés chez eux, au château de Claville, dans la campagne normande, par un dimanche de janvier 1944. Adolescents à l'esprit rebelle et farouche, ils ont été, disent-ils, dénoncés par le « censeur PPF » (Parti populaire français, mouvement collabo de Jacques Doriot) de leur établissement.

André Zanardi (186567) a seize ans, quatrième enfant d'une fratrie qui en compte onze. Il vit en Savoie et, malgré les temps difficiles, il rêve de sorties et de filles. « Je suis allé dans un cinéma de Chambéry avec une amie, raconte-t-il. J'ai été arrêté parce que j'ai allumé une cigarette. J'ai été conduit à la Gestapo. Pendant plusieurs heures, j'ai été interrogé, torturé, traité de petit terroriste. Mon frère Jean était dans l'un des réseaux de la Résistance de la vallée de la Maurienne. De temps en temps, il me demandait quelques services. Au cours d'une séance de torture où l'on m'électrocutait les organes génitaux, je n'ai pas tenu… J'ai lâché un nom : celui de mon frère. Jean a été raflé. On ne l'a plus jamais revu. »

Jaroslaw Palewicz (186161), vingt ans, est scolarisé 100 kilomètres plus au sud, à Villard-de-Lans, au cœur du massif du

Vercors. Il a intégré une structure unique alors en Europe : un lycée polonais, « l'école libre Cyprian-Norwid », créée par des profs exilés avec l'aide de la Croix-Rouge de leur pays. Alors que la Pologne a été dépecée dès 1939 par le IIIe Reich et l'URSS, des milliers d'habitants se sont réfugiés en Europe de l'Ouest et principalement en France. Le but de ce lycée est de permettre aux jeunes migrants non scolarisés de poursuivre, malgré la guerre, leur cursus mais aussi de faire vivre la culture et le patriotisme polonais en même temps que de former la future élite du pays. Ayant eu l'accord de Vichy, les fondateurs ont cherché un lieu en zone libre, loin des Allemands, discret et tranquille pour ne pas éveiller l'attention, et ont jeté leur dévolu sur Villard-de-Lans, jolie ville de montagne. Station touristique réputée, elle a l'avantage de posséder de nombreux hôtels que la guerre a contribué à vider.

Le lycée, ouvert dès la rentrée de l'automne 1940, installe principalement ses locaux dans l'hôtel du Parc et du Château. La plupart des professeurs et des élèves, près de deux cents, y sont logés. D'autres hôtels accueillent le surplus. Les cours ont lieu dans la salle de restaurant et dans les cafés de la ville. Selon la pédagogie polonaise, l'activité intellectuelle occupe les matinées, les exercices physiques et artistiques l'après-midi. Les lycéennes et les lycéens – l'école est mixte – peuvent ainsi s'adonner aux joies de la montagne et participer aux travaux agricoles. Face aux difficultés de ravitaillement, l'administration du lycée a loué des champs pour produire sa propre nourriture.

On ne sait pas grand-chose de Jaroslaw Palewicz sinon qu'il est né en juin 1923 à Kolomyja, dans le sud-est de la Pologne occupée puis annexée par l'URSS. Il semble que, esseulé et sans ressource, le lycée polonais constitue pour lui une aubaine. La scolarité est gratuite et la Croix-Rouge prend en charge les frais d'hébergement et de nourriture des plus nécessiteux. Pour être admis à l'école – le recrutement est sélectif –, Jaroslaw a fourni une fausse attestation de son ancien lycée. Il atterrit là à la rentrée 1941, à dix-huit ans. Il y suit les cours de « première et deuxième années de lycée (sciences) ». Il ne semble pas être un élément brillant. Ses résultats sont médiocres et son comportement laisse à désirer : « À la session d'automne [1942], le passage des épreuves de rattrapage fut différé pour Jaroslaw Palewicz, écrit l'historien Tadeusz Lepkowski, à la suite de la découverte d'un "vol au magasin de l'établissement", auquel l'intéressé avait pris part avec Edward Wolski ; sans doute lui fut-il pardonné, car il fut, en fin de compte, reçu. »

Jaroslaw fait aussi partie des cinquante-trois admis de 1943, dernière session avant que les bancs de l'école soient dépeuplés, la guerre s'invitant dans les massifs du Vercors. Dès 1943, la situation du lycée, après l'invasion de la zone libre, se complique. Les Allemands suspectent à juste titre cette école « patriotique » de former des résistants et des combattants. Il semble que, dès le départ, la structure ait mis en place l'instruction militaire des élèves. Il s'agit de se tenir prêt. Beaucoup rejoignent, grâce à une filière bien établie, l'Angleterre. Plusieurs professeurs sont arrêtés. Jaroslaw est appréhendé le 27 juillet 1943. L'école, elle, survit jusqu'en 1946.

Le Parisien Abraham Chelbluns (185281) a, lui, préféré plonger très vite dans la clandestinité pour échapper aux nazis qui le traquent, lui et sa famille, parce que juifs. Son père, un marchand ambulant polonais, est arrêté en 1943 alors que sa seconde femme et leurs six enfants sont déjà partis, raflés à l'été 1942, dans les camps d'extermination sans espoir de retour. Abraham a alors dix-huit ans. Il fuit Paris, la rue Ramponneau (20e arrondissement) où il vit, le lycée et les Allemands pour rejoindre sa mère et le reste de la famille recomposée réfugiés dans une ferme des Pyrénées. Un havre provisoire auquel l'invasion de la zone libre par les armées du Reich va mettre fin. La famille se disperse pendant qu'Abraham, désormais Albert Chelblions, tente de se fondre dans l'espace. Il y parvient si bien qu'on perd toute trace de lui. On le dit au maquis. Il est arrêté, à Lyon, en mars 1944 en tant que résistant sans que les Allemands découvrent ses origines juives.

« Excellent élève », Maurice Colin (185318) poursuit, lui, pendant l'Occupation sa scolarité. En juin 1943, à seize ans, il a passé la première partie de son bac et obtenu la mention bien. Il vit alors à Saint-Dié, dans les Vosges, avec sa famille et commence à s'engager. « Sans pour cela négliger ses études », il rejoint en septembre de la même année, « avec plusieurs camarades du collège », un réseau « chargé de la récupération et du transport d'armes de guerre ».

À mesure que l'Allemagne perd des batailles et que la Résistance se fait active, la répression s'accentue. La région de Saint-Dié, alors à la frontière du Reich qui commence en Alsace, est particulièrement surveillée. Début 1944, la situation se tend encore à la suite de l'attaque, le 25 janvier, du commissariat de police de la ville par un groupe de résistants. L'enquête engendre des arrestations qui elles-mêmes, à force de tortures et d'aveux extorqués, amènent d'autres arrestations. Le 1er février, Yvan Goguel (185676) alias « commandant Ponce », un des responsables locaux, est démasqué et appréhendé. Le 4, c'est le tour d'un petit groupe dans lequel figure un lycéen, Michel Reeb (186301), seize ans à peine, un ouvrier, Robert Zimmermann (186569), vingt-quatre ans, un gardien municipal, Charles Wurz (186565), vingt-quatre ans également, un employé SNCF, Maurice Michel (186083), vingt et un ans, et un paysan, Louis Harault (185725), dix-neuf ans.

Puis, le 24 février « à 7 heures du matin, la Gestapo et huit feldgendarmes, armés de mitraillettes, se présentent au domicile de Maurice Colin pour procéder à son arrestation après une perquisition minutieuse ». Il n'a que seize ans mais est transféré avec son camarade de combat Georges Kohler (185812), dix-sept ans, à Nancy, où ils retrouvent un autre de leurs compagnons, Bernard Wenger (186561), dix-huit ans. « Après son départ, en mettant en ordre ses affaires bouleversées, ses parents trouvent dans la poche d'un de ses vêtements, qu'il portait encore la veille, un petit tube de verre rempli de cyanure, qu'on absorbe pour n'être pas tenté de livrer ses secrets dans les affres de la torture. »

Que Giono demeure

Face à la répression, parents et proches tentent, à l'image de l'entourage de Desnos, des démarches et des interventions. Mais de nombreux résistants, craignant des représailles contre leur famille, se cachent quand ils le peuvent sous leur fausse identité et préfèrent ne faire prévenir personne plutôt que de mettre en danger ceux qui leur sont chers. Ils se privent ainsi de soutien et d'aide matérielle. Comme beaucoup, Pierre Mallez, l'étudiant à HEC, a par prudence mais aussi pour ne pas les inquiéter et susciter leur réprobation laissé ses parents dans l'ignorance de ses activités. Quand il est arrêté à Paris, alors qu'eux-mêmes sont réfugiés à Bergerac (Dordogne), ils ne sont pas informés. « Ce n'est qu'au bout de deux mois de vaine attente au fond de ma cellule, sans pouvoir écrire puisque j'étais au secret le plus total, que j'ai réussi à faire passer un message [...], se souvient Pierre. Ce message est bien parvenu et, en janvier 1944, j'ai reçu mon premier colis. »

Abraham Chelbluns, arrêté sous le nom d'Albert Chelblions, se garde bien d'indiquer sa parentèle et son adresse. Les fiches allemandes notent : « Pas de famille ».

Alain Raymond (184990), étudiant à Grenoble de vingt-deux ans, rejoint le maquis du Vercors, tout près de là, en 1943.

Il prend pour pseudo Alain Balme de Sainte-Julie, nom d'une famille d'aristocrates éteinte, propriétaire d'un château non loin du village d'où est originaire sa mère, Hélène Laguerre. Hélène est alors une figure du mouvement des Auberges de jeunesse. Pacifiste, féministe, proche des milieux intellectuels de gauche avant la guerre, elle est connue pour avoir été pendant plusieurs années la maîtresse de l'écrivain Jean Giono et l'une des animatrices de la communauté que l'auteur a créée, à partir de 1935, au lieu-dit Le Contadour, non loin de Manosque (Basses-Alpes devenues Alpes-de-Haute-Provence). De son arrestation à sa déportation, Alain ne lâchera rien. Pour les autorités allemandes, il est et il demeurera Alain Balme de Sainte-Julie, né le 13 avril 1924 à Tunis où, affirme-t-il, son père Lucien Balme de Sainte-Julie – seul membre de sa famille cité – réside, avenue de France. La ville étant alors aux mains des Alliés, il y a peu de chances que la Gestapo aille vérifier l'exactitude de ces renseignements qui se révèlent tous faux : Alain est né le 21 juin 1921 à Thonon-les-Bains (Haute-Savoie) et il est le fils de Pierre Raymond vivant dans la région de Grenoble.

Si sa famille n'est, ainsi, pas inquiétée, elle peine en revanche à suivre sa trace après son arrestation et, du même coup, à lui venir en aide. Sa mère entreprend des démarches pour sauver un Alain Raymond que la Gestapo ne connaît pas sous ce nom. Ce n'est qu'après avoir découvert l'enfer d'Auschwitz, entrevoyant sa mort prochaine et sans doute désireux que sa famille soit informée de son sort au cas où il ne reviendrait pas, que le jeune homme indique, en arrivant au camp de concentration de Flossenbürg en mai 1944, le nom d'une cousine : Jacqueline Dez, 12, rue de Civry, Paris 16e. La « cousine » est en fait sa sœur. C'est elle que sa mère envoie, quelques jours après l'arrestation, auprès de Jean Giono, avec qui elle n'a plus de relations depuis le début de la guerre, pour tenter de sauver son fils.

Giono est alors un écrivain à succès, ménagé par le pouvoir, qui paraît s'accommoder de la situation du moment tout en se faisant discret. Il garde des liens avec plusieurs confrères bien en cour à Paris et à Vichy sans pour autant se compromettre avec les grandes figures de la Collaboration que sont Céline, Brasillach ou Drieu La Rochelle. Désormais habité par sa nouvelle passion pour Blanche Meyer, qui vit à Marseille, l'écrivain n'a plus de contacts ni d'intérêt pour Hélène Laguerre. Il accepte néanmoins de recevoir Jacqueline, descendue de Paris pour plaider la cause de son jeune frère.

Elle est froidement reçue. « Jacqueline Dez, fille d'Hélène, vient me voir, note Giono dans son journal, le 2 janvier 1944. Son frère, arrêté à Grenoble par la police allemande, va, me dit-elle, sans doute être fusillé. Ce petit Alain est bien le plus grand imbécile que j'aie jamais rencontré. Je demande ce qu'il a fait. Regard d'héroïne ! Oh, comme tout cela a l'air composé ! Elle joue avec délectation à la sœur du héros, je dis : "Pauvre Hélène !" [...] Alors qu'en moi-même je me dis simplement Bande de petits jean-foutre, Alain, toi et ta sœur, petites putains et petits paresseux sans caractère ni valeur. Voyou qui a enfin trouvé une étiquette pour sa crapulerie : le patriotisme. »

Giono fulmine. Lui, l'ancien de 14-18, traumatisé par les tranchées, emprisonné en 1939 parce que « défaitiste » et pacifiste, n'a pas de mots assez durs contre ces résistants qui prennent les armes. Jacqueline défend la cause de son frère, argue de l'âge du patriote, vingt-deux ans seulement, lâche : « Ah, quand les jeunes gens "passent à l'action" ! »

« Les Allemands aussi passent à l'action, rétorque l'écrivain, de quoi vous plaignez-vous ? [...] Si on fusille Alain, il sera mort à la guerre. Il n'avait qu'à ne pas la faire. »

Giono est d'autant plus furieux qu'il accepte finalement d'intervenir... en écrivant deux lettres : l'une pour Alphonse de Châteaubriant, écrivain pronazi, patron du journal collabo *La Gerbe*, et l'autre pour Henry de Montherlant, auteur peu mais mal engagé qui ne semble pas avoir les mêmes accointances que le précédent dans les sphères de l'Occupation. Si l'aide paraît prudente et modeste, Giono y voit lui un geste significatif dont il assure qu'il « lui retombera sur le nez ». La lettre à Montherlant où il demande à l'auteur des *Jeunes Filles* de recevoir Hélène Laguerre le rend « parfaitement ridicule » et celle à Châteaubriant le « compromet ». Il a bien compris que, le vent ayant tourné, il n'est plus opportun d'entretenir de relations avec les confrères fidèles à Vichy ou aux Allemands. Peu apprécié des auteurs résistants, Giono a été en juin 1943 la cible du journal clandestin *Les Lettres françaises* : « M. Giono a tout renié de lui-même, jusqu'à son propre chant ! Que pourra-t-il écrire désormais ? Nul écrivain n'a poussé aussi loin le reniement, sinon Montherlant, qui, ayant chanté l'héroïsme, trahit lorsque fut venue l'heure de l'héroïsme. Giono, lui aussi, a bien servi les oppresseurs de la France. Il ne lui sera point pardonné. »

La prudence est plus que jamais de mise et la moindre missive fait trembler l'auteur qui se terre dans le Sud. Il est d'autant plus furieux qu'il agit pour des personnes – Hélène et ses enfants – qu'il semble mépriser : « ces vaniteux, ces *sans âme*, ces laideurs vivantes, écrit-il. Ces destructeurs de paix et de mondes, ces suffragettes au petit pied »...

Les cendres de la Révolution nationale

Amélie Saint-Rémy Pellissier n'a pas à chercher son fils. Quand René (186444), vingt-trois ans, est arrêté, lui aussi en décembre 1943, elle sait à quoi s'en tenir : elle a été appréhendée avec lui. Les Allemands les surprennent non loin de Grenoble, au château de la Balme qui n'est pas celui de Sainte-Julie d'où Alain Raymond a tiré son nom de résistant, mais celui du Murinais en Isère, près de Saint-Marcellin. C'est une immense demeure seigneuriale bâtie au XVIIIe siècle et rénovée au XIXe « dans un style néomédiéval ». Toits d'ardoise, échauguettes, cour, chapelle, tours, le manoir possède trente chambres et trois cent soixante-cinq fenêtres. Il appartient à la famille Saint-Rémy Pellissier, originaire de Marseille, et abrite depuis début 1943 les restes de l'école d'Uriage. Animée notamment par Hubert Beuve-Méry, futur directeur du *Monde*, et dirigée par le capitaine Dunoyer de Segonzac, l'École nationale des cadres, créée en 1940 par Vichy, a d'abord été installée au château d'Uriage (Isère). Elle a alors pour but de former les futurs dirigeants de l'État français en même temps qu'elle doit réfléchir aux contours de la Révolution nationale voulue par le maréchal Pétain. Il s'agit de bâtir un État moderne et efficace. Intellectuels, universitaires, hauts fonctionnaires, officiers s'y rendent pour animer cours, conférences, stages et séminaires. L'esprit est à la fois novateur et dévoué au Maréchal – contradiction qui va peu à peu engendrer des dissensions entre l'école et le pouvoir qui l'a créée. La Collaboration, l'antisémitisme d'État, l'évolution de la guerre finissent par détourner les élites d'Uriage de la voie prise par Pétain. Pierre Laval, chef du gouvernement, et les tenants d'une collaboration étroite avec l'Allemagne militent rapidement pour la suppression de l'organisme alors que, après novembre 1942 et l'invasion de la zone libre dans laquelle se trouvait Uriage, élèves et professeurs basculent, pour la plupart, dans la Résistance.

L'école est dissoute le 1er janvier 1943. Mais elle ne disparaît pas. Les principaux animateurs, Gilbert Gadoffre, Joffre Dumazedier, Hubert Beuve-Méry, Jean-Marie Domenach ou le jeune Simon Nora, futur directeur de l'ENA (École nationale d'administration), se transportent à la « Thébaïde ». « Ce nom exotique désignait le lieu d'hébergement du noyau de Résistance reconstitué par Segonzac au château du Murinais, de l'autre côté de l'Isère, écrit l'autrice Félicité Herzog. [...] Ses propriétaires, les Saint-Rémy de Pélissier [*sic*], avaient proposé au capitaine d'accueillir son groupe dans ce château à l'architecture fantasque. »

La propriété devient un lieu d'effervescence intellectuelle et politique clandestin. On y forme alors les « cadres volants » de la Résistance : ils sont chargés d'aller instruire les combattants des maquis de plus en plus nombreux, jeunes réfractaires au STO pour la plupart, en mal de connaissances et de repères. C'est aussi là que les cadres de l'école rédigent leur « somme », *Vers le style du XXe siècle*, un livre programme dans lequel ils préconisent de « reconstituer au plus vite des "élites nouvelles", à tous les échelons de la société française ».

L'ambiance y est studieuse, jeune et fraternelle. Les journées sont rythmées par les repas, les discussions, les lectures et les travaux intellectuels. « Chaque matin à l'aube, tirés du lit au son d'une trompe, nous nous retrouvions dans le parc pour le "décrassage", sorte d'exercice qui consistait à courir, ramper, sauter les haies, grimper aux arbres, se souvient l'auteur Benigno Cacérès. [...] Dans ce lieu qui me paraissait irréel, des bibliothèques en cerisier meublaient les murs comme pour garder toute la mémoire du monde. »

L'ébullition et l'agitation soudaine du château éveillent la curiosité des habitants des alentours.

« Je dois à la vérité de dire qu'à Murinais, on était un peu inconscients, affirme Yvonne Jacquot, secrétaire de l'école, parce que ces gens qui débarquaient du train, qui montaient à pied avaient tous, disons, un air particulier et les paysans du coin n'étaient pas habitués à voir passer ces gens-là, ils ne savaient pas ce que c'était et ils en parlaient. »

En septembre 1943, après la chute de Mussolini, les troupes italiennes qui occupaient la région depuis novembre 1942 sont remplacées par les Allemands. La tension monte. « Dès l'automne 1943, affirme Pierre Bitoun, auteur des *Hommes d'Uriage*, la police française et les autorités d'occupation de Grenoble, certainement alertées par des dénonciations, ont appris que le Murinais servait de base à des activités de Résistance et de soutien aux maquis du Vercors. »

Les Allemands débarquent le 13 décembre 1943 dans la soirée alors que la plupart des pensionnaires sont partis dans les maquis. Ils ne trouvent que la famille Saint-Rémy Pellissier, le personnel et les secrétaires de l'école. « Ils ont fait sauter à la grenade la poterne de la cour et allaient en faire autant de la porte d'entrée du château, explique l'une d'elles, Jeannine de Chaléon. J'ai donc été leur ouvrir et je me suis trouvée nez à nez avec des gars qui m'ont crié, l'air menaçant : "Où sont les terroristes ?" J'ai répondu que nous n'étions que quelques personnes au château et que je ne comprenais pas ce qu'ils voulaient dire. Alors, ils ont cherché à m'intimider. "Faites attention, m'ont-ils dit, on va vous donner des claques si vous ne dites pas immédiatement la vérité." »

Tout le monde est emmené par la Gestapo à Grenoble pendant que les soldats restent au château dans l'attente du retour des « terroristes ». Alertés, aucun d'eux évidemment ne revient. Au bout de quatre jours, les nazis, résignés mais mécontents, incendient les bâtiments. Le château est entièrement détruit, livres et meubles compris.

Cours Berriat, à Grenoble, dans l'immeuble réquisitionné par la Gestapo pour y installer ses locaux, après avoir chassé ceux qui y vivaient, dont la famille Nora – les frères Jean, Simon et Pierre et leur mère –, les pensionnaires du château du Murinais subissent des interrogatoires « assez durs mais sans tortures ».

« Nous avons eu deux coups de chance, précise Jeannine de Chaléon. Nous sommes tombés dans l'heureuse période, très courte, d'environ un mois ou un mois et demi où le chef de la Gestapo de Grenoble, un tortionnaire réputé, avait été rappelé temporairement en Allemagne et remplacé par un officier de la Wehrmacht. Nous avons donc été interrogés de manière correcte. Et notre second coup de chance, c'est qu'ils n'ont pas découvert les armes qui étaient cachées au château. »

Les noms d'Amélie Saint-Rémy Pellissier et de son fils René figurent parmi les soixante-douze inscrits sur trois portes de cellule du cours Berriat. Gravés par les détenus successifs de la Gestapo grenobloise, ils n'ont pas été effacés.

Amélie est libérée en janvier 1944 et peut aller constater qu'il ne reste plus rien de son immense demeure « fantasque ». Son fils, lui, resté en prison, n'aura pas le loisir de le faire.

« Les Saint-Rémy, nos hôtes, à Murinais, dira Pierre Dunoyer de Ségonzac, subissaient le sort de ceux qui recevaient des résistants : un de leurs fils mourut en déportation. A-t-on assez reconnu le courage de nombreux Français qui, en connaissance de cause, reçurent des résistants ? Ils jouaient un rôle obscur, mais du seul fait de leur permanence dans les lieux rapidement suspectés, ils couraient de terribles dangers. »

La haute

Les châteaux disséminés dans la campagne ont l'avantage d'être grands, isolés et à l'écart de l'agitation. Ils deviennent souvent des refuges et des caches, leur parc des lieux d'entraînement ou de parachutages. Le comte Pierre de Bernard de La Fosse (185328), ancien de 14-18, proche de l'Action française, a tout pour appartenir à ce que sa belle-fille appelle « les gens des châteaux », c'est-à-dire cette haute aristocratie « maurrassienne et pétainiste » qui méprise le « judéo-franc-maçon-communiste » de Gaulle, selon l'expression d'un marquis qui compte parmi ses amis. Mais Pierre a pour défaut d'être anti-allemand et d'aimer les Anglais. Surtout, à presque soixante ans, il a épousé en pleine débâcle de juin 1940 Anne-Marie Gardnor-Beard, née Denisane, issue d'une grande famille de Sologne, fille d'un peintre auquel Guy de Maupassant a dédicacé une nouvelle et veuve d'un Anglais qui, en cadeau de mariage, lui a acheté le joli château de Nanteuil, à Huisseau-sur-Cosson (Loir-et-Cher), à deux pas de celui de Chambord. Pierre de Bernard a alors délaissé le sien, celui de Beaumont à Cour-Cheverny, à 10 kilomètres de là, pour partager la vie de cette femme surnommée Souris qui, séduisante et entreprenante, passe pour avoir un fort caractère et une aversion pour la Collaboration.

« Souris était l'élément moteur du ménage, note le biographe Patrick Marnham. Son mari, Pierre – à la différence de la plupart de ses amis –, semble avoir été heureux de cet engagement mais n'eut peut-être guère le choix. [...] Quoi qu'il en soit, Pierre, ou "Bébert", ne montra pas de talent particulier pour cette tâche. »

« Bébert » n'a pas l'âme d'un comploteur ni d'un combattant de l'ombre. C'est un aristocrate distingué et placide, attentif à être toujours élégant et soigné, portant en toutes circonstances un nœud papillon. Au lendemain d'une nuit chaotique au cours de laquelle des conteneurs parachutés explosent aux mains des résistants chargés de les récupérer, il ne perd ni son flegme ni son maintien : « Le matin qui suivit l'explosion, étant passé par l'école pour récupérer son revolver, il arriva à l'improviste chez les Tristan vêtu comme à l'accoutumée : nœud papillon, culotte de golf et chaussures impeccablement cirées, rapporte Marnham. Il avait quarante paires de chaussures parfaitement cirées et sa garde-robe comportait une blouse grise qu'il revêtait pour le "travail grossier", à savoir le nettoyage de ses armes – ou le polissage de ses chaussures. »

Il épaule de bonne grâce son épouse qui, déterminée et active, s'implique dans la Résistance. L'amie anglaise qui vit avec eux au château confie : « M. de Bernard ne se contentait pas d'être distrait, il était "beaucoup trop bavard". En conséquence Souris lui cachait nombre d'informations. » Prudence d'autant plus nécessaire que des soldats et des officiers allemands occupent une partie du parc de Nanteuil.

Le couple participe au réseau « Prosper » qui s'implante et se développe dans la région. Au printemps 1943, le maire de Blois, à 10 kilomètres de là, les convoque pour les prévenir que les Boches les soupçonnent de soutenir la Résistance. Il les pousse à prendre le large. Les Bernard hésitent puis décident de rester. Dès le mois de juin 1943, les arrestations commencent. Le réseau est décimé, mais Souris et Bébert ne changent pas leurs habitudes. L'été arrive, la Gestapo poursuit sa traque et le couple passe en famille, au château, les mois de juillet et d'août. Le 6 septembre, la police allemande débarque, fouille le domaine et embarque Bébert. Juste quelques questions à lui poser et il sera de retour chez les siens, lui disent les agents. Il est interrogé à la Gestapo de Blois. La semaine passe. Il n'est pas relâché. Toujours entreprenante et décidée, Souris s'enquiert du sort de son mari.

« Accompagnée par mon beau-frère qui était plus ou moins pétainiste, explique-t-elle, je me présentai à la Gestapo de Blois pour obtenir l'autorisation de voir mon mari. On nous envoya à Orléans, en me disant : "Votre mari sera relâché." À Orléans, nous sommes allés voir M. Bussière [le préfet], qui nous fit accompagner par un interprète à la Gestapo. Après avoir passé quelque temps dans la salle d'attente, j'ai été invitée à monter seule au second étage dans un bureau, où étaient deux officiers allemands, un civil et une femme fort jolie. "Veuillez vous asseoir, me dit cette dernière. Madame, nous avons reçu de Paris l'ordre de vous arrêter." »

Ni elle ni son mari ne seront relâchés. La famille aura pour toute nouvelle, quatre mois plus tard, une première carte postée de Compiègne, en janvier 1944, avec pour mention « Anne-Marie de Bernard, partie sans laisser d'adresse », puis en avril une seconde, indiquant le départ de Pierre.

Leur demeure ne subit pas les représailles des Allemands. Elle a survécu à la guerre. Sur la façade, une plaque de marbre barrée de la croix de Lorraine, symbole de la Résistance, a été apposée. On peut y lire : « Dans ce château, Pierre et Souris de Bernard, déportés de la Résistance, reçurent au printemps

1941 les premiers agents britanniques du SOE [Special Operations Executive], ainsi que le général de Gaulle en 1948. »

Michel du Breil de Pontbriand (186254) est lui vicomte. Il a hérité du château de La Haie-Besnou à Erbray, près de Châteaubriant en Loire-Inférieure (Loire-Atlantique). Cela lui vaut d'avoir à demeure un officier allemand. Ce dernier est un aristocrate qui, pour le remercier de son hospitalité, y fait venir trois dizaines de prisonniers de guerre français afin d'entretenir le parc et restaurer les clôtures. Cette aide efficace a l'inconvénient d'être un peu voyante et vaut au châtelain une solide réputation de « collabo » dans le village et ses alentours. Réputation qui amène le sous-préfet de Châteaubriant à le nommer maire d'Erbray (1 800 habitants) en janvier 1942, alors qu'il n'est même pas conseiller municipal. Il prend ce rôle à cœur mais dix-huit mois plus tard, à l'été 1943, alors que le STO pousse les jeunes dans les maquis et que la Résistance s'étend, le vicomte commence à nourrir un certain « vague à l'âme » face à la réputation qui lui colle à la peau. Alors que la haine de l'occupant est de plus en plus répandue, il se sent isolé et marginalisé par ceux dont il « soupçonne l'omniprésence dans l'ombre ».

Il finit par s'en ouvrir à une vieille connaissance de son père, Marcel Letertre (185940), commerçant à Châteaubriant, « dont les opinions antiallemandes ne sont un secret pour personne ». De fait, Marcel anime un réseau de Résistance. Des relations se nouent. « Sa première mission fut d'aller chercher un poste émetteur à la maison Cavé à Châteaubriant, se souvient Monique de Pontbriand, l'épouse de Michel. Nous l'avons rapporté à La Haie-Besnou, caché sous une couverture, dans la voiture à cheval. Nous avons aussi hébergé l'officier radio anglais. Comme il parlait le français avec un drôle d'accent, nous avons dit qu'il était breton… »

Mais Letertre est appréhendé en novembre alors que la répression s'abat sans pitié. D'abord épargné, Michel de Pontbriand est finalement inquiété en janvier 1944. La Gestapo se rend au domaine, fouille et, bien qu'elle n'y trouve rien de compromettant, embarque le vicomte. Comme pour Pierre de Bernard, il s'agit, selon les agents, d'un simple contrôle, l'affaire de deux trois jours, pas plus. « L'affaire » durera en réalité plus d'un an. Le châtelain est transféré à Nantes où sont regroupés, comme du bétail, tous ceux que les Allemands ont pris dans leurs filets.

Le petit juge

La région Ouest, durablement marquée par le drame des « 27 fusillés de Châteaubriant », dont Guy Môquet, Charles Michels et Jean-Pierre Timbaud, ces « otages » exécutés par les nazis le 22 octobre 1941, est une terre de Résistance. L'engagement actif se fait souvent au hasard d'une rencontre décisive, dans le cercle familial, amical ou professionnel. Ou parfois ne se fait pas : beaucoup cherchent vainement une filière, un réseau, un groupe pour rejoindre le combat qui demeure clandestin et minoritaire. Ils finissent par agir seuls et avec leurs moyens.

Jacques Besnard (185070) est juge d'instruction à Château-Gontier (Mayenne), 60 kilomètres à l'est de Châteaubriant. Après des études de droit, il a été reçu à vingt-cinq ans, en pleine Occupation, au concours de la magistrature. Il fait ses premières armes à l'automne 1941 alors que la France s'enfonce dans la politique de la Collaboration et que les nazis fusillent les résistants à tour de bras. La justice française est alors, avec les « Sections spéciales » mises en place par le gouvernement de Vichy, un élément de la répression implacable qui vise les activistes « antinationaux » et « antiallemands ». Si beaucoup tombent dans les mains de la Gestapo, torturés, enfermés, fusillés ou déportés, d'autres sont poursuivis et condamnés par les magistrats hexagonaux, serviteurs zélés ou indifférents du pouvoir.

Sans doute le jeune homme rêvait-il, avant d'accéder à ses fonctions, de servir la Justice plutôt que l'injustice, l'État de droit plutôt que l'arbitraire. Nommé en février 1943, à vingt-six ans, au tribunal de Lannion dans le nord de la Bretagne, il y est le témoin de la vague d'arrestations qui touche, au printemps, la Résistance et plus particulièrement les militants communistes. Il doit y tenir son rôle : celui de représentant légal d'un pouvoir qui réprime sans scrupule ni état d'âme, et au mépris du droit, les opposants.

Il n'a, apparemment, pas d'autre choix que d'obéir. Mais sa fonction lui permet, quelles que soient les sanctions à venir, de décider de la liberté provisoire des suspects qu'on lui amène.

Il ordonne de relâcher Lucie Le Flem, membre du Parti communiste clandestin de Paimpol (Côtes-du-Nord devenues Côtes-d'Armor), arrêtée en avril 1943.

Il ordonne de relâcher Léonie Le Cozannet, responsable avec son époux du Parti communiste dans les Côtes-du-Nord.

Il ordonne de relâcher Auguste Pichouron (186223), qui, après une altercation avec échange de tirs à son domicile « entre les gendarmes de Tréguier et deux résistants venus remettre du courrier », s'est rendu.

Il ordonne de relâcher Paul Richard, communiste breton « ayant apporté un revolver au café Dornadic », ainsi que Baptiste Kernivinen et Eugène Carvennec, appréhendés par les gendarmes de Lézardrieux « sur ordre des Allemands pour menées terroristes ».

Il ordonne de relâcher « une vingtaine de jeunes », membres du groupe communiste rassemblé par Yves Toanen (186476) autour de Paimpol.

Les Allemands demandent au préfet « de procéder à l'arrestation des personnes qui ont été remises en liberté provisoire par le juge Besnard » et fulminent. Les résistants libérés se sont empressés de disparaître sans demander leur reste. Pendant que certains se font reprendre, Jacques Besnard est muté, en juillet 1943, moins de cinq mois après son arrivée en Bretagne, à Château-Gontier. Mais ça ne suffit pas à apaiser la Gestapo. Il est arrêté le 15 septembre, accusé d'avoir fait libérer communistes et « terroristes ».

Maurice Berger (185056), capitaine de gendarmerie de quarante ans, marié, père de deux enfants, dirige, lui, sous l'Occupation la brigade de Riom (Puy-de-Dôme), à 40 kilomètres au sud de Vichy. Tout comme Jacques Besnard, il profite de sa fonction pour aider ceux qui doivent l'être. Herbert Herz, jeune Juif ayant fui l'Allemagne avec sa famille, est lycéen à Riom quand, un soir d'août 1942, il est arrêté dans la rue. « Peu après l'arrivée du jeune prisonnier au poste [...], le commandant le fit venir et lui déclara : "Jeune homme, je vais vous libérer. Vous allez complètement oublier où vous avez passé la soirée. N'en parlez à personne. Partez, et que je ne vous revoie plus." Herz sauta sur sa bicyclette et rentra chez lui. Le commandant était Maurice Berger ; il venait de recevoir un coup de fil du directeur de l'école [de Herbert] qui avait appris [...] que son élève avait été arrêté. En décembre de la même année, Berger sauva également – au mépris des ordres de ses supérieurs – la vie de huit membres de la famille du tailleur Wasjbrot qui s'étaient enfuis de Paris et avaient trouvé refuge dans la petite localité de Davayat, dans le Puy-de-Dôme. Il les fit prévenir par sa secrétaire qu'une rafle de tous les Juifs du village devait avoir lieu le lendemain matin. »

Son nom figurant sur une liste, découverte par la Gestapo, de « gens susceptibles de servir le maquis en cas de débarquement et capables d'occuper après la Libération la sous-préfecture de Riom », il est arrêté le 8 février 1944.

Élus et parlementaire

Les nazis n'ont aucune considération pour les fonctions, les origines ou les opinions. Jeunes ou vieux, riches ou pauvres, notables ou ouvriers, hommes ou femmes, communistes ou modérés, nationalistes ou extrémistes, le profil, l'âge, la position importent peu. Ils ne voient que des ennemis à réduire et des bras à utiliser. François Beaudoin (185033) a été élu en 1936, à trente et un ans, député de la Moselle. C'est un grand exploitant agricole, président de la Fédération des producteurs de lait. Il est alors un des rares parlementaires du Parti agraire et paysan français (PAPF), un mouvement qui, entre les deux guerres, défend les intérêts du monde rural. Censé se situer hors des partis traditionnels, Beaudoin glisse, lors de l'avènement du Front populaire en 1936, dans l'opposition, vire à droite et professe un anticommunisme virulent. Il ferraille à l'Assemblée contre Léon Blum. Le journal d'extrême droite *Gringoire* le décrit comme un « garçon bien bâti, à la poigne solide, à l'œil franc et au langage précis. Il a le sens du risque avec de belles qualités d'élocution, un visage sérieux et attentif, des gestes brefs, une éloquence sobre et concentrée ».

En 1937, il fait cause commune avec le « Front de la liberté » qui rassemble la fine fleur nationaliste de l'époque. On le voit intervenir dans des rassemblements avec, entre autres, Jacques

Doriot et Philippe Henriot, qui vont devenir durant l'Occupation les grandes figures de la Collaboration. Lui pourtant ne montre aucune sympathie pour le IIIe Reich. Après l'annexion de l'Autriche par l'Allemagne, en 1938, il s'agace de la démission française : « Sans doute notre gouvernement attend-il le prochain coup de pied d'Hitler. Encore montrera-t-il la même passivité. »

Lors de la déclaration de guerre en 1939, il décide, à trente-cinq ans, bien que père de cinq enfants, de rejoindre les forces armées. Il participe à la bataille du printemps 1940 et, en juin, en pleine offensive allemande, est décoré de la Croix de guerre pour avoir « rempli, pendant la bataille de Belgique – 10-12 mai – et la bataille des Ardennes – 14-16 mai – de nombreuses missions de liaison donnant le plus bel exemple de mordant et de sang-froid ». Puis, dans la déroute, comme beaucoup de soldats, il est fait prisonnier par les armées du Reich et part dans un oflag de Pologne.

Il est libéré en 1941 parce que père de famille nombreuse. Le Parlement n'ayant pas été officiellement dissous, il n'a pas perdu son titre de député puisqu'un décret de 1939 a prorogé jusqu'à mai 1942 le mandat des élus de 1936. Mais sa circonscription de Château-Salins, en Moselle, n'existe plus : elle a été annexée par le Reich et s'appelle désormais Salzburgen. Pétain de toute façon n'a pas l'intention de rappeler les parlementaires et a même créé une nouvelle assemblée consultative – le Conseil national – dont il a trouvé plus commode de choisir lui-même les membres. Au printemps 1942, son mandat arrivant à échéance, le défenseur du milieu rural, bien vu à Vichy, est nommé « directeur des services agricoles du département de l'Indre-et-Loire ». Il s'installe à Tours mais, toujours habité de sentiments patriotiques et antiallemands, il estime que le combat n'est pas fini et rejoint le réseau Cohors animé par le professeur de Clermont-Ferrand Jean Cavaillès. Son rôle est essentiellement de récolter des renseignements militaires au sein de la préfecture où il travaille. À l'été 1943, le réseau subit de nombreuses arrestations dont celle de Cavaillès, puis, en septembre, la sienne.

Maire de la ville de Houilles, en région parisienne, depuis 1930, Guillaume Détraves (185449), originaire de Sarlat-la-Canéda en Dordogne, subit le même sort mais n'a pas été traité de la même façon par le gouvernement de Vichy. Vieux militant de la SFIO (socialiste), ancien valeureux combattant de 14-18, il est en 1941 considéré comme un ennemi du régime et déchu de son mandat. Il entre dans la Résistance au sein du réseau Jade-Fitzroy et est arrêté en novembre 1943 quelques jours après son cinquante-sixième anniversaire.

Son collègue, le maire de Mende, préfecture de la Lozère, est lui aussi démis de ses fonctions en 1941. Ancien combattant, avocat de formation, Henri Bourrillon (185152) a mauvaise presse à Vichy depuis que, dès 1936, il s'est évertué à apporter un peu d'humanité dans le camp de Rieucros qui voisine sa commune. « Il s'occupe des réfugiés espagnols, débarqués à Mende en 1936 et 1937, et leur offre des centres d'accueil, explique l'association Pour le souvenir de Rieucros. Justicier, il apporte son appui aux femmes internées [...] qui vivent dans des conditions difficiles. Il leur donne des tickets d'alimentation, des savons, un peu de nourriture, des petits riens pour alléger leur peine. Il fait de nombreuses visites au camp et, en 1939, il offre un repas de Noël aux internées. » Grâce au maire, les femmes peuvent rencontrer les habitants de Mende et leur faire partager leur vie au camp « en exposant leurs affaires rongées par les rats et les souris et en écrivant comme légende : "Les soucis ont rongé nos cœurs – les souris nos affaires" ».

Henri Bourrillon a, contrairement à la plupart de ses collègues de France et de Navarre, l'outrecuidance de refuser de débaptiser un boulevard de sa commune pour lui donner le nom du maréchal Pétain. Engagé très tôt dans l'action clandestine, il devient un des responsables de la Résistance en Lozère et les dirigeants de la France libre le désignent bientôt comme futur préfet du département une fois libéré. Mais il ne connaîtra pas cette heureuse période. Une trahison entraîne son arrestation en février 1944. Il a alors cinquante-deux ans.

« Je m'étais lié d'amitié avec Henri Bourrillon sur le camion de la Gestapo qui nous avait emmenés de Montpellier à la gare de Narbonne, confie Jean Baumel (185025). Dans son costume de ski dont il n'avait pu changer, notre camarade paraissait très jeune et, malgré ce départ rempli d'incertitudes, il se dégageait de sa personne une force tranquille. »

Le traître Pitou

Dans le cas d'Henri Bourrillon comme dans beaucoup d'autres, les trahisons sont à l'origine de nombreuses arrestations. La Gestapo redouble d'invention et de cruauté pour démanteler les réseaux. Un bon élément efficace et courageux peut, face aux sévices physiques et psychologiques, craquer sous la torture et donner noms et informations. Mais pour certains, les aveux ne sont que le début d'un long engrenage qui les fait devenir des indics redoutablement efficaces de la police allemande. Au sein du réseau Brutus, organisation d'obédience socialiste née dans le sud de France et dirigée, à partir de 1943, par le futur maire de Marseille Gaston Defferre, les agents « retournés » et bien informés portent des coups très durs.

Pierre Pitou (186241) a vingt-trois ans en 1943. On le décrit comme « un petit jeune homme bien mis, propre et bien peigné », avec de « très grands besoins d'argent » et des « goûts de luxe ». Installé à Bègles, dans la banlieue de Bordeaux dont il est originaire, il est requis par le STO et cherche un moyen d'y échapper. Grâce à un voisin de sa grand-mère, il rejoint « Brutus ». Ses motivations patriotiques semblent dès l'origine assez modestes. Il paraît avant tout intéressé par les bénéfices qu'il peut tirer de son engagement. Mais, en tant qu'ancien opérateur radio de la marine, il possède des compétences professionnelles précieuses pour la Résistance, qui communique de plus en plus par ce biais et manque de spécialistes. Recruté, en juillet 1943, « à contrecœur » par les responsables locaux qui ont eu vent de sa « fâcheuse réputation d'être un "noceur" », il est envoyé à Marseille.

« Quoique excellent à son poste, le jeune radio est rapidement mal noté par ses supérieurs », précisent Jean-Marc Binot et Bernard Boyer dans leur histoire du réseau Brutus. Il a, en dehors du service, une conduite déplorable et il n'hésite pas à présenter des « notes de frais invraisemblables ». « Pitou, qui se plaint de ne pas recevoir suffisamment d'argent vu les risques qu'il encourt, se serait fait remettre [...] 30 000 francs à titre d'avance afin de s'acheter des vêtements », poursuivent les deux auteurs. En réalité, « loin d'acquérir un costume », il aurait, d'après un de ses chefs, « mené une "vie désastreuse pendant une semaine" ». Rapatrié à Bordeaux en septembre, Pitou persévère, ayant « tendance à jeter l'argent par les fenêtres et surtout à trop parler ». Son chef décide alors de l'éloigner en l'envoyant à Toulouse mais le jeune homme refuse et préfère, dit-il, rejoindre le maquis.

Il est arrêté par la Gestapo début octobre dans un café bordelais. Une de ses « connaissances féminines » aurait renseigné les Allemands. Sa fiancée officielle, Marie-Louise Devoisin-Lagarde, qu'il épousera deux mois plus tard, secrétaire pour le réseau, est également appréhendée. Après avoir reçu « quelques gifles », Pierre Pitou, selon ses déclarations, se voit proposer un marché par le chef de la Gestapo : soit il collabore, soit il est fusillé et Marie-Louise torturée. « Votre cas est extrêmement grave, lui aurait dit le policier allemand. Je vous offre, à vous et votre fiancée, une planche de salut. Vous me paraissez intelligent, voulez-vous entrer dans notre service ? »

Pour le garçon avide d'argent, le choix est vite fait. Dès le lendemain, une pluie d'arrestations secoue Brutus. Pitou, de par sa fonction, connaît de nombreux lieux, contacts, responsables, caches et indicatifs de transmission. Il fixe des rendez-vous auxquels il ne se rend pas mais que la Gestapo est ravie d'honorer à sa place. De Bordeaux, il file à Toulouse puis Marseille où il tend piège sur piège à ses camarades. Le groupe, démantelé en quelques jours, identifie vite l'origine de ses ennuis. Il envoie deux hommes chez Pitou, Jean Chopin et Roger Valentin (186508), pour le liquider. Pitou réussit à les faire arrêter avant qu'ils ne le tuent. Le chef de Brutus ordonne alors à ses équipes de « l'abattre par n'importe quel moyen ». Le traître échappe à nouveau de justesse à trois résistants, dont André Chrétien (185299), qui l'avaient repéré dans un tramway.

Le réseau n'aura pas sa peau même s'il a provoqué « la mort de plus de quinze patriotes ». Passé la vague d'arrestations, il poursuit sa collaboration avec la police allemande : il devient un agent rémunéré, armé et immatriculé. « Quand la Gestapo aura acquis la certitude que Pitou ne sait plus rien, affirme *Liberté-Soir*, elle n'hésitera pas à l'envoyer à son tour dans les camps de la mort, sous un prétexte futile, selon le procédé généralement employé avec les espions. » Il y rejoint ceux qu'il a dénoncés.

« Aujourd'hui, l'Allemagne a besoin de bras »

Parmi les victimes de Pierre Pitou figurent Yvon Toquec (186477) et Pierre Sudreau (186423), jeunes aspirants de l'armée de l'air qui, avec Pierre Beuvelet (185078), ont rejoint le réseau Brutus en 1942 mais étaient actifs dès la fin de l'année 1940.

« Depuis notre sortie de la base école de Bordeaux, raconte ce dernier, nous nous étions, avec plusieurs camarades, concertés afin de continuer à nous battre car nous n'avions pas eu l'occasion de tirer un seul coup de fusil contre les Allemands. En prenant beaucoup de précautions, nous nous en ouvrîmes à un capitaine du 2e bureau, le capitaine Roland Prat, qui reconnut qu'une armée secrète était en train de se former et que notre principal rôle serait le renseignement. »

Officier en poste à Agen (Lot-et-Garonne), Pierre Beuvelet s'engage pleinement après avoir vu les Allemands, en novembre 1942, envahir sa base. Intégré officiellement au réseau Brutus sous le nom de « Camus », il reçoit l'ordre de rester dans l'armée d'armistice puis d'infiltrer la Milice, créée en janvier 1943 par le collaborateur Joseph Darnand afin de lutter contre la Résistance. « Ce me fut assez facile », confie l'intéressé. « Étant militaire, poursuit-il, je fus considéré comme un sympathisant et je n'ai jamais porté la tenue milicienne ni eu à participer à des raids antijuifs ou antirésistants. Par contre, comme je faisais des permanences au bureau, j'étais très souvent au courant de tout ce qui se tramait et je pouvais alors prévenir à temps, par personne interposée, les gens qui étaient menacés d'arrestation ou de fouilles domiciliaires. »

Il est ensuite muté à Toulouse, où il poursuit son action. « J'étais spécialiste dans le transport d'armes de poing, explique-t-il. Avec une valise à double fond je passais quatre pistolets à la fois. » Grâce au cloisonnement, la dénonciation de Pierre Pitou ne le touche pas : il ne le connaît pas et n'a pas de contact avec lui. Mais en février 1944, il sent à son tour se resserrer l'étau alors qu'il a rendez-vous avec son chef, André Chrétien, celui-là même qui avait été chargé de liquider Pitou. L'entrevue doit avoir lieu au domicile de Chrétien, rue d'Alsace-Lorraine à Toulouse. « Je sonnai normalement à la porte de l'appartement et j'insistai, affirme Pierre Beuvelet. Pas âme qui vive. Je m'inquiétai tout de suite car les heures de rendez-vous devaient être exactes. Je redescendis au rez-de-chaussée interroger la concierge. Celle-ci me parut très gênée et commença par me dire qu'elle ne savait rien [...]. [Puis,] comme si elle me délivrait un secret : "M. Chrétien et sa femme ont été arrêtés ce matin par la Gestapo." Bien entendu je feignis l'étonnement, disant que je ne comprenais pas, que c'était sûrement une erreur et qu'ils ne tarderaient pas à être relâchés et je m'éclipsai le plus discrètement possible, non sans remarquer deux agents de la Gestapo très reconnaissables à leur borsalino noir et leur manteau de cuir de même couleur. »

Le réseau est à nouveau victime d'une trahison, celle de Jean Chopin qui, arrêté au moment où il tentait de liquider Pierre Pitou, a été lui aussi « retourné » par la Gestapo. Beuvelet, aux abois, l'ignore encore quand il le croise quelques jours plus tard dans Toulouse : « Dans un premier temps, [il] fait mine de ne pas me reconnaître, raconte-t-il [...]. Je l'accoste alors presque de force, en lui recommandant de se mettre au vert parce que André Chrétien et plusieurs autres ont été arrêtés par la Gestapo. Et, me reprenant, je me rappelle soudain qu'il est inspecteur de police, donc en principe au courant des arrestations faites par les Allemands. Je lui demande donc de me prévenir pour le cas où il serait question de moi. [...] Il me répond qu'il était prêt, bien sûr, à me rendre ce service, mais qu'il fallait que je lui donne mon adresse. Ce que j'ai fait illico. »

Dès le lendemain matin, on sonne à sa porte. À peine a-t-il ouvert que cinq « brownings » sont braqués sur lui : « Police allemande ! » Il est enfermé à la prison Saint-Michel, dans une « cellule monacale s'il en fut, longueur : cinq pas ; largeur : deux ». « Comme ameublement, décrit-il, un lit, une couverture et une paillasse. Local bien fait pour méditer utilement, il y faisait une température proche de zéro, car j'appris bien vite par l'air qui m'arrivait de l'extérieur que non seulement cette cellule donnait au nord, mais qu'il manquait plusieurs vitres à la fenêtre. Je suis resté douze jours là-dedans, seul à me morfondre, me demandant ce qu'il allait advenir de moi, quelles seraient les questions posées, les tortures qu'on m'infligerait, si je pourrais tenir, si je serais fusillé, ce que devenaient ma femme et mes enfants... En un mot : j'avais peur ! »

Il subit ensuite les interrogatoires brutaux de la Gestapo qui, grâce à son informateur, n'ignore pas grand-chose de ses activités. Il s'attend à être exécuté. « Vous avez de la chance, lui affirme le capitaine SS Müller, deux mois plus tôt vous étiez tous fusillés. [...] Mais aujourd'hui, l'Allemagne a besoin de bras, vous irez travailler en Allemagne. »

Les nazis ont procédé à de nombreuses arrestations. La prison Saint-Michel s'emplit des camarades de Pierre Beuvelet : Marcel Patez (186183), cinquante ans, photographe dont la boutique, rue Saint-Rome, servait de « boîte aux lettres » ; Sylvain Dauriac (185380), quarante-neuf ans, ancien combattant, membre de la Ligue des droits de l'Homme, qui a rejoint le réseau avec son groupe de francs-maçons de la loge « La parfaite harmonie » ; Raymond Harter (185728), quarante ans, ingénieur dans l'aviation à Blagnac ; Henri Davies (185383), vingt-sept ans, directeur d'une coopérative à Agen.

André Chrétien est là aussi. Plusieurs membres du réseau le soupçonnent d'avoir parlé et fourni une liste de noms. Il s'en défend. La Gestapo possédait bien la liste, affirme-t-il, mais ce n'est pas lui qui l'a donnée. Sa possible responsabilité agitera longtemps les survivants de Brutus. Pour Pierre Beuvelet, le coupable n'est pas André, dont il demeure l'ami fidèle, mais son frère, « Paul Chrétien, réfractaire au STO et qui demeurait chez André Chrétien (grosse erreur). Un jour, Chopin apprit que Paul était réfractaire et il fit chanter ce dernier, le menaçant de le dénoncer aux Allemands s'il ne lui fournissait pas la liste des agents de son frère. Cela dura un bout de temps mais Paul réussit à recopier la fameuse liste que son frère n'aurait jamais dû avoir. André Chrétien fut arrêté et avec lui de nombreux autres inconnus de moi, comme Dauriac, le professeur Naves… »

Le spécialiste de Voltaire

Le professeur Raymond Naves (186126) est alors l'une des figures de la Résistance toulousaine. Ancien élève de l'École normale supérieure (Normale Sup), reçu cinquième à l'agrégation de lettres en 1923, il enseigne « la langue et la littérature françaises » à la faculté. C'est un des grands spécialistes de Voltaire, dont il commente la correspondance et auquel il consacre recherches et ouvrages.

« M. Raymond Naves qui vient de publier un excellent travail sur *Voltaire et l'Encyclopédie*, peut-on lire dans le *Mercure de France* en 1938, [...] a souhaité, dans son livre, documenté à la fois à des sources d'archives et aux plus sûres sources livresques, établir une bonne fois quels avaient été les rapports du philosophe avec l'*Encyclopédie*. »

En 1942, alors que l'intelligentsia collaborationniste veut faire du penseur du XVIIIe siècle le précurseur de l'antisémitisme français, Naves publie *Voltaire, l'homme et l'œuvre*, qui obtient les éloges de la presse et répond ainsi au *Voltaire antijuif* d'Henri Labroue, célèbre titulaire de la « chaire d'histoire du judaïsme » à la Sorbonne depuis laquelle il tente de démontrer que Jésus-Christ n'était pas juif, s'attirant les quolibets des auditeurs et provoquant ainsi une des rares manifs étudiantes de l'Occupation.

Intellectuel exigeant et chercheur infatigable, Raymond Naves publie, dans la même période, une étude sur Machiavel, des recueils de poèmes et le premier volume d'une histoire de la littérature, *L'Aventure de Prométhée.*

« En sortant, nous descendons à pied l'avenue de Muret [à Toulouse] avec Raymond Naves, sa bicyclette à la main, se souvient l'étudiant Henri Docquiert, qui vient d'assister à la réunion clandestine du Comité d'action socialiste (CAS). Nous faisons connaissance, il est parfaitement simple et il parle plutôt comme un militant que comme un professeur de faculté. De quoi ? De choses quotidiennes, comme les services que rend, en cette période où l'on ne connaît plus l'essence, un bon vélo qui, en outre, vous maintient en excellente forme physique. »

En parallèle de son travail d'enseignant et de chercheur, Naves s'est impliqué dès sa jeunesse dans le militantisme politique et syndical. Socialiste, il assume avant-guerre des responsabilités à la fédération et écrit pour les journaux du parti. Il est alors ardent pacifiste et « européiste ». Il milite pour la construction d'une Europe qui doit, explique son biographe Pierre Petremann, s'appuyer sur deux piliers : « la jeunesse et la culture ». « À ceux qui parlent de la force, il faut répondre justice, écrit-il en 1939, à ceux qui organisent l'Europe par une hégémonie, il faut répondre par l'organisation d'une fédération. »

La défaite de 1940 et l'arrivée au pouvoir du maréchal Pétain le poussent à agir. L'université devient un foyer de résistance. Cette ébullition en même temps que le réseau de ses amis politiques lui permettent d'être très tôt en relation avec l'opposition active. Dans la Ville rose, les jeunes sont dès la rentrée 1940 sur le pied de guerre. En novembre, lors de la visite du Maréchal, ils ont organisé « un lâcher de tracts au passage du cortège officiel ». Le fils unique de Raymond,

Francis Naves, lycéen de quinze ans, intègre lui-même un groupe remuant et déterminé. Il est arrêté puis relâché en 1942. Le professeur est alors déjà impliqué dans l'action à travers le réseau Brutus et le CAS.

« Son premier acte de résistant fut de donner un article à une publication clandestine de la Résistance étudiante, *Vive la liberté* », note Pierre Petremann. Il le signe de son vrai nom, sans peur des représailles. Son combat sous l'Occupation est avant tout une lutte intellectuelle qui prend la forme de nombreux articles et écrits dans les journaux interdits. Disposant d'une « autorité reconnue », d'un « nom estimé dans les milieux de socialistes militants », d'une grande « notoriété parmi les jeunes intellectuels », il devient un des chefs de la Résistance toulousaine et est pressenti pour, à la Libération, diriger la municipalité.

L'étudiant Henri Docquiert, devenu son secrétaire, se souvient : « Il arrivait, l'air sérieux et pénétré, toujours exact à l'heure juste. Nous nous enfoncions dans la foule et nous parlions à voix basse. Le plus souvent, il exposait une affaire qui l'occupait cette semaine-là, minutieusement, en s'appliquant à suivre mes réactions. D'autres fois, il me faisait raconter tel événement, telle orientation qui mettait en jeu nos connaissances de Lyon ou de Marseille. »

Les activités se terminent pour le professeur Naves le 24 février 1944. Ce jour-là, il neige sur Toulouse. Henri doit rejoindre son chef et, pour cela, se rend chez un intermédiaire. « Que fais-tu ici ? Tu ne sais donc pas ce qui se passe ? lui demande ce dernier. Naves a été arrêté ce matin, d'autres camarades aussi… »

Se sachant surveillé, le philosophe a délaissé son domicile mais s'est refusé à abandonner ses cours. Il a été pris alors qu'il se rendait à l'université. Henri Docquiert rentre en hâte chez lui « en prenant bien garde de s'assurer que les abords ne présentent rien d'anormal ». « Rien à signaler, note-t-il, sauf un peu plus tard un jeune visiteur, Francis Naves, qui exécute les consignes que lui a enseignées son père en cas d'arrestation : prévenir les amis pour qu'ils puissent prendre le large s'ils en ont le temps. Lui aussi a les yeux secs, l'air déterminé : à seize ans, il a déjà subi l'emprisonnement. [...] Dans la matinée, les policiers allemands sont arrivés chez lui. À Mme Naves venue leur ouvrir la porte, ils ont réclamé M. Naves. Entendant cela et pensant que c'était lui qui était visé, Francis s'enfuit par le jardin de derrière. Les gestapistes procèdent alors à une perquisition acharnée, emportant même les manuscrits de ses travaux littéraires, la suite de son *Prométhée* non encore publiée, qui seront à jamais perdus. »

Souvenirs de la guerre d'Espagne

Ville d'accueil pour nombre de républicains espagnols chassés par Franco, gérée par la gauche et nantie d'une forte et influente communauté franc-maçonne, Toulouse est dès 1940 un centre d'opposition et de résistance au régime de Vichy, puis à l'occupation allemande. La cité résonne à voix basse de plans et d'actions. La pharmacie Berthoumieux du 122 de l'avenue de Muret, l'imprimerie d'Henri Lion, 23, rue Croix-Baragnon, la marchande de journaux de la place du Capitole, la villa de Raymond Naves, 130, avenue de Lasbordes, le studio photo Patez, rue Saint-Rome, le bureau de Sylvain Dauriac, rue du Poids-de-l'Huile sont autant de lieux où bruisse, à l'abri des regards, l'organisation du refus. Il en reste sur les murs de la ville quelques plaques hommages. Au 38 de la rue Valade, entre la Garonne et l'église Saint-Sernin, sur un support de fer-blanc entre deux fenêtres, est écrit : « Dans cette maison habitait le colonel Cahuzac, arrêté et déporté par les Allemands et mort à Buchenwald en 1944. »

« Parlant couramment cinq langues, Pierre Cahuzac [185207] est un officier pour le moins étonnant », affirme l'historienne Anne-Aurore Inquimbert. Après avoir été reçu à l'école d'officiers de Saint-Cyr, cet enfant du Tarn fait partie des pionniers de l'aviation militaire. Durant la Première

Guerre mondiale, il commande une escadrille de bombardement. Il est, en 1916, cité à « l'ordre de l'armée » pour avoir, « dans une situation délicate », fait preuve « d'esprit de décision et d'une initiative heureuse (capture d'un [avion] albatros et de deux aviateurs allemands) ».

Après la guerre, il s'occupe de matériel aéronautique puis, en 1923, « il prend part à la mission militaire française au Brésil » et contribue à « la création de l'armée de l'air brésilienne ». Il rejoint ensuite la vie civile « pour devenir importateur des automobiles Citroën et des avions Breguet à São Paulo ». Le voilà de nouveau en France et sous l'uniforme, au début des années 1930. Il est officier de renseignement au sein de « l'état-major particulier de Pierre Cot », ministre de l'Air. Il en vient aux mains avec un ancien colonel de l'armée de l'air, Alfred Bordage, agitateur fasciste et candidat malheureux à plusieurs élections parisiennes. En 1936, Pierre Cahuzac est envoyé à Madrid en tant qu'attaché militaire, alors que la guerre civile a chassé de la capitale l'ambassade de France. Le gouvernement du Front populaire ayant renoncé officiellement à aider militairement la République espagnole, il est chargé d'une mission très spéciale : être, en toute discrétion, « la cheville ouvrière des livraisons françaises » aux républicains afin de lutter contre les franquistes. Sa mission lui vaut la haine féroce et durable des journaux et partis d'extrême droite. Il rentre ensuite en France et participe à la guerre de 1940. Sa carrière s'interrompt brutalement en 1941 quand le général Bergeret, secrétaire d'État à l'Aviation, décrète par l'arrêt du 23 septembre : « M. le colonel du cadre navigant Cahuzac (Pierre Gabriel Marc) est déclaré démissionnaire d'office, en application des dispositions de la loi du 11 août 1941 sur les sociétés secrètes. »

L'officier est, en effet, franc-maçon. Il appartient à la loge parisienne « Aristide Briand » du Grand Orient de France. Les journaux collabos n'ont pas oublié son action à Madrid et s'en prennent à lui avec virulence. Peu de temps avant sa radiation, *L'Appel* lui consacre un entrefilet : « Ce guerrier fut attaché militaire en Espagne au temps des rouges et son activité maçonnique ne cessa de s'employer bassement contre les vrais intérêts de la France. Aider les rouges avant de servir le pays : tel fut son évangile [*sic*]. [...] Il est, hélas ! parmi les gens encore en place, quelques colonels de cet acabit. À quand l'arrestation du Cahuzac, et de tous les saboteurs de notre belle armée de l'air ? »

Sa radiation intervient alors qu'il est à Toulouse, déjà fortement impliqué, grâce à son réseau, dans la lutte contre Vichy et l'occupant. Le résistant André Weil-Curiel le rencontre pour lui demander de rejoindre sa filière : « Je n'eus pas besoin de le sonder, rapporte-t-il. Il ne proclamait que trop haut ses opinions dans les cafés de la place Wilson. Il avait de sa propre initiative pris contact avec des paysans de l'Albigeois dans le canton dont il était originaire. Il les avait groupés et armés et il se tenait prêt à toute éventualité. S'il est un précurseur du maquis, c'est bien lui. Je dus modérer son enthousiasme en lui expliquant que le débarquement britannique en France n'était pas pour demain. »

Il rejoint le groupe Liberté-Égalité-Fraternité créé dès 1940 par les francs-maçons et qui devient rapidement le « noyau de Libération-Sud », principal mouvement résistant de la zone non occupée. Début 1942, l'officier radié est à nouveau la cible de journaux collabos dont *Je suis partout*, qui se fait une spécialité de dénoncer nommément les opposants, Juifs, francs-maçons et autres parias encore en liberté : « Le colonel Cahuzac se remue énormément, en ce moment, à Toulouse. Chef d'état-major de l'aviation du *Frente Popular*, il est resté en relation avec les miliciens rouges réfugiés dans le midi de la

France. […] Le colonel Cahuzac réorganise ses troupes de choc, il opère au grand jour. Et pourquoi, après tout, se gênerait-il ? »

Il est arrêté en mai 1943 à l'initiative de l'ex-colonel de l'armée de l'air Alfred Bordage, avec qui il s'était battu avant-guerre. L'ancien agitateur fasciste, devenu agent de la Gestapo, occupe « des fonctions importantes dans les services de police [allemands] du square Rapp [Paris] ». Avec son complice Jean Petit, qu'il envoie procéder à l'arrestation de Cahuzac au domicile toulousain de ce dernier, il profite de ses positions – il est aussi chargé par le gouvernement de Vichy d'« exploiter » les archives du Grand Orient de France – pour régler ses comptes.

L'ombre de Jean Moulin

Bien qu'agissant dans les mêmes mouvances et au même endroit, le colonel Cahuzac et le professeur Naves n'appartenaient pas au même réseau. Le spécialiste de Voltaire n'a pas non plus combattu avec Pierre Kaan (185806), philosophe lui aussi, engagé également très tôt dans la résistance à l'occupant mais résidant et travaillant loin de Toulouse. C'est « un petit homme [...] emmitouflé dans un gros pardessus, coiffé d'un feutre gris, le regard aux aguets derrière les loupes de ses lunettes », raconte Daniel Cordier, secrétaire de Jean Moulin, qui le rencontre pour la première fois à Lyon en janvier 1943. Kaan se présente alors sous un faux nom : « Je m'appelle Dupin, dit-il, comme dans Edgar Poe. »

Peu de temps auparavant, Jean Moulin, chef de la Résistance intérieure, a annoncé à son secrétaire avoir « recruté un collaborateur pouvant le décharger d'une partie de ses contacts avec la zone occupée » et lui a demandé de le rencontrer. Daniel Cordier est séduit d'emblée par cet homme sociable et « à l'écoute », intellectuel énergique et bavard. « Dupin » alias Pierre Kaan est alors un philosophe respecté. Après avoir écrit, dans sa jeunesse, pour *L'Humanité*, il a été avec Boris Souvarine dans les années 1930 l'animateur d'un courant politique que l'on peut définir comme un communisme critique, opposé au Parti et à l'URSS. Brillant étudiant, il est devenu prof de philo en province tout en continuant à s'investir ardemment dans les cercles intellectuels parisiens. La défaite de 1940 le saisit à Montluçon (Allier) où il enseigne après avoir tenté à plusieurs reprises d'intégrer l'armée, qui ne veut pas de lui du fait de sa lourde myopie. « Il me raconte son entrée en résistance, après l'appel de Pétain [à cesser le combat], le 17 juin 1940, confie Daniel Cordier. La nuit de ce jour sinistre, sa honte l'a jeté dans la rue où, muni d'un bâton de craie, il a tracé en grosses lettres sur les murs de Montluçon : "À bas Hitler !" »

Au lendemain de l'armistice de 1940, Kaan parcourt 350 kilomètres à vélo pour rejoindre Bordeaux et trouver un bateau qui puisse l'emmener en Angleterre. Mais aucun navire n'a plus le droit de quitter le port. Il rentre à Montluçon où il a laissé sa femme, institutrice, et leurs quatre petites filles. Mais il ne se résigne pas et veut trouver des moyens d'agir. « Les premières recherches de volontaires partageant son refus ont été décevantes, rapporte Cordier. Puis vint la création des premiers groupes d'action. [...] Il commença par distribuer des tracts, collecter des renseignements, recruter des volontaires. »

Juif par son père et catholique par sa mère, Pierre Kaan, qui refuse de fournir son certificat de baptême, est révoqué en décembre 1941 par le gouvernement de Vichy en application du statut des Juifs. Par l'intermédiaire de Jean Cavaillès, le « Strasbourgeois » de Clermont-Ferrand, tout proche, avec lequel il est ami, il participe à la création du mouvement clandestin Libération-Sud dont il devient un des responsables régionaux. Il n'hésite pas à braver les autorités françaises puis allemandes en montant des manifestations – à la mémoire du maire Marx Dormoy, ancien ministre du Front populaire, mort assassiné en 1941, ou pour empêcher le départ de trains vers l'Allemagne. « C'est une ville à majorité socialiste, qui a pratiquement basculé tout entière dans la Résistance, confie Kaan à Cordier. Hier [le 6 janvier 1943], il y a eu des manifestations à la gare pour empêcher le départ d'un train d'ouvriers pour l'Allemagne : la foule s'est couchée sur les voies aux cris de "Vive de Gaulle ! À mort Laval !" »

Intelligent et dénué d'ambition personnelle, il obtient la confiance de Jean Moulin à une époque où, attaqué de toutes parts, ce dernier est en recherche d'adjoints fiables et dévoués. Le chef de la Résistance demande bientôt au philosophe de gagner Paris, où il lui confie un rôle important de coordination en lui recommandant de « maintenir ses contacts avec ses amis professeurs ou écrivains disponibles pour l'action ». Pierre, lié à des auteurs comme Jean Paulhan ou Raymond Queneau, organise des entrevues avec Daniel Cordier. « Kaan, avec qui je travaille tous les jours, explique ce dernier, me demande de rencontrer un de ses amis, professeur de philo qui, comme [Jean] Cavaillès, souhaite "faire quelque chose" dans la Résistance. » L'ami que Kaan lui présente comme quelqu'un de « très gentil » est « un homme petit », fumant la pipe, à « la voix métallique » et à la « pensée maîtrisée », écrivain « certes peu connu » mais d'une grande « simplicité » et plein d'« attention pour les autres ». Il s'appelle Jean-Paul Sartre. Malgré l'entrevue et le soutien de Kaan, le philosophe ne rejoint pas le mouvement et ne s'engage pas, expliquant qu'il est décidé à « plonger dans l'action » mais qu'il veut se « tenir à l'écart de toute politique, libérer la France sans faire le jeu des communistes ni des gaullistes ».

Pierre Kaan rencontre les principaux chefs de la Résistance intérieure. Le futur Premier ministre Michel Debré le décrit comme « un petit homme à lunettes, habillé avec élégance, au maintien effacé. On ne commençait à lui prêter attention qu'en le regardant en face et en l'écoutant. On était aussitôt surpris de la lumière qui brillait dans ses yeux de myope, de la finesse de son sourire et de l'extrême qualité de ses propos ».

Kaan pousse et aide Yves Farge, journaliste et membre de l'état-major de l'Armée secrète, à créer un réseau pour combattre le STO et financer des maquis afin d'abriter les réfractaires (Comité d'action contre la déportation). Farge dit de lui : « De tous ceux de ma bande, c'était encore Pierre Kaan qui recevait le plus grand nombre de confidences. À ce moment on l'appelait Biran, il venait de se défaire du pseudonyme de Dupin ; on allait bientôt l'appeler Brulard. [...] J'avais pour Biran une affection profonde, parce qu'il était incorruptible, perspicace et intraitable ; parce qu'il professait une horreur instinctive à l'égard de ceux qui ne participaient à l'aventure que du bout des lèvres. »

L'arrestation, en juin 1943, de Jean Moulin, dont il est devenu l'un des plus précieux collaborateurs, et de toute une série de responsables et de combattants, bouleverse son existence et son action. Quelques jours après Noël, en décembre de la même année, Henri Ribière, dirigeant du mouvement Libération-Nord a rendez-vous avec lui dans un café au coin du boulevard de Port-Royal et de l'avenue de l'Observatoire (Paris 14e). Il l'aperçoit approcher quand, soudain, Kaan est abordé par un homme et que deux policiers surgissent.

« Quelques jours plus tard, raconte Daniel Cordier, Kaan ne vient pas dîner avec moi. [...] Lorsque l'un d'entre nous est absent, nous sommes inquiets. Je le suis particulièrement car Pierre Kaan est l'homme le plus exact que je connaisse. » La nouvelle de son arrestation bouleverse tous ceux qui ont eu affaire à lui. « Cette impression de vide et de froid dans les membres et dans la poitrine qu'il faut à tout prix dissiper pour empêcher le malaise de gagner le cerveau, écrit Yves Farge, je l'ai ressentie quand j'appris l'arrestation de Biran. »

C'est Farge qui annonce la nouvelle à Cordier. « Je suis d'autant plus triste qu'il avait une place singulière dans ma vie, confie ce dernier. C'est lui qui, intellectuellement, m'a le plus apporté. Nos longues discussions, sa patience infinie dans l'explication, son agilité intellectuelle, son immense culture en font un compagnon exceptionnel. »

Boulloche et les siens

La prise de Biran intervient dans un « climat de chasse à l'homme », note Daniel Cordier. Entre l'arrestation de Moulin en juin 1943 et celle de Kaan en décembre, de nombreux membres de l'état-major du chef de la Résistance sont pris par la Gestapo, dont, en septembre, deux des plus proches collaborateurs de Cordier, Hugues Limonti et Laure Diebold. Cette dernière, jeune Alsacienne engagée dans le combat depuis 1940, est appréhendée rue de Grenelle à Paris avec son mari Eugène Diebold (185453), résistant lui aussi.

Le 29 décembre 1943, date de l'interpellation de Kaan, ne marque pas, loin s'en faut, la fin de la « chasse ». En janvier, deux hauts responsables du Bureau central de renseignements et d'action (BCRA, les services secrets de la France libre), André Boulloche (185144) et son adjoint Ernest Gimpel (185663), envoyés par Londres, sont interceptés. Le premier, vingt-huit ans, est un brillant ingénieur des Ponts et Chaussées, polytechnicien, qui n'a pas accepté l'armistice de juin 1940 et poursuit depuis lors le combat. Recherché par la Gestapo en décembre 1942, il décide de rejoindre l'Afrique du Nord, désormais aux mains des Alliés, via l'Espagne. Il est arrêté par la police espagnole et emprisonné à Pampelune, d'où il s'évade pour gagner Madrid après avoir marché près de 200 kilomètres.

De là, il file au Portugal d'où un avion l'emmène à Bristol (Angleterre) où il atterrit en mai 1943. Il y suit une formation militaire avant de rencontrer, à Londres, le général de Gaulle qui le renvoie à Paris en tant que délégué militaire de la zone Nord.

Le second, trente ans, diplômé des Beaux-Arts et de science politique, travaillait avant la guerre avec son père, René Gimpel, célèbre et fortuné marchand de tableaux, ami de Marcel Proust et de Pablo Picasso. Élevé dans un magnifique hôtel particulier au 19, rue Spontini, dans le 16e arrondissement de Paris, Ernest est par sa mère, Florence Duveen, lié à l'aristocratie anglaise. Chef de char durant la bataille de France, il est blessé en juin 1940 et fait prisonnier mais profite de son hospitalisation pour, en août, s'évader et rejoindre la zone non occupée. Il s'engage alors dans des mouvements, encore balbutiants, de Résistance, sert d'agent de renseignement et est arrêté à Marseille en octobre 1941 par la police de Vichy. La justice française le condamne à dix ans de travaux forcés pour « atteinte à la sûreté de l'État » mais il est déjà loin, étant à nouveau parvenu à s'évader. Exploit qu'il réitère en mars 1942 après avoir été interpellé par les gendarmes de Saint-Raphaël dans le Var. Il est alors temps pour lui de quitter la France : il est exfiltré vers Gibraltar « par une opération sous-marine depuis les Alpes-Maritimes » et rejoint Londres. « Affecté au BCRA, il reçoit une formation d'agent. Volontaire pour une nouvelle mission, il est parachuté dans l'Ain le 25 novembre 1943 comme adjoint au délégué militaire de la région P (Paris), André Boulloche. Dès lors, il prend part à l'organisation paramilitaire de la Résistance. »

Les deux hommes doivent leur arrestation à la trahison d'un étudiant. Pris par la Gestapo, ce dernier mène les Allemands à leur planque et frappe à leur porte selon un code bien défini. Quand André Boulloche ouvre et découvre les policiers sur le seuil, il est pris de court. Et se rue dans l'escalier. Les nazis tirent. Il est atteint de deux balles « en bas de la poitrine » et s'effondre. « S'il n'avait pas été blessé, il aurait immédiatement avalé la pilule [de cyanure] fatale, affirme le journaliste Charles Kaiser. Mais le voilà qui se tortille sur le sol, du sang coule abondamment de son ventre – et le comprimé ne quitte pas sa poche. Il se demandera longtemps si c'eût été la bonne décision. »

La Gestapo, qui sait qu'elle a affaire à un important responsable et compte bien le faire parler, s'abstient de l'achever mais l'emmène au contraire à l'hôpital dans une voiture où a pris place le jeune traître. « Il est en larmes, il braille, et implore son chef de le pardonner. André gardera sa vie durant un pénible souvenir de ces instants. Le cauchemar d'André prendra fin quelques minutes plus tard, lorsqu'on le débarque à la Salpêtrière, investie par les Allemands et transformée en hôpital militaire, où ses blessures seront soignées. »

Ses sœurs Jacqueline et Christiane, toutes deux engagées dans la Résistance, essaient avec la complicité d'un cousin chirurgien, le docteur Funck-Brentano, de le faire évader. La tentative échoue. Soigné mais souffrant, André Boulloche n'échappe pas aux interrogatoires. Les Allemands lui lisent les déclarations de celui qui l'a trahi : « J'ai été recruté par Christiane Boulloche. Elle vit avec ses parents et sa sœur Jacqueline au 28, avenue d'Eylau, troisième étage droite. Son frère est mon supérieur. Il vit clandestinement dans un appartement rue de la Santé, dans le 13e. »

Christiane devient bientôt un objectif de la Gestapo mais elle parvient à se volatiliser. En août 1944, trois semaines avant la libération de Paris, les Allemands croient pouvoir l'attraper chez ses parents, avenue d'Eylau. Comme ils ne la trouvent pas, ils pillent l'appartement, arrêtent puis torturent ses parents et son second frère, Robert. Tous trois sont ensuite déportés. Aucun n'a survécu.

Sur la ligne

À 300 kilomètres de Paris en direction du sud-ouest, la famille Goupille est elle aussi durement touchée par la répression. Elle vit en Touraine, à La Haye-Descartes, une commune d'Indre-et-Loire de 1 500 habitants. C'est un bourg rural. La ville la plus proche, Châtellerault (20 000 âmes), est à une demi-heure en voiture. André Goupille y a fort à faire : il y est vétérinaire, va de ferme en ferme, arpente un territoire étendu rempli de bétail à surveiller et à soigner. Son travail est perturbé à l'automne 1940 : la ligne de démarcation qui, soudain, coupe la France en deux passe dans son territoire. Désormais, pour sa tournée, il lui faut un laissez-passer. À dire vrai, tout le canton est secoué par cette nouvelle frontière gardée par les Allemands. D'autant que, très vite, arrivent de la zone Nord des parias et des fugitifs dont la seule issue est de franchir la ligne à l'insu des nazis. Quand, en octobre, André voit apparaître ces premiers candidats à la fugue, il n'a pas d'hésitation : en bon connaisseur du pays, il les aide à traverser une région encore poreuse et mal surveillée par des soldats qui ne sont pas des fanatiques et se laissent facilement berner. Les demandeurs sont des militaires français, d'origine algérienne et marocaine, évadés de camps de prisonniers de la Vienne et du Maine-et-

Loire. Ce n'est qu'un début. Durant l'hiver, les candidats se multiplient.

« Du 15 décembre 1940 au 4 avril 1941, il y eut, imprudemment d'ailleurs, cent quatre-vingt-dix-sept passages de gens à travers la ligne, précise André Goupille, inscrits avec nom à l'appui et souvent même le nom de celui qui nous l'envoyait sur un agenda de 1941 tenu par ma femme. » Il aide ainsi une cinquantaine de prisonniers évadés, mais aussi des Juifs, des étrangers, « Polonais, Canadiens, Belges », « vingt femmes dont une avec un bébé ». « Ceux qui nous les envoyaient ? Les principaux furent Jacques Borgnet (185122), les capucins de Tours, le chanoine Robin. Ils arrivent d'un peu partout mais surtout de Bretagne et du nord de la France. »

Le relief plat et le paysage champêtre permettent de repérer de loin les patrouilles allemandes. Les multiples chemins à travers la campagne sont autant de méandres que les occupants ne connaissent pas. Il suffit parfois de traverser un vignoble pour se retrouver du bon côté. L'ingéniosité fait le reste. « Au bourg de Cussay, explique André, on vit parfois aux enterrements des gens qui, bien que n'étant pas de la famille ni même des amis du défunt, suivaient le convoi d'un air attristé, mais ne revenaient pas dans le pays après la cérémonie – le village étant en zone occupée et le cimetière en zone libre. De même, le terrain de football de La Haye-Descartes [...] jouxtait par son extrémité sud le ruisseau [Ribault] qui délimitait la frontière. Les jours de match, il y eut des "joueurs" en surnombre qui profitèrent de l'occasion de sauter le pas. »

Bientôt, face à l'afflux, les filières s'organisent. Certaines en tirent profit mais André Goupille fournit aide et renseignements sans rien attendre en retour. « La presque-totalité de la population était de connivence, poursuit André, et, à l'exception de quelques collaborateurs fanatiques, personne n'aurait dénoncé ceux qui se firent passeurs d'hommes. » En mai 1941, les Allemands, conscients des failles, renforcent le dispositif et remplacent les soldats par des douaniers spécialisés dans la traque et la surveillance des frontières. Les passages sont plus difficiles et l'aide plus dangereuse. André et Jeanne Goupille poursuivent néanmoins leur tâche. Leurs quatre enfants, Élisabeth, dix-huit ans, Pierre (185685), dix-sept, Louis (185684), seize, et Jean (185683), quinze, leur donnent un coup de main. Les trois garçons, dès la rentrée 1941, se sont fait remarquer par leur chef d'établissement : « Gaullistes irréductibles, écrit ce dernier aux parents, ils s'étaient à peu près gardés jusqu'ici d'une manifestation susceptible de leur attirer une histoire. Mais cette fois, tous les trois tombent sous le coup d'une sanction. »

Le long de la ligne de démarcation, le rythme s'accélère. « Nous avons, moi et les enfants d'abord, Jeanne seule ensuite jusqu'en octobre 1942, soit pendant dix-huit mois, continué les passages », explique André. Il transporte aussi courrier et argent qu'il cache dans sa voiture, sur lui ou dans des boîtes de médicaments. Il se fait prendre par un douanier soupçonneux. Arrêté et emprisonné, il est condamné à une faible peine qui lui permet de rentrer chez lui. Mais, désormais méfiant, il repasse une dernière fois la « frontière » et s'installe de l'autre côté. L'invasion de la zone dite libre, en novembre 1942, met fin à la ligne de démarcation même si les douaniers allemands demeurent sur place jusqu'en février 1943.

Son activité de passeur ayant inséré André dans un réseau de Résistance, il prend en charge, après la création du STO, des réfractaires. « Comme certains clandestins souhaitent se faire embaucher dans les fermes, explique l'historien Jean-Gilles Dutardre, la famille Goupille monte un véritable bureau de "pôle emploi" pour aider ceux qui cherchent un travail. »

La présence de jeunes « étrangers » de plus en plus nombreux dans cette campagne ne tarde pas à éveiller l'attention. Les gendarmes enquêtent. « Il est surprenant que Goupille habite [une] maison isolée, et sans communication téléphonique, en raison de sa profession alors qu'il aurait pu s'installer au bourg. Il circule à motocyclette le jour comme la nuit. [...] Ses déplacements sous le couvert de sa profession deviennent douteux et il est difficile de le contrôler en raison de la sympathie que lui témoignent tous les cultivateurs de la région, dont la majeure partie épouse ses sentiments. »

André et les siens ont surtout pour tâche de trouver des terrains pour les parachutages d'armes et de matériel qui s'accélèrent alors que, avec le STO, les maquis se multiplient. Il s'agit ensuite de réceptionner les conteneurs, les cacher puis les acheminer. Le choix du lieu de parachutage est compliqué : il doit être isolé mais accessible, à découvert mais dissimulé. Une fois l'endroit déterminé – un champ « adossé à un bois », « bordé par des châtaigniers et entouré de fossés en mauvais état et recouverts de ronces » –, il faut attendre « le message personnel – "Francis est un garçon" – [...] diffusé par la radio de Londres ». L'opération nocturne n'est pas toujours un succès : « Le largage n'a pas lieu. Il semblerait qu'une erreur de navigation soit à l'origine de l'échec », ou : « L'avion survole bien le terrain, mais son pilote ne voit pas les lumières, sans doute trop faibles. C'est un nouvel échec. »

Quand, plus tard, le message se transforme en « Francis est trois fois un garçon », l'équipe n'en comprend pas le sens. Il signifie que l'avion va passer à trois reprises et larguer les conteneurs à chaque fois. « Ignorants de la chose, les personnels au sol s'empressent de débrancher les fils des lampes dès l'arrivée au sol des parachutes. Aussi, lorsque l'appareil revient [...], le balisage est-il éteint. Privé de visibilité, son pilote s'éloigne. »

Le temps presse en effet. Le bruit des avions, obligés de faire plusieurs passages pour repérer le terrain, alerte souvent les Allemands qui guettent. Au sol, les réceptionneurs doivent être nombreux pour emporter rapidement les parachutes et faire disparaître les traces. Le groupe, réuni autour du château et de la personnalité de Marie-Thérèse Tyrel de Poix, rassemble un « large échantillon de la société française » : « noblesse du terroir, paysans de source, artisans, bourgeois et petits-bourgeois et curés de villages ».

Autour du docteur Goupille, outre sa femme et ses quatre enfants, il y a entre autres l'abbé Péan, le postier Abel Sellier (186394) et les agriculteurs François Bonin (185110), Alphonse Cathelin (185236), Jean-Baptiste Gallien (185604), Pierre Gabillon (185594) et son fils Daniel (185593), Marc Rambeau (186293).

Fin 1943, les parachutages redoublent. Réseaux et équipes fleurissent mais les Allemands veillent. Les arrestations se multiplient, les filières sont démantelées. Des hommes parlent, des traîtres sont infiltrés, l'étau se resserre. Dans la nuit du 15 au 16 février 1944, à 2 heures du matin, la Gestapo débarque chez les Goupille. André et son fils Pierre sont emmenés. Puis viendra le tour de Jeanne, son épouse, et d'Élisabeth, sa fille. Les deux autres fils, Louis et Jean, sont appréhendés au collège Saint-Stanislas de Poitiers où ils sont élèves. Tous sont déportés.

Le maquis souterrain

Dans la France des campagnes où les solidarités familiales perdurent, couples, fratries, cercles élargis aux beaux-frères, belles-sœurs, cousins, cousines composent des entités combattantes. Chez les Goupille, au noyau soudé que forment parents et enfants s'ajoutent la sœur du père, la bonne et son fiancé, ainsi que d'autres proches. L'engagement est collectif et l'action précède souvent l'affiliation à un réseau, mêlant débrouillardise et initiatives personnelles, gestes modestes et aides d'urgence.

En Normandie, dans le petit village de Saint-Denis-le-Thiboult, près de Rouen, les frères Boulanger et leurs épouses, Lucienne et Augustine, font preuve d'inventivité. Raoul (185142), l'aîné, trente ans à l'été 1943, et Henri (185141), le cadet, vingt-huit ans en avril, sont propriétaires, dans la campagne en lisière de forêt, d'une petite scierie artisanale qui leur permet d'exploiter le bois. « Cette famille très enracinée dans son terroir, note l'auteur Jean-Paul Nicolas, constitua un étonnant réseau de Résistance à la fois rural et familial basé sur les relations entre villages au cœur d'un monde rural normand (le pays de Bray) où chacun sait se taire quand il le faut. »

Fils d'un poilu mort sur le front en 1915, les deux frères nourrissent un fort sentiment contre l'occupant qui a investi, de l'autre côté de la route, le joli petit château des Ventes. Raoul Boulanger, prisonnier évadé, réfugié dans les Alpes, est revenu chez lui en 1941 après avoir traversé la France en tandem avec sa femme. La présence des Allemands en face de chez lui, en même temps que sa situation irrégulière, le pousse à aménager une cache dans sa maison. Au départ, il s'agissait juste d'une cavité souterraine creusée dans un placard de la cuisine au cas où on chercherait le prisonnier évadé. Une fois officiellement démobilisé, n'ayant plus à craindre de venues intempestives, Raoul, au lieu de combler le trou, l'agrandit. C'est que, esprit fort et espiègle, un rien velléitaire et bricoleur inventif, il multiplie les actions contre l'occupant.

« De temps en temps, inexplicablement, un camion qui amène des munitions au camp de La Haye, [...] après s'être arrêté quelques instants au tabac du village, saute soudainement dans la traversée des bois de Ry ou de Saint-Denis, raconte l'érudit Alain Brion. Raoul a joué du tube mystérieux ! Son procédé est simple et astucieux [...] : un tube de pierre à briquet, dans le fond duquel il verse un peu de poudre faite avec du soufre, du charbon de bois et du chlorate, recouverte d'un bouchon pas plus gros qu'un filtre de cigarette, bien pressé contre la poudre, un peu d'acide sulfurique ensuite, un bouchon hermétique pour fermer le tout, et il suffit de lâcher ce gadget dans le réservoir d'un camion. Lorsque l'acide aura désintégré le bouchon, les vapeurs d'essence feront exploser le tube et... le reste ! »

À mesure que la Résistance s'organise et que les réseaux se développent, Raoul, Henri, Lucienne et Augustine Boulanger s'enhardissent et commencent à bâtir un véritable groupe de combat. Ils recrutent dans leur entourage et forment un réseau de renseignement et de soldats de l'ombre prêts à en découdre. Habités par un esprit romanesque et aventureux et imprégnés de littérature populaire, ils se nomment les « Diables noirs ». Raoul devient « Fantômas » et Henri « Cartouche ». Ils s'affublent de cagoules noires. Pour se donner les moyens de leur ambition, ils transforment la simple cache du placard de la cuisine en véritable souterrain. « Petit à petit, à coups de pioche, une cave secrète fut créée, explique Jean-Paul Nicolas, puis un boyau prit forme et s'étendit sous la cour, atteignant la forêt, des pièces furent creusées, le maquis se créait. Ce souterrain était ingénieusement conçu : accès depuis la maison par une porte camouflée derrière un haut placard de la cuisine, nombreuses aérations discrètes du souterrain dans la cour. Issues de secours vers la forêt. » Les travaux sont effectués par l'ensemble du groupe. Pour éviter d'attirer l'attention, la famille Boulanger monte une troupe de théâtre qui répète fréquemment et dissimule ainsi « les va-et-vient d'une équipe de "creuseurs" nocturnes ».

L'inventivité permet de résoudre les problèmes que pose inéluctablement ce QG clandestin aménagé à deux pas des Allemands. Car les Boulanger ne cessent d'agrandir et d'améliorer leur planque. Elle prend des proportions dignes d'une petite caserne capable de loger une vingtaine d'hommes. « On fignole les détails, précise Alain Brion. Une porte secrète donne sur le flanc du puits, rembourrée de son comme les autres issues, elle est parfaitement indétectable. On aménage, galerie par galerie, les bouches d'aération savamment dissimulées dans des piles de bois ou reliées à la marnière [cavité]. Un branchement astucieux sur le secteur, effectué par ce bricoleur de génie qu'est Raoul Boulanger, fournit le courant électrique, tout en étant absolument invisible. »

Long de 80 mètres, le souterrain comprend un dépôt d'armes, un dortoir, des douches et des toilettes. Dès 1942, le groupe s'intègre dans le réseau Buckmaster et réceptionne armes et matériels parachutés par Londres. L'apparition du STO, en 1943, intensifie l'activité des Diables noirs. Une vingtaine d'hommes vivent désormais sous terre : « Leurs seules sorties auront lieu la nuit pour effectuer tantôt un sabotage, tantôt une réception de parachutes, tantôt une embuscade. »

Les frères Boulanger finissent par attirer l'attention de la police française et de la Gestapo. L'inspecteur Louis Alie, dont l'activité répressive tout au long de l'Occupation affaiblit considérablement la Résistance normande, est sur leur piste et les traque. Il ne les lâchera pas. Plusieurs fouilles ont lieu dans la maison et à la scierie, mais malgré la méticulosité des recherches, la propriété garde son secret. Aucun indice ne permet de conforter les soupçons planant sur les deux hommes.

Seuls les aveux d'un résistant permettent, début 1944, à l'inspecteur Alie d'identifier les chefs et les membres des Diables noirs. Henri, Raoul, Lucienne, Augustine ainsi que, entre autres, Ernest Lizeaux (185953), Robert Baron (185008), Charles Thévenet (186462), André Quedeville (186284), René Schwach (186438), Honoré Lechevallier (185874), Léon Vancemestier (186511) sont arrêtés et déportés. Torturés jusqu'à être méconnaissables, les Boulanger ne disent rien du souterrain. Ceux qui s'y trouvent échappent aux nazis. Et la troupe des Diables noirs, bien que décapitée et amoindrie, poursuivra le combat jusqu'à la Libération.

Le temps des communistes

Paul Le Goupil (185899), arrêté avant les frères Boulanger, en octobre 1943, se souvient de leur présence à la prison de Rouen : « Un grand cercle s'était formé autour des Boulanger, écrit-il, qui, à tour de rôle, décrivaient les pièges et chausse-trappes divers dont ils avaient truffé leur maquis souterrain. Il y avait, notamment, des collets où pouvaient se pendre les Allemands et l'un des frères, Henri, mimait la tête du SS pendu avec une telle vérité que plusieurs auditeurs crièrent : "Qu'ils en crèvent, les salauds ! Bravo !" »

Paul a été lui aussi victime du policier Louis Alie qui, à Rouen où il officie, bénéficie d'une solide réputation d'agent efficace et cruel de la Gestapo. « [Il] me mit sous le nez un paquet de journaux *Franc-tireur normand et picard*, rapporte le jeune résistant, et un projet d'affiche pour le 11 Novembre, qu'ils venaient de découvrir sous le tas de planches où je les avais jetés, et il me dit : "Ne fais pas le con, parle, autrement ils vont te massacrer et tu parleras quand même !" » L'inspecteur mène les interrogatoires sur les lieux mêmes de l'arrestation, la maison du curé de Montville, au nord de Rouen. « Un des galonnés avait arraché une planche de la porte, raconte Paul Le Goupil, et il tapait, il tapait de plus en plus fort, excité par le sang qui pissait de ma bouche, de mon nez, de mon front en criant : “Le chef, qui c’est ? Le chef, qui c’est ?” »

Paul est, comme beaucoup de ceux qui « tombent » dans les filets de la Gestapo à l’automne 1943, un militant communiste. À vingt et un ans, tout juste sorti de l’École normale d’instituteurs, il a plongé dans ce qu’il surnomme, avec ses camarades, le « brouillard » (la clandestinité) pour cause de réquisition au STO. Le réseau auquel il appartient, le FPJ (Front patriotique de la jeunesse), d’obédience communiste, l’a pris en charge. Une période mouvementée de son existence, confie-t-il, où, à la crainte du STO et à ses activités clandestines se mêlent les tourments de son âge : l’incompréhension et l’anxiété de ses parents, les difficultés amoureuses : « Je sortais avec une jeune apprentie coiffeuse aux beaux yeux noirs, Réjane. Jusqu’ici, je n’avais eu que des flirts sans lendemain mais, cette fois, j’étais pincé. Mon désarroi était d’autant plus grand que mon empressement auprès d’elle n’était pas toujours payé de retour. »

Il organise la Résistance des jeunes à Duclair, à une vingtaine de kilomètres de Rouen, structure les groupes, recueille des renseignements et a du mal à réfréner l’enthousiasme de ses camarades désireux de « faire une action spectaculaire ». Il manque de se blesser en manipulant une mine et est obligé de fuir quand l’incendie d’un hangar de matériel agricole destiné aux Allemands tourne mal. Le voilà à Montville, 25 kilomètres plus loin, planqué chez un « correspondant », le vicaire du bourg, l’abbé Joseph Kerebel (185810), trente ans, « un bel homme, très brun, au visage carré », qui le fait passer pour son cousin. « Il n’aimait pas beaucoup les communistes, brebis égarées pour lesquelles il priait mais, viscéralement, il détestait les Boches », précise Paul. Cette haine de l’occupant a amené l’ecclésiastique, qui a combattu en 1940, a été fait prisonnier puis s'est évadé, à rejoindre le premier réseau de Résistance avec lequel il est entré en contact, le Front national, mouvement communiste, même s'il n'en partage pas les idées. « Il regrettait, d'ailleurs, confie Paul, que nos journaux fassent trop de propagande pour le Parti. »

Kerebel est bavard et volubile et, en ces temps difficiles, se nourrit de relations sociales autant que de bonne chère. Les dîners sont « une détente », explique Paul Le Goupil. « Le prêtre était invité chez de nombreux paroissiens qui ne pouvaient faire autrement, par politesse, que de convier son "cousin" au repas. Nous allions souvent dans une maison où il y avait quatre filles que nous taquinions. L'abbé était connu comme un gros mangeur et ces festins du soir étaient très copieux, trop copieux pour moi. "Nous avons fait un repas de noces !" disait-il, toujours, en sortant. »

Installé chez le curé, Paul poursuit son action. « Pendant deux mois, je sillonnai tout le département soit à bicyclette, soit en train en n'empruntant que les omnibus », dit-il. La résistance n'est pas que clandestine : en septembre 1943, il organise, non sans risques, une contre-manifestation à l'occasion de la venue à Rouen du chef des Francistes, un mouvement collabo. « Il y eut beaucoup moins de jeunes que prévu au rendez-vous [...]. Nos gars en profitèrent pour envoyer des tracts à la volée et disparaître. Aucun ne fut arrêté. »

Ce qui inquiète le militant communiste formé à la lutte clandestine, c'est le comportement imprudent de son logeur. Kerebel recrute en effet à tout-va et se lie facilement avec qui prétend combattre les Allemands. Des amis du réseau, Mathias Stin-Blanckart (185091), un photographe belge installé à Rouen, et sa femme Angèle, le préviennent pourtant des bavardages d'une de ses « recrues ». Le curé n'en propose pas moins à Paul Le Goupil de lui faire rencontrer un nouvel élément qui prétend avoir « un parachutiste à cacher ». Le résistant n'apprécie pas : « C'était trop. Cette fois, j'allais devoir déménager. » Mais il accepte néanmoins de voir la « recrue » du curé. L'entrevue lui permet d'avoir une certitude : « Je n'avais plus aucun doute sur son appartenance à la Gestapo. »

Pour gagner du temps, il propose au traître un rendez-vous ultérieur avec le chef du réseau puis fonce avertir le prêtre : « Je passai un savon à l'abbé [...] et je lui indiquai qu'il n'était plus possible que nous restions à Montville. »

Le prêtre se refuse à déménager : « Il n'était pas persuadé que le danger fût si grand et, me dit-il, il ne pouvait abandonner ses paroissiens. » Paul passe une dernière fois chez le curé récupérer des tracts. Comme la nuit est tombée, il préfère y rester dormir et quitter les lieux très tôt le lendemain matin. Il est réveillé par des coups sur la porte. La rue est pleine d'Allemands. Il tente de s'enfuir par-derrière, fait une mauvaise chute, se retrouve nez à nez avec le canon d'une mitraillette et est ramené dans la maison. « En bas, l'abbé, torturé, hurlait qu'il ne savait rien, qu'il n'avait rien à dire, qu'ils étaient tous des salauds ! La maison n'était pas épargnée, elle vibrait sous les coups de hache qui défonçaient les placards et les penderies. »

Paul Le Goupil avait cru pouvoir gagner du temps en faisant miroiter au traître un rendez-vous ultérieur avec le chef de réseau, les Allemands ne se sont pas laissé prendre. Ils expliquent leur stratégie au résistant par un proverbe : « Un oiseau dans la cage vaut mieux que deux sur le toit. » Leur méthode se suffit à elle-même. Ils extorquent des noms à ceux qui sont pris. Le voisin de Le Goupil à la prison de Rouen a lâché, sous la torture, le lieu d'un maquis et provoqué l'arrestation d'une vingtaine d'hommes. Il est mis « en quarantaine » par ses codétenus. Quand Paul croise l'abbé Kerebel, ce dernier lui avoue que, n'ayant pas supporté les sévices, il a donné le nom de deux jeunes dont les photos traînaient dans le portefeuille du résistant communiste. Paul lui-même manque de prudence lorsqu'on lui montre le portrait d'un homme qu'il connaît : « C'est [Pierre] Nivromont [186140], dit-il, mais il n'a rien à voir avec le FPJ. » Son identification suffit à faire du garçon, aux yeux de la Gestapo, un coupable. « J'avais commis une grave erreur », admet Paul. Elle lui vaut la rancœur de Pierre Nivromont mais aussi du père de ce dernier, Robert (186141), enfermé dans une cellule voisine. « En remontant de la corvée des tinettes, il me poursuivit dans l'escalier en me traitant de salaud, de mouchard et autres noms de la même veine », se souvient Paul Le Goupil.

Dans les prisons, d'abord soumis au secret et isolés les uns des autres, à Rouen comme à Paris, les résistants, de Pierre Mallez à Paul Le Goupil, communiquent entre eux par les tuyaux ou les cloisons, en tapant dessus selon les règles d'un code défini ou à trouver. Ainsi naissent des liens de solidarité et d'amitié entre détenus sans visage ni voix, lents échanges qui vont à l'essentiel et se terminent au gré des changements de cellule. Paul fraternise avec un dénommé Charles Riva (186328), qui va le suivre tout au long de son interminable voyage, « petit rouquin d'origine italienne qui avait gardé un léger accent ». Il croise également nombre de jeunes de son organisation (FPJ) : Roland Néel (186128), vingt-trois ans, Robert Burel (185195), dix-neuf ans, Michel Cabot (185204), Michel Carouge (185226) et René Castel (185235), dix-huit ans.

Les communistes pullulent dans les cellules. En 1943, ils sont la principale force de la Résistance. Ils animent de larges réseaux, montent des maquis, prennent en charge les réfractaires et n'hésitent pas à passer à l'action : sabotages, attentats, lutte armée. Pierre Combes (185323), vingt-trois ans, élève ingénieur à l'École centrale, organise chez lui à Cahors, dans le Lot, un groupe de résistants (les Forces unies de la jeunesse patriotique). Comme Paul Le Goupil, une de ses activités consiste à « placer des bons de solidarité aux maquis » auprès de la population – en clair, récolter de l'argent pour financer l'Armée des ombres. Un projet qui ne remporte pas un franc succès au vu des risques encourus. « Il convenait donc de mettre en évidence la Résistance par des actions spectaculaires n'entraînant pas de représailles », explique Pierre. On lui suggère la « mise à sac du local de la Légion des combattants », une organisation vichyste. « Après étude, dit-il, cette opération fut jugée trop bruyante et dangereuse pour le bénéfice qu'on pouvait en tirer. » Il opte finalement pour la destruction des archives du STO avec comme objectif de saboter le travail des recruteurs et éviter ainsi à de nombreux jeunes le départ forcé en Allemagne. Les locaux étant installés dans un immeuble d'habitation, il n'est pas question d'y mettre le feu : il faut emporter les documents. « Le plus simple était le transport dans des sacs de pommes de terre, comme il y en avait à l'époque dans toutes les caves, par un effectif relativement important. »

Ils sont dix, le 3 février 1944, qui se rejoignent à la nuit tombée dans la cour du bâtiment. Pierre Labro (185816) dit « Pablo », dix-huit ans, serrurier, ouvre les portes. Gaston Gaulon (185626), même âge, s'occupe, « masqué d'un foulard », de neutraliser les locataires. Les autres, Robert Barraud (185009) et Jacques Vergnolle (186529), dix-neuf ans, Jacques Capis (185218), dix-sept ans, Gilbert Granereau (185698) et Jean Bascle (185017), dix-huit ans, évacuent les dossiers. Les sacs finissent dans la rivière. Ils ne « lâchèrent leur contenu qu'au goutte-à-goutte, ce qui fait que les documents sortirent pendant quatre jours [...], formant un long serpent de papiers emportés par le Lot, spectacle que les Cadurciens [habitants de Cahors] venaient contempler, nombreux », affirme Pierre Combes.

Quinze jours plus tard, le groupe récidive : il dévalise cette fois la cantine de « l'École ménagère » pour alimenter les maquis qui peinent à se nourrir. « La récupération des provisions, peu abondantes d'ailleurs, fut vite faite. L'opération ne dura qu'une vingtaine de minutes. Le portrait de Pétain fut décroché du mur du réfectoire et la directrice priée de nous laisser le temps de disparaître avant de donner l'alerte. »

L'action du groupe se termine quelques jours plus tard quand deux membres de l'équipe sont arrêtés par une patrouille allemande et que l'un d'eux est « trouvé porteur d'un revolver, ce qui équivalait à une exécution immédiate ». Les nazis l'épargnent et, « poussé par sa famille autorisée par la Gestapo à le voir », le résistant livre « les noms de tous ceux dont il se rappelait l'identité ».

Un chef

Pour nombre de communistes plus âgés, le combat a souvent été interrompu plus tôt. Fichés ou surveillés par la police française dès avant la guerre, ils sont arrêtés, emprisonnés puis livrés, après de longs mois ou années d'incarcération, aux Allemands. Charles Gauchais (185622), artisan-forgeron de Turquant, un village du Maine-et-Loire près de Saumur, est un militant actif. Quand il rentre chez lui, démobilisé, après la guerre de 1940, les gendarmes le préviennent : « On sait qui vous êtes, on vous tient à l'œil. »

Dès juin 1941, son domicile fait l'objet d'une perquisition. Des tracts sont saisis et une procédure est ouverte par les autorités françaises. En septembre, il est condamné à cinq ans de prison pour « propagande en faveur d'une puissance étrangère ». Un an plus tard, jugé par la Section spéciale mise en place par Vichy, il écope de cinq années supplémentaires pour avoir maintenu des activités politiques en prison. Il est incarcéré à la centrale de Fontevraud, à quelques kilomètres de chez lui, où les autorités rassemblent les détenus communistes. Puis il est livré, en mars 1944, après plus de deux ans d'emprisonnement, aux Allemands.

Marcel Paul (186187) est lui aussi passé par Fontevraud. « Nous étions plus maltraités que les grands criminels de droit commun, affirme-t-il. [...] Il ne s'agissait pas d'initiatives individuelles des directeurs de prison mais de directives reçues du gouvernement de Pétain. » Lui aussi communiste, lui aussi arrêté en 1941, lui aussi livré aux Allemands en 1944, Marcel Paul, quarante-trois ans, est alors une figure du syndicalisme français, responsable de la CGTU (communiste). Élu de Paris, il passe pour être un proche du secrétaire général du Parti, Maurice Thorez, un des leaders du Front populaire. En 1939, lors de la mobilisation générale, il est incorporé, malgré son militantisme, dans la marine. Puis est fait prisonnier, s'évade, est repris, s'évade à nouveau. Il est ensuite de ceux qui, très vite, rejoignent le « brouillard » et agissent. Il constitue des dépôts d'armes, établit de nombreux contacts, participe à la propagande, organise des attentats. Dès janvier 1941, un rapport de police possède « des informations ayant fait connaître que Paul a repris ses activités clandestines et se trouve chez son ex-femme 22, rue Rambuteau [Paris] ». Les autorités ne le trouvent pas, perdent sa trace, le retrouvent en octobre. « Paul M. déploie une grande activité. Il a rendez-vous lundi au square Louvois avec deux de ses lieutenants, Charpentier et Florange. » Les Brigades spéciales (BS) de la police française, spécialisées dans la traque des ennemis du régime, se rendent au square, sans résultat. Elles arrêtent Marcel Paul le 13 novembre, dans un café du boulevard de Grenelle, alors qu'il se rend à un rendez-vous. Il a sur lui des papiers indiquant qu'il est Louis Lucas, de Missillac (Loire-Inférieure), mais les policiers connaissent sa véritable identité.

On lui reproche d'être « à la tête d'un mouvement communiste qui s'étendait à tous les services publics de la région parisienne (chemins de fer, eau, gaz, électricité...) ». Il refuse de parler et affirme qu'il saura « mourir aussi bravement que les autres ». À la question sur ses origines ethniques, il répond : « Je ne sais pas si je suis de race aryenne. » Son adresse ? « Je n'ai aucun domicile. » Ses papiers ? « Je [les] ai cachés [...] dans un endroit que je ne peux pas indiquer. » « Si j'ai conservé tous mes sentiments communistes, affirme-t-il, je ne connais rien de l'organisation clandestine et n'ai aucun rapport avec elle. »

Après deux jours d'interrogatoires, Marcel Paul, hanté par la peur de craquer, profite d'un moment d'inattention de ses gardiens pour se glisser à terre, se rapprocher du poêle, arracher le tuyau du gaz qui l'alimente et se l'enfoncer dans la bouche. Il perd connaissance, est hospitalisé puis, rétabli, est réinterrogé. Condamné pour « activité communiste », enfermé à la prison de la Santé, il écope, en août 1942, de quatre-vingt-dix jours de mitard pour avoir créé dans sa cellule, avec trois camarades, un journal clandestin écrit à la main, *Le Patriote enchaîné*, « organe des détenus politiques de la Santé ». En février 1943, la Section spéciale lui inflige quatre ans de prison et 10 000 francs d'amende. Il commence à les purger à Fontevraud avant d'être transféré à Blois, en septembre, où il retrouve de nombreux camarades dont le Tchécoslovaque Artur London, futur auteur de *L'Aveu* (1968), que Costa-Gavras portera à l'écran avec Yves Montand dans le rôle principal. L'organisation clandestine communiste, soudée et structurée, dont Paul est un des leaders parvient à peser sur l'administration pénitentiaire puis met sur pied un projet d'évasion collective qui doit être appuyée de l'extérieur par les hommes du fameux colonel Fabien (Pierre Georges). Marcel Paul rassemble depuis sa cellule des fonds pour financer l'achat du matériel nécessaire : « J'ai absolument besoin de me faire soigner la bouche, je ne peux plus attendre, écrit-il en langage codé à sa camarade et cousine Jeanne Gaillard. Aussi, tu seras bien chic d'avertir la dame du 18e qui est au courant que le devis prévu est de 5 800 francs et qu'il faudrait une provision de 2 500 ou 3 000 francs aussi rapidement que possible. »

La tentative échoue. En février 1944, Marcel est livré aux Allemands et transféré à Compiègne où se trouve déjà un gros contingent de communistes dont ceux qui formaient son « triangle » (groupe de direction de trois membres) : Serge Saudmont (186381) et Robert Darsonville (185375).

La présence de compagnons tout au long de ses multiples incarcérations est pour lui source de soutien et d'aide morale et matérielle. Il vit mal d'être mêlé à des détenus de droit commun qui, parfois, dit-il, « le regardent d'un sale œil ». À Fontevraud, il a pour voisins de cellule Roger Million qui, avec son complice Eugène Weidmann, guillotiné en 1939, avait assassiné pour les dépouiller six personnes, et Gabriel Socley, violeur multirécidiviste, condamné à perpète pour l'assassinat d'une petite fille de quatre ans et demi.

Cette promiscuité avec des criminels dangereux n'est pas rare. À la prison de Fresnes, l'élève de Polytechnique Robert Lateulade partage sa cellule avec le célèbre docteur Petiot, qui prétendait aider ses victimes à échapper à la Gestapo avant de les détrousser et de les assassiner puis de les faire disparaître en les brûlant dans sa chaudière ou en les jetant dans sa fosse septique recouverts de chaux vive. Le résistant a droit aux confidences « masquées » de celui qui sera guillotiné après la guerre : « Petiot lui avait raconté, rapporte le condisciple de Lateulade, Michel Domenech, qu'il avait monté une filière d'évasion pour l'Amérique du Sud… que déjà *soixante-trois* personnes en avaient profité et outre cela, il connaissait un poison qui ne laissait aucune trace. »

Le regroupement des « politiques » est alors une revendication des détenus résistants et particulièrement des communistes. À partir de 1943, face à la répression massive, il se fait presque naturellement. Les prisons se remplissent de suspects, de résistants, de militants de tous bords, de réfractaires au STO, d'opposants au régime. Bientôt, la Gestapo ratisse si large qu'elle entasse dans les vieilles centrales et dans des lieux improvisés ceux qu'elle entend envoyer aider à l'effort de guerre en Allemagne. Elle se débarrasse de ses ennemis et de ceux qui pourraient le devenir. Elle frappe quand elle veut, où elle veut, qui elle veut, sans avoir à se justifier.

Les héros et les autres

Parce qu'ils dansent au bal du nouvel an, le 2 janvier 1944, René Bigot (185079), Simon Keravec (185809), René Le Goff (185898), Yves Le Donche (185885), Pierre Bourhis (185149), vingt et un ans, et Robert Lozach (185969), dix-huit ans, sont arrêtés. La fête a lieu à l'hôtel des Dunes d'Audierne, sur le cap Sizun, dans le Finistère. Ils sont pêcheurs, paysans et lycéen, et leur petit raout ne plaît visiblement pas à l'occupant. « Les feldgendarmes, en grande tenue avec leurs colliers de chien, apparaissent, ils sont accompagnés d'agents en civil. La panique s'empare de la salle. » Henri Scudeller, vingt-trois ans, de Plouhinec, tente de fuir et est abattu d'une rafale de mitraillette sous les yeux de sa fiancée qu'il devait épouser deux jours plus tard. Les autres sont arrêtés.

Les héros – Pierre Fénié (185543), directeur du lycée agricole de Fontaines (Saône-et-Loire) où il cache des garçons juifs – se mélangent au menu fretin, victimes des circonstances, trouvés dans les cellules ou dans les fichiers. Joseph Jadaud (185767), à Cholet, est pris pour quelques larcins. Georges Aufaure (184974), dans l'Allier, condamné pour vol et abus de confiance, a participé à une bagarre « résultant d'un règlement de comptes entre gens du "milieu" ».

Georges Despaux (185445), lui, est impliqué dans un trafic d'appareils photo et autres petites arnaques de second ordre. S'il y a bien un personnage qui ne craint pas les incursions allemandes, c'est ce photographe installé rue des Basques, à Bayonne. Il est un élément actif et zélé du Parti populaire français (PPF), le mouvement collabo de Jacques Doriot. Il parade en uniforme et s'occupe de la propagande, devient « délégué fédéral à l'information » et écrit de nombreux articles, sous le pseudonyme d'Hilh de Gay, dans la presse du parti. « Notre avachissement est le fruit du long travail de sape de toutes les forces mauvaises : judaïsme, franc-maçonnerie, capitalisme, bourgeoisie, communisme, parlementarisme, etc., explique-t-il dans *L'Assaut des Basses-Pyrénées* du 16 janvier 1943. [...] Non, mes camarades, mes amis, ces traîtres, ces gaullistes qui se réjouissent de voir dépecer notre Empire cimenté du sang le plus pur de nos pères, ces Juifs qui souillent encore l'air que nous respirons, ces francs-maçons toujours en place, ces trafiquants éhontés, ces bourgeois égoïstes, ces capitalistes sans vergogne, ce n'est pas la France. »

Ces « trafiquants éhontés » que le propagandiste dénonce, il semble qu'il en fasse partie. L'Occupation est le temps du marché noir et des combines. Le photographe, réparateur et revendeur d'appareils, trouve là l'occasion de gagner de l'argent. Son activité de plus en plus importante au sein du parti collabo semble sa meilleure protection. « Il centralisait les renseignements de tous ordres recueillis par le PPF et tenait pour la région de Bayonne la liste et les dossiers des communistes et gaullistes notoires. [...] De multiples témoignages apportent la preuve que sa fréquentation assidue des cafés n'avait d'autre but que le mouchardage, pour lequel il était redouté de ses concitoyens. » Avide d'argent, il a la mauvaise idée d'agir sans discernement : « Un officier allemand lui avait remis une caméra à vendre, rapporte un témoin. Despaux avait vendu l'appareil à un autre officier allemand à Pau, mais il avait gardé l'argent pour lui et ne put le restituer à l'officier qui lui avait porté l'appareil pour la vente. » C'est d'autant plus ennuyeux que, « en outre, il s'était livré à quelques escroqueries à l'égard de certains PPF ». Découvert, il renonce, pour sauver ce qui peut l'être, à ses fonctions : « Il a adressé sa démission au bureau, tout en mentionnant qu'il continuerait ses missions de renseignement. » Mais il semble que ni le parti ni les Allemands ne se contentent de ce geste.

« Je fus traduit en justice pour une somme que je ne pouvais rembourser, explique le coupable, une partie de cette somme ayant été employée à payer divers frais [...]. Malgré mes efforts et la garantie en appareils photo et cinéma que j'offris, bien supérieure à la somme due, je fus traduit en correctionnelle. [...] Je fus condamné à six mois de prison avec sursis. » Même s'il est sanctionné par la justice française, les Allemands ne semblent guère prêts à passer l'éponge. Il est arrêté le 1er février 1944 à Bayonne, transféré au fort du Hâ à Bordeaux puis envoyé à Compiègne.

Patron de presse

L'Assaut des Basses-Pyrénées comme *Je suis partout* ou *Aujourd'hui* constituent les éléments essentiels, bien que partiaux et partiels, de la chaîne de l'information. Les journaux jouent alors un rôle considérable et continuent d'être lus et diffusés bien qu'aux ordres, à Paris comme en province, des amis du régime.

« La grande et pure figure du Maréchal s'élève donc très au-dessus des difficultés quotidiennes. [...] La concentration des principaux postes politiques entre les mains du président Laval, décidée par un décret du chef de l'État, permettra une action rapide, décisive, vigoureuse. Ainsi, le redressement intérieur, si attendu et si souhaitable, pourra intervenir sous peu. »

L'auteur de cet éditorial s'appelle Georges Brousse (185180). Quand en avril 1942, sous la pression allemande, Pétain rappelle Pierre Laval à Vichy, Brousse ne cache pas son enthousiasme. Patron – et propriétaire avec sa famille – d'un des principaux quotidiens du sud de la France, *L'Indépendant des Pyrénées-Orientales* (Perpignan), il est passé d'un républicanisme avant-guerre à un maréchalisme sans nuances. Cela lui a permis de préserver son journal, qui continue de paraître et qui, malgré les temps difficiles, connaît des résultats en hausse. Brousse profite même de cette période pour lancer un autre quotidien, *Midi-Soir*. Il obtient pour cela l'autorisation du gouvernement de Vichy auprès duquel il a ses entrées et envers qui il ne ménage pas ses efforts. Ainsi, pour le retour de Laval, ne se contente-t-il pas d'éditoriaux élogieux, il y va de son courrier personnel au nouvel homme fort du régime : « Monsieur et cher Président, j'avais tenu à vous rendre visite et à vous saluer, à Paris, en juin et décembre derniers. Je vous avais dit mon attachement et les vœux que je formais de vous voir revenir rapidement au pouvoir. Vous pouvez donc imaginer la satisfaction que j'ai éprouvée au cours de ces derniers jours. Permettez-moi de vous féliciter de tout cœur et de vous dire combien ce retour au bon sens me paraît devoir avoir d'heureuses conséquences pour notre pays. Votre tâche sera lourde ; je peux vous dire que, dans *L'Indépendant* et dans *Midi-Soir*, nous nous efforcerons, dans la faible mesure de nos moyens, de vous la faciliter. Je vous adresse, mon cher Président, mes très respectueuses et très affectueuses pensées. »

Pourtant, s'il est satisfait de la bonne marche de ses affaires, Georges Brousse connaît dans le même temps une période de doutes. Ses visites au cœur du pouvoir lui ont donné une vision négative des hommes en place. « Toujours beaucoup de palabres pour peu de résultats, écrit-il dans ses carnets intimes. Banquet avec [l'amiral] Darlan, [les ministres] Marion, Moysset, etc. Autour d'eux des officiers de marine devenus fonctionnaires et des petites gens à gueule de frappe ou d'inverti. L'atmosphère de Vichy est écœurante et on se rend compte qu'on n'y peut faire du bon travail. »

Il commence à s'interroger sur la victoire finale des Allemands. Homme de presse, il connaît la situation exacte sur les champs de bataille en Afrique du Nord et en URSS. Surtout, l'invasion de la zone libre en novembre 1942 met à mal le semblant d'autonomie qu'il avait préservé en négociant avec le gouvernement Laval. Son soutien indéfectible lui avait laissé quelques libertés – supposées ou réelles. C'est désormais terminé. Le journal doit signer un « contrat » qui lui ôte toute initiative. « Nous nous efforcerons d'être courts et neutres dans nos papiers, décide Brousse. Car cette contrainte est plus intolérable que l'ancienne censure. » Ses journalistes et lui-même notent le « vent mauvais » qui se lève dans l'opinion et rend très impopulaires le « président Laval » et son gouvernement. L'instauration du STO achève de le convaincre que la politique suivie n'est pas la bonne. En février 1943, dix-sept ouvriers du journal sont réquisitionnés. « Leur départ me peine. À en pleurer », note-t-il dans ses carnets. Il accompagne ses « petits » à la gare et a le cœur déchiré. Il sent monter en lui la révolte. « Je me demande ce qui me retient d'adhérer au Parti communiste, confie-t-il. S'il en avait été besoin, la tristesse du spectacle de ce matin m'aurait mué en farouche anti-collaborationniste. »

Pourtant il maintient son journal et, attaqué par la Milice qui lui reproche de ne pas relayer ses discours, s'échine à donner des gages à l'occupant. Ainsi est-il le patron d'un quotidien collaborationniste tout en confiant, en privé, son dégoût : « Laval a bien mauvaise presse. Son discours a été piteux. En matière de ravitaillement, ses chiffres sont faux. [...] Il est sans autorité sur ses services, très mal avec le Maréchal et il ne peut gouverner comme il faut. »

À mesure que la situation se tend, les attentats se multipliant et les maquis se développant, les Allemands exigent de plus en plus sans guère s'attacher à ce qui a été négocié avec le gouvernement français. Brousse, bénéficiant toujours du soutien de Vichy, ferraille pour garder une main sur son journal qui lui échappe. Début 1944, les Allemands, par peur d'un débarquement, font évacuer le bord de mer. La confusion règne à

Perpignan mais *L'Indépendant* continue de paraître. Sa marge de manœuvre est désormais nulle depuis que les occupants ont décidé de se passer des autorités françaises et d'exercer le pouvoir seuls. La presse n'échappe pas à cette évolution. Les Allemands ne laissent aux Français que le soin de mettre en page et d'imprimer. Brousse s'interroge alors sur la poursuite des parutions de son journal. « Faut-il partir ? » se demande-t-il. Les nazis s'irritent : « Si M. Brousse fait de l'opposition, moi, je signalerai l'affaire à la Gestapo et on mettra de l'ordre là-dedans », affirme un responsable allemand.

Après réflexion, Brousse choisit de rester et s'en explique devant ses troupes le 26 février 1944 : « Renforcement de notre position, possibilité d'extension pour plus tard. Il faut rester français. » Mieux vaut donc un journal dicté par les Allemands mais fabriqué par son entreprise qu'un quotidien fait par l'occupant. Choix délicat et ambigu qui soumet le patron de presse aux exigences des nazis. Et à leur humeur changeante. La semaine suivante, Georges Brousse est arrêté. Ses amis et relations, alertés, ne peuvent rien pour lui. De Perpignan, il est transféré à la Santé puis à Compiègne. *L'Indépendant*, qui ne l'est plus depuis longtemps, continue de paraître sans lui.

Le coturne de De Gaulle

Le Temps, influent quotidien conservateur d'avant-guerre, appartenant aux patrons de la sidérurgie, ne suit pas la même pente que le journal de Georges Brousse. L'organe de presse choisit, après s'être replié à Lyon en 1940, de ne pas survivre à l'invasion de la zone Sud par les Allemands et ferme boutique fin novembre 1942. Pour Rémy (ou Rémi selon son état civil) Roure (186361), journaliste qui y travaille depuis longtemps, c'est un soulagement. Il n'est pas partisan de la soumission.

Le 1er juin 1940, en pleine bataille, Roure avait publié un article élogieux sur un officier qui n'avait pas encore lancé son fameux appel : « Le colonel Charles de Gaulle vient d'être promu général. On reconnaît les mérites éclatants de cet officier, l'un des plus brillants de notre armée, qui fut l'initiateur d'une doctrine militaire nouvelle, méconnue pendant des années, et que les événements viennent, hélas ! de justifier avec éclat. [...] Le général de Gaulle a l'amertume de ne pas avoir été compris et entendu alors qu'il en était temps. Mais dans la bataille qui se livre désormais pour le salut de la patrie et à laquelle il est étroitement mêlé, il servira notre pays avec sa lumineuse intelligence, sa sérénité d'âme – nous écririons volontiers son génie –, avec une foi indomptable dans les destinées de la patrie. »

Article prémonitoire même si la bataille va prendre une forme imprévue... Il est vrai que Rémy Roure connaît bien l'officier de Gaulle. Il a été un des rares journalistes de l'entre-deux-guerres à s'intéresser de près aux théories développées et mises en livres par le futur général (*Le Fil de l'épée*, 1932, *Vers l'armée de métier*, 1934, *La France et son armée*, 1938). Sa curiosité n'est pas due au hasard. Mobilisé en 1914, sous-lieutenant dans l'infanterie, Roure a été fait prisonnier en 1916. Interné au Fort IX à Ingolstadt (Allemagne), il a partagé sa chambrée avec un officier de cinq ans son cadet, issu de Saint-Cyr : le capitaine de Gaulle.

Devenu un journaliste expérimenté et reconnu, ayant gardé des relations d'amitié avec son ex-codétenu, il est un des premiers à découvrir les idées novatrices en matière de Défense du futur président. Convaincu de leur bien-fondé, il les diffuse et les fait connaître. L'ironie de l'histoire veut que les Allemands et les Soviétiques y prêtent beaucoup plus d'attention que les Français. C'est d'ailleurs grâce à Rémy Roure que l'Armée rouge y a accès. Parmi les autres codétenus du Fort IX figurait en effet le Russe Mikhaïl Toukhatchevski, « Toukha », devenu maréchal et vice-ministre de la Défense de l'URSS sous Staline avant que ce dernier ne décide brutalement de l'éliminer. Le Français lui fait connaître les ouvrages de leur coturne, dont le Russe apprécie la pertinence.

Dans l'entre-deux-guerres, Roure est un journaliste actif et entreprenant qui multiplie les collaborations. Il écrit dans les revues littéraires, se pique de politique, s'intéresse aux étudiants autant qu'aux anciens combattants. Il publie sous le pseudonyme de Pierre Fervacque plusieurs ouvrages : romans, souvenirs de captivité, enquêtes, biographies dont une consacrée au maréchal Toukhatchevski. Replié à Lyon avec sa femme, son fils et son journal à l'automne 1940, Rémy Roure fréquente alors de nombreuses personnalités réfugiées en zone non occupée qui, comme lui, se refusent à accepter la défaite.

« Les Roure habitaient un appartement au 85, rue Cuvier qui allait rapidement devenir un centre fondateur de la Résistance : d'illustres figures s'y retrouvèrent comme [Pierre-Henri] Teitgen et [François] de Menthon (qui vont fonder avec Roure "Libertés", qui sera le premier organe de la Résistance en zone Sud) ou encore [Henri] Frenay [...]. »

Jean Moulin est un habitué. Roure participe, avec d'autres confrères, à la presse clandestine et anime le Bureau d'information et de presse (BIP), dirigé par Georges Bidault, chargé de centraliser et de diffuser auprès des journaux de la Résistance les informations émanant des réseaux. Il demeure en contact avec celui qui est devenu le leader de la France libre. « Mon cher ami, je sais ce que vous faites et je vous aime bien, lui écrit le général de Gaulle en 1942. Voici le moment où les bons Français doivent se retrouver. Je n'ai point d'autre intention que de leur offrir un "centre". Dans quelques mois, cela pourra servir à condition qu'on l'ait préparé. Or, c'est à l'intérieur et spontanément qu'il faut le faire. La guerre est dure. L'ennemi redoutable. Les Alliés sont incommodes. Il faut porter vis-à-vis d'eux le poids d'un désastre où nous ne fûmes pour rien... Je vous envoie mes fidèles amitiés. C. de Gaulle. »

En octobre 1943, Roure décide de quitter Lyon pour rejoindre Londres. Le parcours est compliqué. Il est confié au réseau « Bordeaux-Loupiac » dont l'activité principale est de convoyer en Angleterre les aviateurs alliés abattus par les Allemands. « Pierre [Charnier], en octobre, m'avait chargée d'aller à Lyon, pour rejoindre Rémy Roure, chez lui, lui fournir les papiers nécessaires, et revenir avec lui à Paris, raconte la jeune agente de liaison Paulette Depesme. [...] Le chemin le plus rapide était de partir avec nos *récupérés*, en bateau de pêche breton. En mer, un échange se faisait, avec d'autres bateaux, ou des vedettes, dans des zones assez calmes, loin des côtes françaises. [...] La traversée des Pyrénées était possible, mais plus longue, aléatoire. Ceux qui passaient étaient pris par les troupes espagnoles. »

Paulette Depesme se rend au 85, rue Cuvier à Lyon, dîne avec la famille de Rémy puis prend le train pour Paris avec lui. Avant de partir, « Mme Roure m'a dit : "Mademoiselle, mon mari s'en va pour un certain temps, je vais être très inquiète. C'est très important, il faut que tout se passe bien." Elle était très angoissée, se souvient la jeune résistante. Prémonition ? J'étais moi-même touchée par la gravité de cette séparation. »

Le voyage vers Paris se fait pourtant sans difficulté. Paulette et Rémy se retrouvent une quinzaine de jours plus tard à Rennes afin de filer ensuite sur la côte et prendre leur bateau avec un groupe d'Américains rassemblés par le réseau. « J'ai passé la nuit dans le même hôtel que Rémy Roure, poursuit Paulette. C'était un homme très affable, simple, que j'ai trouvé très communicatif. » Le petit groupe de résistants se retrouve pour déjeuner au bar L'Époque près de la poste. L'ambiance est détendue. Après le dessert, Paulette passe aux toilettes. « Je ferme la porte au verrou, raconte-t-elle, et quelques minutes après j'entends un branle-bas considérable : tables renversées, vitres qui tombent, cris, coups de feu. »

La jeune femme hésite, attend puis sort. « Tout est sens dessus dessous. La barmaid parle à un feldgendarme [...] qui me demande : "Mademoiselle, vous étiez avec ces hommes-là ?" Je joue la surprise : "Moi ? Non ! Que se passe-t-il ?" La barmaid me coupe la parole et dit : "Mais si, vous les connaissiez, vous mangiez avec eux !" Ah, l'idiote, écrit Paulette Depesme. Le feldgendarme tourne la tête. Peut-être n'a-t-il pas exactement compris ce qu'elle a dit ; il semble hésiter. [...]

Vite, je me dirige vers la sortie. Beaucoup de monde dehors [...]. Les curieux amassés me regardent sans rien dire ; moi non plus, je n'ouvre pas la bouche. Sans agitation, je quitte le trottoir, je me glisse dans la foule. »

Les résistants ont été reconnus par deux Français de la Gestapo. Rémy Roure, Jean-Claude Camors, le chef du réseau, et Pierre Charnier, le supérieur de Paulette, s'échappent. Les collabos tirent sur eux. Les deux derniers parviennent à s'éloigner mais « Rémy Roure, plus âgé, une artère fémorale ouverte par balle, est tombé, et a été pris tout de suite ». Camors, touché à l'abdomen, se réfugie dans un immeuble. Il est retrouvé alors qu'il est déjà mort. Charnier, indemne, réussit comme Paulette à échapper aux tueurs. Roure est amené à l'hôpital. « La pose d'un garrot le sauva d'une mort certaine. Hospitalisé, il fut torturé par un membre de la Gestapo quatre jours plus tard... Il ne dira rien ! » Il est ensuite transféré à Paris.

L'engagement de Rémy Roure traduit l'importance qu'a la presse dans le combat. Alors que Londres et Vichy se livrent à la « guerre des ondes », l'Armée des ombres fabrique et diffuse tracts, feuilles et journaux. Chaque mouvement tente d'avoir son bulletin pour défendre ses idées et convaincre les indécis. Les moyens sont souvent rudimentaires et les imprimeurs étroitement surveillés. Ces derniers sont les intermédiaires indispensables de la chaîne de l'information et de la propagande. Les typographes et ouvriers du livre sont traditionnellement engagés, militants républicains ou anarchistes, artisans des grands combats démocratiques ou révolutionnaires du siècle. Charles Geeraert (185637) est alors connu pour être le directeur de l'imprimerie de la Démocratie dont le propriétaire et fondateur est Marc Sangnier, intellectuel alors immensément respecté, père du mouvement des Auberges de jeunesse et grand théoricien du catholicisme social qui a nourri la pensée du jeune Charles de Gaulle.

Durant l'Occupation, Sangnier ne reste pas inactif. Si son journal, *La Démocratie*, n'existe plus, l'imprimerie, très sollicitée, prend une part importante dans l'action clandestine. Charles Geeraert et ses chefs d'atelier Pierre Lepetit (185928) et Gustave Van Weert (186558) fabriquent, en relation avec le groupe de résistants « de la rue de Lille », animé entre autres par Jean Sangnier, le fils de Marc, les bulletins de plusieurs réseaux : *Résistance*, *Les Cahiers de l'OCM* et *Défense de la France*. On y imprime aussi des tracts, des discours du général de Gaulle, des appels… Le 18 février 1944, la Gestapo fait une descente dans les locaux, 34, boulevard Raspail (Paris), et trouve sur les machines des exemplaires du *Courrier français du Témoignage chrétien*, « lien du front de résistance spirituelle ». Marc Sangnier est arrêté puis libéré mais les responsables de l'imprimerie restent eux en prison avant d'être envoyés à Compiègne.

Charles Sirioud (186411) est, lui, typographe à Lyon. Âgé de dix-neuf ans, il a commencé à travailler à quatorze ans. En pleine Occupation, il a décidé de monter sa propre imprimerie pour tirer tracts, « papillons » et feuilles. Débrouillard, il fait avec les moyens du bord : le père d'un copain lui fournit un local à la Croix-Rousse, il achète un peu de matériel, fait fabriquer sa « casse » (lettres, chiffres et signes) par un ami ébéniste, en dérobe chez son employeur. Il récupère les chutes de papier, déménage le tout à vélo dans la campagne à 65 kilomètres de Lyon. Il se met bientôt au service de différents mouvements clandestins et participe à des groupes combattant au sein des FTP (Francs-tireurs et partisans). Il est arrêté en janvier 1944 par des miliciens, battu, roué de coups et torturé. « J'affronte de nombreux interrogatoires, plus ou moins longs, plus ou moins cruels, et dois subir de longues attentes, lourdes d'angoisse, dans les caves de l'École de santé militaire, au silence troublé par la peur d'un appel, par le retour d'"interrogés" méconnaissables. Combien en ai-je vu redescendre de ces hommes torturés à mort, jetés à même le sol, agonisant pendant des heures, avec des plaies affreuses, des fractures, des brûlures les plus diverses, des ongles arrachés, tous les membres brisés ? »

Le poète impérial

Conservateur du musée des Beaux-Arts de Belfort, enseignant, Léon Delarbre (185409) a, lui, pour mode d'expression la peinture, le dessin et la caricature. Il est, dans l'entre-deux-guerres, un observateur critique et ironique de la vie politique qu'il croque avec son crayon. Durant l'Occupation, il profite de son poste de conservateur pour créer un groupe de Résistance réuni au sein de la Société des amis du musée. Il cache des pourchassés. Fin 1943, son réseau étant démantelé, il se planque chez sa sœur mais, sa femme ayant une pneumonie, il se rend début janvier 1944 à son chevet. « Nous étions, ma sœur et moi, tranquillement installées dans la cuisine où nous faisions nos devoirs, raconte sa fille Renée. Ma sœur courut ouvrir la porte et se trouva en face d'une inconnue. Celle-ci, [la] femme d'un résistant qui avait "parlé" sous la torture, avait à peine demandé "M. Delarbre" que surgissaient, mitraillette au poing, les deux feldgendarmes qui étaient plaqués contre le mur de l'escalier. Mon père, pris dans la souricière, nous quittait, très pâle, tandis que l'un des Allemands, qui avait une tête de brave père de famille, essayait d'apaiser mes larmes par des paroles rassurantes : "*Krieg* [guerre], *gross* malheur !" »

Plus tard, ses deux filles aperçoivent Léon dans sa prison depuis la rue où elles font mine de promener leur chien.

« Nous passions, l'air innocent, devant la sentinelle allemande et lâchions le chien pour aussitôt le rappeler à grands cris : "Jack ! Jack ! Viens ici, Jack !" Nous voyions alors apparaître, trop loin pour le reconnaître, un vague visage derrière les barreaux et surtout un mouchoir blanc qui nous faisait signe de loin. C'est là que Léon Delarbre fit le premier de ses dessins clandestins. Il représente l'une de ces cellules où il avait entrevu deux jeunes Belfortains, Baechler et Knapp, quelques jours avant leur exécution. Baechler était un de ses élèves. Mon père rappelait toujours avec émotion leur ultime dialogue, alors qu'ils se croisaient sur le chemin des W.-C. : "Ça va ? – Ça va… cille", avait répondu le jeune résistant. Le lendemain, il était fusillé. »

Auguste Boncors (185108) est lui aussi un artiste mais d'un autre genre. Son avocat le présente comme un « autodidacte pourvu de son seul certificat d'études, d'ascendance paysanne et de parents horlogers ». Ces derniers possèdent, semble-t-il, un commerce florissant qui permet à Auguste de se consacrer à son œuvre. Originaire de Rostrenen, au cœur du Finistère, il affirme être la réincarnation de Pindare, poète de l'Antiquité grecque. Le journaliste de *L'Ouest-Éclair* qui, en 1939, dresse son portrait le définit comme un « être complexe, plutôt sympathique » que ses concitoyens « tournent en dérision [et] ne comprennent pas ». « Ils prononcent les mots de "marteau" et de "dingo". Ils disent qu'il "déménage". » Son comportement dans ce paisible village breton défraie quelque peu la chronique. « Tel un vieux saint celtique, poursuit le journaliste, il s'en va, la nuit, pour éteindre le dieu qui le dévore, se plonger dans l'eau glacée de la rivière. »

En 1938, la tenancière d'un café porte plainte contre lui pour outrage à la pudeur : « Le "poète impérial" comme il se nomme lui-même, un soir qu'il allait chercher l'inspiration dans le cidre, dut satisfaire aux exigences de sa nature, somme toute animale. Il n'eut que le temps de sortir du café. Malheureusement, deux jeunes filles étaient là et eurent la révélation qu'un poète est après tout un homme. Cette désillusion valut à notre Boncors d'écoper de huit jours de prison par le tribunal de Loudéac. » Devant la cour d'appel de Rennes où il tente de faire annuler sa condamnation, le poète, décrit comme « peu sobre », admet avoir ce jour-là « égaré ses esprits au fond de la bouteille ». « Ce n'est ni un paillard, ni un débauché, ni un buveur… mais un original », affirme son avocat. Ce dernier plaide pour que son client, qui se dit « persécuté », plutôt que d'aller en prison, « soit emporté autour du monde, en compagnie d'un félibre marseillais, sur une galère phocéenne ».

L'écrivain Louis Guilloux, prix Renaudot, le fréquente dans la « campagne bretonne » où le poète le rejoint « en auto ou à moto ». « Il était fort passionné de ces machines sur lesquelles il se livrait à mille fantaisies, acrobaties, tours de force souvent très périlleux, allant jusqu'à rentrer dans Rostrenen renversé complètement sur sa moto, à cent à l'heure, et les bras en croix ou bien encore, et c'était là une de ses plus grandes prouesses, il se faisait attacher les pieds aux pédales de son vélo, et se lançait ainsi du haut d'un plongeoir dans un lac. La prouesse consistait, une fois sous l'eau, à se détacher les pieds et à remonter à la surface. » Auguste Boncors apparaît aux yeux de Guilloux comme « un véritable Hun » : « Une vraie tête d'Asiate, ronde et rasée, […] avec une grande bouche, des yeux bridés, rieurs, rigoleurs, un regard à la fois naïf et rusé, la peau tannée, les mains velues d'un paysan. »

Son originalité attire les curieux et lui vaut une sympathie un rien ironique. Dans *Ce soir*, le journal de Louis Aragon, on prend sa défense, au nom de la sauvegarde des « enfants des Muses », mais on reste circonspect sur la réalité de son talent.

« C'est à Rostrenen [...] qu'il faut le surprendre au gîte pour avoir la révélation sinon de son génie, tout au moins de son non-conformisme. Car Auguste Boncors est un vrai poète, puisqu'il a écrit six mille vers, que ces six mille vers ont été imprimés en un magnifique recueil à couverture dorée, sous le titre : *Odes triomphales du poète impérial Boncors*, et que l'auteur prépare deux autres ouvrages comme suite à cette œuvre, au rythme régulier de deux cents mots en quatre heures et de deux mille tous les cinq jours. »

L'ambition de ce stakhanoviste de la rime est de « rénover » sinon de sauver « le théâtre lyrique ». « Faire des romans, dit-il, tout le monde en fait, la grande poésie au moins, c'est rare ! » Et d'affirmer au journaliste : « Vous voyez, sur la couverture de mon livre, un aigle, c'est le symbole de mon génie. »

Mais Auguste ne se contente pas d'écrire, il se comporte dans la vie comme un artiste, ou ce qu'il imagine être un artiste. « Le poète m'a reçu dans sa salle de bains, rapporte ainsi le reporter de *Ce soir*, c'est-à-dire dans son jardin, car il a extirpé de la maison la baignoire, l'appareil à douches, le lavabo et la tuyauterie qui court à l'extérieur des murs. [...] Le poète, pour ses ablutions qui sont un rite, ne veut pas d'autre plafond que le ciel. »

La liste de ses « extravagances » est infinie. Elle lui vaut une bonne place dans les anthologies de « fous littéraires ». Il les commence très jeune puisqu'il est exclu du collège après avoir été retrouvé « nu dans une malle ». Renvoyé ensuite du lycée pour « insoumission », il tente la voie de l'apprentissage dans la boulangerie : il est licencié par son patron « car il recueillait l'eau des gouttières pour faire le pain, afin de convoquer le ciel à la fabrication de cette nourriture terrestre ». Le trublion opte finalement pour l'horlogerie dans l'optique de reprendre le commerce familial et découvre sa vocation poétique quand il doit composer, dans le cadre de sa formation, une « narration » sur l'horloge astronomique de Strasbourg. À la mort de ses parents, il hérite de la boutique et d'une petite fortune qu'il dilapide, prodigue et généreux, victime de ses excentricités et d'amis peu scrupuleux. Sportif et inventif, il tente un saut en parachute « de sa fabrication » du haut d'un arbre, ce qui lui vaut de nombreuses fractures. Pour sortir en ville, il se couvre d'une couronne de lauriers. À un client qui lui confie un réveil parce qu'il « ne marche plus », il répond, en jetant l'objet dans la rue : « Il ne marche peut-être pas, mais vous voyez bien qu'il roule ! » « Une autre fois, il annonce son décès et fait savoir que le corps arrivera à Corlay où on pourra venir attendre le corbillard. Devant l'église, il sort du corbillard, en disant : "Je voulais savoir qui viendrait à mon enterrement." »

S'il attire l'attention par ses extravagances, Auguste Boncors peine à faire reconnaître son talent de poète, qu'il juge pourtant immense. Il se dépense sans compter, envoyant ses œuvres à tous les critiques et poètes, se désespérant de ne recevoir que quelques rares échos, polis et bienveillants de la part de Desnos, ou franchement ironiques de la part du journaliste Jean Galtier-Boissière. Ce dernier publie, dans la rubrique « Les lettres de lecteurs » de son journal *Le Crapouillot*, un courrier d'Auguste, présenté comme la « missive grandiloquente » d'un poète « assuré de son génie ». Boncors y affirme, parlant de son recueil, qu'il « serait juste que le peuple français attende la parution d'une semblable rénovation triomphale avec la même impatience qu'anima la Rome antique au sujet de l'*Énéide* de mon si doux et si harmonieux maître Virgile ». L'absence de reconnaissance le rend amer même s'il se bâtit un succès imaginaire : « La critique me fait l'effet d'une équipe de balayeurs frottant l'asphalte à l'issue des solennités de mon triomphe inouï », écrit-il.

On ignore pour quelles raisons il est arrêté le 31 août 1943. Il n'appartient pas à la Résistance, n'a plus l'âge pour être requis au STO et ne manifeste pas d'opinions antiallemandes. Peut-être ses excentricités ont-elles provoqué une réaction de l'occupant peu enclin à tolérer ce genre de personnages. Il aurait été dénoncé par un cousin. De Saint-Brieuc, il est transféré à Compiègne. Robert Desnos, dans une lettre à Youki, y évoque alors la présence « d'un poète breton à demi fou appelé Boncors ».

Champagne

S'il porte le nom d'une marque de champagne, Paul Chandon-Moët (185255) n'est pas, contrairement à Auguste Boncors, homme à « égarer ses esprits au fond de la bouteille ». Il dirige avec efficacité la célèbre maison Moët & Chandon, née au XVIIIe siècle à Épernay, avec un aréopage d'alliés et cousins, tels Ghislain de Maigret et Robert-Jean de Vogüé. La période est difficile : les nazis considèrent le fameux mousseux comme un trésor de guerre et entendent bien s'en emparer. Les meilleures bouteilles filent sur les tables des dignitaires du régime et les moins prestigieuses constituent l'arme indispensable pour soutenir le moral des troupes.

Pour tenter de circonscrire la soif avide de l'occupant, l'ensemble des producteurs, dont Moët & Chandon est le leader, décident de s'unir et, avec l'appui du gouvernement de Vichy, créent en 1941 le Comité interprofessionnel des vins de Champagne que Robert-Jean de Vogüé préside. C'est le début d'un subtil jeu dans lequel les Français, grâce à leur savoir-faire, tentent de négocier d'égal à égal puisque les Allemands ne peuvent se passer d'eux pour fabriquer le précieux vin. Les exigences de l'occupant viennent du coup se heurter à la mauvaise volonté des producteurs peu enclins à se laisser spolier. La mauvaise volonté se mue en opposition. « Nous avions des bouteilles avec des étiquettes de Moët impérial et nous mettions de l'eau sucrée, on faisait mousser ça et c'était renvoyé à la Wehrmacht... », se souvient un producteur.

Vogüé exige, lui, le retour de nombreux travailleurs prisonniers en Allemagne et s'assure ainsi du soutien des ouvriers et des mouvements de Résistance. « Il existe une grande solidarité au sein de la profession au point que, lorsque Robert-Jean de Vogüé est arrêté en 1943 pour son action dans la Résistance, les cavistes organisent une grève générale. Chose exceptionnelle, les tracts sont imprimés avec la complicité du patronat au siège du syndicat du commerce lui-même ! Beaucoup de patrons de maisons affichent un placard de protestation dans leur établissement, ce qui leur vaut des amendes individuelles de 600 000 francs. »

C'est que, à partir de 1943, la maison Moët & Chandon glisse peu à peu dans la Résistance active. Elle fournit des renseignements, cache des réfractaires et s'affilie, via ses dirigeants, à plusieurs réseaux. La Gestapo, peu sensible à l'importance du champagne, procède à de nombreuses arrestations en novembre et décembre 1943 dont celles de Robert-Jean de Vogüé, de Paul Chandon-Moët et de son adjoint, Camille Boula de Mareüil (185140), vingt-neuf ans, père depuis un mois d'un petit garçon, et de membres de leur mouvance comme Jacques Dham (185366), vingt-quatre ans, Lucien Amiel (184949), cinquante ans, Jacques Prioux (186276), quarante-quatre ans, ou Alfred Untereiner, frère Birin en religion.

« Nous voici au 15 décembre 1943, note Paul Chandon-Moët. Le frère Birin fit la connaissance de Bischof [chef de la

Gestapo] à 14 heures. Pour mon cousin le comte Ghislain de Maigret et moi-même, ce ne fut que vers 18 heures. Mais, grâce à ce commissaire, nous nous retrouvâmes tous dans les locaux de la feldgendarmerie d'Épernay puis, le soir même, de la Gestapo à Châlons-sur-Marne. »

Hollywood

Si les responsables champenois sont d'authentiques aristocrates, Ralph de Léon (185415) n'a de la noblesse que la particule, et encore l'a-t-il ajoutée tardivement à son nom. Son prénom, du reste, n'est pas Ralph mais Fischel : Fischel Raoul Austin Woolf Léon. Il est né à Avignon en 1902 d'une famille qui, semble-t-il, est issue de ceux qu'on appelle les « Juifs du pape », ces communautés qui, sous l'Ancien Régime, expulsées du royaume de France, ont trouvé refuge sur les territoires – le comtat Venaissin – que le Vatican possédait en Provence.

Son père, né à Philadelphie, aux États-Unis, est un étrange personnage qui de Londres à Alexandrie, en passant par Paris et Avignon, tente de s'enrichir par tous les moyens. Il finit par se stabiliser en s'imposant, grâce à un gros effort de publicité dans la presse et une campagne de séduction auprès des édiles de la ville, comme « dentiste américain », spécialiste des prothèses, dans la Cité des papes. Il est, selon un journaliste local, « décrié par l'opinion publique » parce qu'il recourt « à une publicité fantaisiste où l'ingéniosité prenait des formes aussi multiples qu'inédites ». L'authenticité de ses diplômes paraît plus que douteuse mais ses confrères échouent à le faire exclure de la profession. S'assurant de l'amitié de l'écrivain Frédéric Mistral, il prospère au début du XXe siècle jusqu'à devenir une figure bien connue et posséder « le plus important cabinet dentaire du Vaucluse ». Le 24 septembre 1919, *La Semaine mondaine* annonce, « avec surprise », sa mort à Aix-les-Bains. Il s'est suicidé à cinquante-quatre ans, probablement à cause de dettes de jeu. Il laisse deux fils, Leslie, vingt et un ans, et Fischel, dix-sept ans. Ils vont tous deux marcher sur ses traces. D'abord en se prétendant eux aussi dentistes, puis en multipliant les emprunts et les affaires douteuses et en fuyant les créanciers à travers le monde.

« Leslie Léon avait voulu exploiter le cabinet de son père, peut-on lire dans *L'Écho de Paris,* mais il n'avait pas de diplôme, il avait dû fermer son cabinet. » Il part alors « en Amérique », revient à Paris, « retourne sur la Côte d'Azur et installe un cabinet dentaire à Hyères ». Puis il file à Saïgon « où il a un duel avec un autre dentiste, M. Dion, qu'il blesse gravement ». En 1927, il fait la une de la presse parisienne : « Dans un cinéma du boulevard des Italiens, une détonation jeta l'émoi dans la salle. Un spectateur venait de se tirer une balle de revolver dans la région du cœur. Transporté à la Charité, son état y fut jugé grave. Le désespéré, M. Léon Leslie, [...] avait sur lui une lettre où il déclarait vouloir disparaître à la suite de chagrins intimes. » Il semble que sa femme l'ait quitté pour une star d'Hollywood, Warwick Ward, et que le jeune homme de vingt-neuf ans se soit tiré une balle devant l'écran où apparaissait l'acteur. Il semble aussi que l'argent ne soit pas étranger au drame puisque dans la lettre que le suicidé a envoyée à son rival, il est surtout question d'une dette que l'acteur a consentie au frère de Leslie, Fischel, alias Ralph de Léon.

Car ce dernier évolue désormais dans le monde du cinéma. Se disant producteur et réalisateur, ou, selon les cas, « acteur cinématographique connu pour ses brillantes créations » aux

États-Unis, Ralph a, par l'intermédiaire de Warwick Ward, rencontré Suzy Vernon, célèbre actrice française. « Il était alors à Berlin comme délégué d'un groupement français qui cherchait à constituer un bloc cinématographique anglo-franco-allemand, se souvient la vedette. [...] Il avait une belle assurance, une grande confiance en soi, et ses idées sur le cinéma étaient vraiment très avancées. » Roi de l'emprunt, Ralph a monté une société de production, « Ombre et lumière », et à force de mondanités et de bagout a imposé sa personnalité dans le monde du spectacle. Si ses activités professionnelles paraissent, en réalité, assez réduites, il est en revanche très actif dans les soirées et les magazines. Il paraît heureux de poser et de faire parler de lui, de compter parmi les couples en vue et de parcourir la France et le monde au bras de sa belle actrice.

Le photographe Jacques Henri Lartigue, qui le rencontre à cette époque, en dresse un portrait plus que mitigé : « Jeune, prétentieux, se disant (et se croyant ?) "grand businessman américain" (peut-être parce qu'elle a gagné de l'argent), veut tout me prendre contre cet argent ; ses réflexions gonflées de bluff et d'orgueil me donnant envie de dormir. [...] Vais-je refuser les centaines de mille francs dont il me parle (avec son accent du Midi caché sous l'américanisé), moi qui justement aujourd'hui aurais tellement besoin d'un billet de mille francs ? Metteur en scène, il m'engagerait comme "assistant". Il me parle de studios, de voyages, etc. – beaucoup de *et cætera* car il parle facilement. »

Si la presse se fait l'écho de nombreux projets cinématographiques, aucun ne semble avoir abouti. Ralph apparaît avant tout comme « un aimable causeur » dont l'activité essentielle est d'être « à la fois le mari et l'imprésario de Mlle Suzy Vernon ». En 1933, on le voit ainsi répondre aux interviews à la place de sa femme, « fatiguée », qu'il accompagne dans une longue tournée théâtrale en « Algérie, en Suisse, en Belgique, au Luxembourg », où elle reçoit un « accueil inoubliable ». Au fil des entretiens, le parcours du « talentueux metteur en scène » se modifie. Finalement il n'a pas « beaucoup tourné » en Amérique mais simplement fait « un stage en Californie », il a travaillé « plusieurs années en Allemagne » et « a dirigé à Paris la Sonor-Film ».

Il passe avec son épouse ses vacances à Biarritz et Cannes, s'adonne aux sports nautiques, assiste aux corridas et s'offre une résidence secondaire à Mougins (Alpes-Maritimes). Cette existence facile et luxueuse commence à s'émousser au milieu des années 1930 alors que les nombreux projets dans lesquels il a intégré son épouse n'aboutissent pas. À partir de 1935, la vedette Suzy Vernon ne tourne plus guère. Les revenus s'en ressentent alors que le train de vie a du mal à se mettre à niveau, Ralph de Léon étant adepte des casinos. Il sera bientôt « interdit de jeu » et, dès 1936, est « souvent inquiété [...] pour divers délits en France et en Suisse ». En 1937, le couple laisse au casino de Deauville une ardoise de 45 000 francs (correspondant à 30 000 euros d'aujourd'hui), Suzy Vernon ayant signé quatre chèques sans provision. Elle est condamnée en 1942 à quatre mois de prison et 100 francs d'amende. L'heure de gloire est passée. À la même époque, Ralph est poursuivi, puis relaxé, « pour escroquerie à la libération d'un prisonnier » et « atteinte à la sûreté extérieure de l'État » en « qualité d'agent des services allemands ». Il semble en effet que ses nombreux séjours outre-Rhin avant-guerre aient abouti à une collaboration qui lui vaut d'être « interné au camp de Vernet le 15 juillet 1942 pour ses attaches avec le service de renseignement allemand ». « Le 20 août 1943 », affirme la justice française, il est recruté par « l'agence Todt » chargée de la construction du mur de l'Atlantique. Il participe, de ce fait, « au premier marché de travaux publics passé entre les Allemands et les entrepreneurs français pour la construction du Mur » et en profite pour détourner des matériaux. Les nazis n'apprécient pas. Il est arrêté en septembre 1943 à Bordeaux.

En soutane

Bien qu'il ait fait enterrer ses parents et son frère au cimetière juif de Nice, Ralph de Léon parvient à dissimuler ses origines aux autorités. Sur les fiches allemandes, il apparaît, alors qu'il est né Fischel Léon, fils d'Edward Léon et d'Ettie Cohen, sous son nom et son prénom modifiés. Il échappe ainsi à la mort programmée, rejoignant une masse de prisonniers de tous horizons et toutes origines dont le destin est scrupuleusement séparé de celui des Juifs par les nazis. La Gestapo mène des guerres parallèles et agit sur plusieurs fronts : les Juifs sont voués à l'extermination, les ennemis du Reich à l'esclavage. La religion de ces derniers importe peu même si les Allemands notent précisément l'appartenance cultuelle de chaque prisonnier. Et qu'ils s'agacent de voir des hommes d'Église sortir de la neutralité à laquelle ils aimeraient les cantonner. Ils s'acharnent sur ceux qui ont profité de leur sacerdoce pour protéger ou cacher proscrits et persécutés. L'abbé Joseph Kerebel, pris près de Rouen avec Paul Le Goupil, torturé et emprisonné, en a fait les frais. Joseph Tanguy (186453), curé de Pont-Aven (Finistère), en est aussi victime.

À l'aube de ses soixante ans, cet ecclésiastique breton prend parti : « Dès l'arrivée des occupants, se souvient un résistant de

Pont-Aven, le recteur [prêtre] en chaire n'hésite pas à "fustiger" ceux qui sont prêts à collaborer avec Pétain et les Vichyssois et par là même avec leurs maîtres : les Allemands. [...] Ces sermons retenaient l'attention de tous, et les paroissiens pétainistes n'admettaient pas l'audace de Joseph Tanguy. Des lettres furent adressées à la préfecture, à l'évêché et aux autorités occupantes. » Le curé est convoqué, menacé et enjoint à de multiples reprises d'adopter une attitude moins exaltée. « Son évêque lui intimant ordre de mettre moins de zèle ou d'ardeur à critiquer ses paroissiens pétainistes, Joseph Tanguy ne changea rien à ses habitudes et continua ses sermons sans le moindre "bémol". » Son vicaire, nommé lui aussi Tanguy (Francis, 186452) et gagné par les convictions de son supérieur, le soutient et l'encourage dans son combat. Ils sont tous deux étroitement surveillés et soupçonnés d'aider la Résistance. Une première intrusion allemande sans ménagement dans la cure se révèle infructueuse. Mais le « lundi 3 janvier 1944, vers 16 h 30, le presbytère fut rapidement investi par la Gestapo. Celle-ci trouva un aviateur américain qui venait de Bannalec (Finistère), sa forteresse volante ayant été abattue au-dessus de cette commune le 31 décembre 1943. À 17 heures, Joseph Tanguy et son vicaire Francis furent conduits à pied à la Kommandantur ».

Transféré à la prison de Quimper, le curé de Pont-Aven assume devant les juges allemands « l'entière responsabilité » des faits et tente de dédouaner son collègue : « Ayez l'humanité de le libérer immédiatement, leur écrit-il. Il est presque mon enfant. Il ne pouvait prendre aucune initiative. C'est moi qui ai accordé, chez moi, l'hospitalité à ces fugitifs [un autre aviateur américain a été trouvé au presbytère]. » L'homme d'Église estime, alors qu'il risque le peloton d'exécution, « avoir agi en homme d'honneur et en bon Français ». « L'honneur me défendait, écrit-il, de prendre une initiative pour livrer à leurs ennemis, si clémente que fût la captivité qui les attendait, des hommes fugitifs et désarmés qui venaient invoquer près de moi les droits sacrés de l'hospitalité. Il me défendait encore plus de livrer, moi Français, à la police allemande, les noms des Français qui me les ont amenés. »

Bien que maltraité, le curé se veut sans haine ni rancœur : « Les Allemands sont des hommes et comme tels, chrétien et prêtre, je les aime, je veux leur bien et le bien de leur nation. Je n'ai pas de préjugés contre l'Allemagne. » Il lâche néanmoins à ses bourreaux que « le grand défaut du caractère allemand, j'en ai moi-même fait bien des fois l'expérience, et le monde est d'accord là-dessus, c'est cette tendance à l'emploi inutile et à l'abus de la force ». Il n'hésite pas à prendre la défense du Royaume-Uni, des États-Unis et de De Gaulle : « Je me refuse à lui jeter l'injure. Il a conscience de tenir les engagements de la France à l'égard de l'Angleterre et de nos autres alliés, engagements dont nous n'avons pas été relevés. »

S'il insiste sur la grandeur du peuple allemand et veut croire à l'humanité de ses geôliers, le curé paraît pourtant sans illusion : « Si vous estimez qu'il vous est impossible de ne pas me punir, leur affirme-t-il, ne croyez pas que je vous en garde rancune. Vous ferez votre devoir comme j'ai fait le mien. » À peine argue-t-il que, enfermé depuis deux mois, il a déjà subi « un châtiment substantiel ». « Si vous croyez nécessaire d'en prolonger plus ou moins la durée, poursuit-il, je vous demande instamment, en invoquant [...] le précédent dont bénéficia jadis votre Führer dans sa prison : la faveur de pouvoir, seul dans une cellule, non seulement lire mais écrire tous les jours à volonté. Ayant enseigné pendant dix-huit ans la philosophie chrétienne, j'ai en tête les éléments d'un livre où je condenserais la moelle de mon enseignement. Je n'ai jamais eu le loisir de le rédiger. Ce serait pour moi un bonheur relatif, et une consolation dans ma peine, de pouvoir le faire. » Il n'obtiendra pas satisfaction et, loin de trouver la part d'humanité qu'il espère chez ses bourreaux, il n'en verra, au cours des quelques mois qui lui restent à vivre, que la cruauté et la folie destructrice.

La filière du curé

La part d'humanité face à des nazis ivres de fanatisme, le curé Jean Rosay (186350) en fait aussi le moteur de son engagement. Contrairement à Joseph Tanguy, il n'est pourtant pas un prêtre militant ferraillant contre la politique du Maréchal. C'est, comme beaucoup d'ecclésiastiques, un homme d'Église conservateur marqué par une formation qui enseignait la méfiance envers les femmes tout autant qu'envers les Juifs. Issu, selon l'historien Laurent Neury, d'un « milieu paysan traditionaliste », il entame en 1926, à vingt-quatre ans, une carrière de curé de campagne. Il est nommé en mars 1941 à Douvaine, à deux pas du lac Léman, dans cette Haute-Savoie dont il est originaire.

« Dans cette région, note le chercheur Jacques Semelin, les habitants vivent avec la frontière. Ils ont appris à s'en accommoder, à la respecter tout autant qu'à la transgresser, en particulier pour des raisons commerciales. » Dans la France occupée, la Suisse devient pour les proscrits et les pourchassés de plus en plus nombreux une nouvelle Terre promise synonyme de survie. À Douvaine, elle est au bout du chemin, juste après le pont sur la rivière.

De nature « sincère, opiniâtre et simple », Jean Rosay, issu du même milieu et de la même région que la population, s'impose rapidement. Tout juste quadragénaire, conduisant sa mission « avec fermeté et conviction », il « redynamise la vie de la paroisse » en développant notamment les mouvements de jeunesse. Il est, par ailleurs, sensibilisé au sort des Juifs. « Des étudiants en médecine, membres des mouvements de Résistance à Lyon, les frères Miguet [fils du médecin du village], apportent au curé de Douvaine les premiers numéros [clandestins] de *Témoignage chrétien*. Jean Rosay peut y lire les déportations et l'annonce des massacres qui débutent en Europe de l'Est. »

L'abbé organise peu à peu, avec l'aide du prêtre du village frontalier de Veigy-Foncenex, tout près, un réseau dont le but est de convoyer les persécutés de l'autre côté de la frontière surveillée et couverte de barbelés. Dès 1941, les premiers passages ont lieu grâce à la filière. Ils s'accélèrent à l'automne 1942 après l'invasion de la zone libre. « Les deux abbés recrutent la plupart des membres de leur filière parmi leurs propres paroissiens, affirme Jacques Semelin. Pour l'essentiel, ce sont des jeunes appartenant à de vieilles familles paysannes du lieu, fidèles aux offices du dimanche et membres des groupes des jeunesses chrétiennes. La plupart habitent à moins d'un kilomètre autour de l'église, ce qui facilite grandement leurs échanges et déplacements. »

Les candidats à l'exil sont de plus en plus nombreux. Les organisations vouées à l'aide des pourchassés, telles la Cimade, d'obédience protestante, l'Amitié chrétienne (catholique) et l'Œuvre (juive) de secours aux enfants (OSE), envoient des centaines de fugitifs. « On faisait ce qu'on pouvait, confie Julia Constantin, aide du curé. Je me souviens d'un certain dimanche, il en arrivait, il en arrivait… Moi, je commençais à paniquer. “Où va-t-on mettre tout ce monde-là ?” » Avant d'être convoyés jusqu'au passeur, les candidats à l'exil doivent être logés sur place. « Les activités de la filière peuvent se décomposer en trois temps, explique Laurent Neury : l'hébergement, l'acheminement (près de la frontière), le passage. Chaque étape pose des problèmes spécifiques compte tenu du temps (faire passer les fugitifs au plus vite), du nombre d'entre eux ne parlant pas français, et de la prise en charge d'enfants parfois très jeunes. Si les acteurs de la filière sont peu nombreux (choisis par le prêtre), c'est en réalité tout le tissu social du village qui est engagé dans les passages, ce qui requiert le consentement silencieux de tous ses habitants. » Le curé a alors, explique Marie-Louise Lefebvre, jeune fille de Douvaine, « une énorme influence » sur eux. Et quand il les sollicite, les paroissiens obtempèrent. « Lorsque je travaillais dans les champs à Artanguy, raconte Léon Bouvier, je voyais régulièrement arriver notre curé au sommet de la colline. On le distinguait de loin avec sa soutane. Il avait un vélo et il criait de loin : "Dis donc, Léon, on a des clients pour ce soir." »

La fin de la filière repose sur deux « passeurs ». Le premier, Joseph Lançon (185845), quarante-sept ans, ancien combattant, veuf et père de sept enfants, vendait avant-guerre « des céréales, de l'eau-de-vie, des fruits et légumes sur le marché de Genève ». La fermeture de la frontière fragilise son exploitation. Pétainiste en 1940, il adhère à la Légion des combattants, plus sans doute par opportunisme – dans l'espoir de pouvoir traverser la frontière – que par militantisme. Il s'en éloigne rapidement en même temps qu'il s'implique dans l'aide aux fugitifs de manière désintéressée malgré ses faibles revenus et ses nombreuses bouches à nourrir. Sa fille aînée, Thérèse, vingt ans, et parfois son fils Jean et deux cadettes, Marie et Inès, l'aident dans sa tâche. Le curé de Douvaine et celui de Veigy le sollicitent après ses longues journées de labeur.

« Un soir […], [l'abbé] nous a amené un monsieur, une dame et un petit bébé, se souvient Thérèse, il a dit à mon père : "Il faut emmener ces gens en Suisse parce qu'ils sont recherchés par les Allemands ; il faut leur faire passer la frontière." Alors mon père est allé les emmener. »

Paul Niedermann, caché un temps dans la « maison d'Izieu », en Isère, est arrivé à pied à Douvaine avec d'autres enfants juifs. Il est hébergé au presbytère puis est confié au passeur : « Nous avons encore marché, puis nous sommes arrivés à un endroit où il fallut nous coucher dans un fossé qui longeait la route, se rappelle-t-il. Nous ne devions donner absolument aucun signe de vie ; le passeur chronométrait le temps que mettaient les sentinelles italiennes pour patrouiller le long des barbelés. Lorsqu'il eut fait ses calculs, il nous fit signe d'y aller. Il coupa les deux premières rangées de fils barbelés, en commençant par le bas afin que cela ne se voie pas tout de suite. Il nous les fit tenir d'un côté, lui s'occupait de l'autre. Nous avons fait passer les plus petits en premier et je me suis faufilé le dernier. »

L'autre passeur est un ami et voisin de Joseph Lançon, François Périllat (186198), jeune paysan, orphelin de père, aîné d'une famille nombreuse qui, à vingt ans, peine à faire tourner leur trop petite exploitation agricole. Il arrondit les fins de mois en travaillant pour Joseph dont il fréquente la fille, Marie. Il connaît la frontière comme sa poche mais avec l'arrivée des Allemands, qui remplacent les Italiens en septembre 1943, les difficultés redoublent. Les douaniers du Reich, formés à traquer les fugitifs, sont difficiles à contourner. Ils n'hésitent pas à tirer et entendent bien rendre la frontière étanche. Dès la fin du mois, Joseph Lançon est arrêté « alors qu'il ramassait un paquet lancé dans un champ depuis la Suisse ». Il s'en tire mais comprend que, désormais, la filière est en sursis. On suspend les passages pendant qu'il se réfugie provisoirement chez un parent à Grenoble. Sa fille Thérèse est arrêtée début octobre et interrogée pendant trois semaines par la Gestapo à Annemasse (Haute-Savoie). Désormais, les fugitifs qui continuent d'affluer ne sont plus pris en charge. Ils doivent se débrouiller par eux-mêmes ou trouver une autre filière. La libération de Thérèse puis le retour, clandestin, de son père n'y changent rien : le réseau est grillé et ses membres étroitement surveillés. Joseph, refusant malgré les menaces d'abandonner ses enfants pour passer en Suisse, vit dans les bois où les siens le ravitaillent.

« Nous arrêtons d'effectuer les passages, rapporte Thérèse. Ce qui n'empêcha pas que le 10 février 1944, à 9 heures du soir, les Allemands encerclent la maison, fouillant partout et, ne l'ayant pas trouvé, ils disent : "Nous savons où il est." Ils se rendent chez François Périllat où, en effet, mon père a passé la journée, et le trouveront caché dans le foin. Après ce sera la grande rafle : mon père est emmené avec François dans un camion bâché jusqu'à Douvaine, où ils prendront l'abbé Rosay. »

Dans les alpages

Un autre ecclésiastique, Louis Poutrain (186267), connaît les mêmes déboires. Originaire du Pas-de-Calais, il a été nommé, pour des raisons de santé, curé d'une paroisse située dans les montagnes du Champsaur, en Haute-Provence, en 1936. Pour venir en aide aux paysans pauvres qui peuplent ces régions alpines, il a fondé des écoles d'apprentissage. Il y accueille des adolescents désireux d'apprendre un métier puis, durant l'Occupation, des jeunes en situation délicate. D'abord des Alsaciens incorporés dans les chasseurs alpins à Gap qui, après l'invasion de la zone libre, sont priés de retourner chez eux rejoindre la Wehrmacht, ce à quoi ils se refusent. Un officier de la garnison a contacté le prêtre : « Avant même qu'il eût le temps de formuler sa demande, confie Louis Poutrain, je lui dis : "Envoyez-les-moi." »

Aux Alsaciens viennent bientôt s'ajouter des réfractaires au STO. « À une date indéterminée de cette année 1943, se souvient le curé, alors que la réquisition pour le travail obligatoire en Allemagne battait son plein, trois jeunes ouvriers de Saint-Chamas voulant y échapper fuyaient vers la montagne. En remontant le cours du Drac, ils interrogeaient timidement, cherchant à se cacher. Quelqu'un leur dit alors : "Notre curé cache des jeunes ; allez le voir, il vous aidera." Là encore, je n'avais pas le droit de me dérober. »

Un « prêtre ami » lui envoie Proto Demontis (185430), jeune Aixois né à Gênes en Italie, qui fuit le STO avec sa femme. Puis arrivent deux Lorrains qui, embrigadés de force dans l'armée allemande, ont déserté. Et d'autres encore. L'église et la cure de Saint-Jean-Saint-Nicolas où officie Poutrain attirent bientôt l'attention de la Gestapo. Le prêtre note la présence d'un « intrus » qui se prétend séminariste et demande à être hébergé. Méfiant, l'homme d'Église lui refuse l'hospitalité mais le garçon reste dans les parages et épie. Un matin, on le surprend dans la cure. « Plus tard, j'eus la preuve évidente, confie le curé, qu'il était venu vers nous, entré même chez nous, pour nous trahir. [...] Pour sa mauvaise action, le traître avait été gratifié d'un bon repas et de la somme de 800 francs d'alors [l'équivalent de 200 euros d'aujourd'hui]. » Le matin du 13 novembre 1943, alors qu'il fait sa toilette, Louis Poutrain a en effet une mauvaise surprise : « J'ouvris la fenêtre et constatai que deux soldats allemands étaient en faction devant ma porte. » Bientôt la maison est fouillée, les gens qui y logent sont arrêtés.

« Une heure plus tard, précise l'abbé Poutrain, Nuttgens, le chef de la Gestapo de Gap, entra. "Où est le curé ?" dit-il. Se tournant vers moi, il saisit d'une poigne solide le col de ma soutane et me secoua fortement sans brutalité. "Vous en faites du propre, vous, pour un curé." »

Avec de nombreux autres, le prêtre est emmené à Gap puis enfermé à la prison Saint-Pierre de Marseille. Il y réclame, par lettre auprès de ses paroissiens, son *Novum Testamentum*, « un petit livre de messe rouge (le livre à 3 francs), une cuiller et fourchette et un quart ; deux lacets pour chaussures ; une serviette et deux mouchoirs ; une musette, genre musette de soldat, pour y mettre mes affaires ; un petit morceau de savon ; et si ce n'était pas trop de dérangement, une paire de chaussettes, un caleçon, une chemise ; un petit peu de papier blanc et un crayon. Merci ! » Le séjour à Marseille dure plusieurs mois. Il croupit dans une cellule sans être interrogé. Sa sœur descend de Paris pour effectuer des « démarches auprès de la Gestapo » et chercher « des appuis auprès de personnes influentes ». « Ce fut sans résultat », précise le curé. « Début mars [1944], poursuit-il, les prisons étaient encombrées. Il fallait faire de la place. Nous avons été expédiés. J'étais content de partir pour Compiègne. »

LA NUIT

Compiègne

Le Débarquement est imminent. Une question de jours ou de semaines. Le 27 avril 1944, les Alliés lancent « l'opération Tigre », dernière répétition grandeur nature de la toute prochaine invasion en Normandie. Des plages de la côte sud de l'Angleterre similaires à celle désignée sous le nom d'Utah Beach dans la Manche servent de terrains d'entraînement. Des milliers de soldats et des centaines de bâtiments venus de la mer sont censés forcer la défense fictive des ennemis terrés sur la côte. L'opération est un fiasco car les Allemands, ayant repéré la concentration et le mouvement inhabituels des troupes et des navires, ont envoyé leurs sous-marins sur zone. Les dégâts, accentués par un manque de coordination entre Anglais et Américains, sont considérables : plus de cinq cents soldats US ont péri. Le général Dwight D. Eisenhower, commandant suprême des forces alliées, en conclut que les navires de débarquement sont trop vulnérables face aux submersibles allemands. Ordre est donné de détruire la flotte sous-marine nazie d'ici au D-Day.

De ces préparatifs secrets, les journaux français ne savent rien. Le 27 avril, ils n'ont de place et de mots que pour le voyage effectué la veille à Paris par le maréchal Pétain. Ils célèbrent la résurrection du vieux soldat, se faisant ainsi les porte-voix des Allemands pour qui les Français se doivent de suivre leur chef. Exécutions, arrestations, tortures, terreur et déportations n'ont pas eu les effets escomptés. Le STO est un échec, les sabotages affaiblissent la Wehrmacht, les défections se multiplient, la main-d'œuvre manque et les maquis narguent les SS. Les fosses communes se remplissent et les prisons sont pleines.

Dans l'ancien camp militaire de Royallieu, construit en périphérie de Compiègne (Oise), des milliers d'internés s'entassent dans l'attente du grand voyage. « Le prisonnier qui entrait à Compiègne partait nécessairement en Allemagne, se souvient l'abbé Poutrain, soit par les grands convois – un train entier (il y en a eu deux en avril 1944, l'un le [6] et l'autre le 27) –, soit par les petits envois du mardi. Ceux-ci avaient lieu tous les quinze jours. On les redoutait, car on leur attribuait une destination plus dangereuse. » L'ancienne caserne est devenue une prison de passage, la gare de Compiègne un lieu de transit. « On remit à chacun une couverture, une gamelle, une cuiller et une plaque de tôle avec un numéro de matricule, raconte Paul Le Goupil. [...] Je fus affecté à une petite chambre de la dernière baraque [...]. Cette chambre était entourée de lits à étages, très serrés, ne laissant qu'un passage réduit pour y accéder et, au milieu, la place d'une table et d'un banc. »

Pour ceux qui arrivent après avoir connu les cellules sombres, l'isolement et les tortures, ce lieu de transit apparaît comme un répit. « Cette nouvelle vie, que je sais éphémère, puisque la menace d'une déportation imminente pèse sur moi, confie l'étudiant parisien François Jacquemin, rescapé du supplice de la baignoire et des cellules de Fresnes, est malgré tout assez agréable. Compiègne, le "paradis" de Compiègne. Certes, quatre miradors aux mitrailleuses toujours vigilantes, un réseau de barbelés sillonné nuit et jour de sentinelles, de puissants projecteurs, un appel matin et soir me ramènent à la réalité ; mais les jeux, les livres, les colis, les conférences, la chapelle, les camarades enfin, tout cela est si bon… »

« Compiègne, c'est presque la liberté, après plusieurs mois enfermé entre quatre murs, confirme l'ex-polytechnicien Michel Domenech. […] La vie est simple et sans grands problèmes, si ce n'est les punaises dont la literie est infestée. »

« On touchait le café, une soupe par jour et un quart de boule de pain avec, soit saucisson, margarine, marmelade ou fromage, mais comme il y avait une cantine, on pouvait améliorer son ordinaire avec l'argent de poche planqué », se souvient Léon Hoebeke (185751), agent immobilier de la région parisienne âgé de quarante-six ans.

L'abbé Poutrain, qui débarque à Compiègne début mars 1944, y savoure lui aussi « une relative liberté ». En dehors des deux appels quotidiens, « toute latitude était laissée d'aller où on voulait, d'organiser des rencontres, de bavarder selon ses caprices. Quel contraste avec le régime précédent, celui d'une prison, comme à Marseille ! » Le prêtre apprécie l'existence d'une chapelle, à l'entrée du camp, capable d'accueillir « deux à trois cents personnes », signe d'un « certain respect des libertés personnelles ». Il est désigné, par l'abbé Rodhain « qui dirigeait les services d'aumônerie des camps de prisonniers », aumônier de Royallieu. Il dit les messes et se réjouit de la présence d'autres hommes d'Église, dont Paul Chalmey (185247), curé comme lui d'une église perdue dans les massifs de la Haute-Provence. « Le plus marquant, écrit-il, était de toute évidence l'abbé Tanguy, recteur de Pont-Aven, gaulliste de la première heure. Avec son sublime entêtement de Breton, il réussit à galvaniser toutes les énergies. »

Pour Henri Margraff, le « Strasbourgeois », Compiègne fut, a posteriori, « une grande chance ». Interné de mars à avril pendant quarante jours, il récupère des forces perdues après s'être fait opérer dans l'infirmerie du camp, par un médecin prisonnier, d'un abcès à la gorge. « Cette "infirmerie" plus que rudimentaire, explique-t-il, était vraiment la plaque tournante de tous les renseignements du camp. [...] Dans cette salle commune d'une vingtaine de "lits", en pleine obscurité, des ombres s'agitaient, quatre ou cinq infirmiers de jour s'asseyaient autour de la table du milieu ; je les reconnus bien vite à leurs propos échangés comme étant des responsables du Parti communiste évidemment clandestin [...]. L'un d'eux était Marcel Paul, fiché comme malade dans ma chambrée, qui allait être déporté avec moi. J'ignorais alors qu'il était un des responsables nationaux de la Résistance du mouvement communiste clandestin. Du contexte de leurs conciliabules, je pus me rendre compte, à mon grand étonnement, que Marcel Paul avait déjà activement milité comme résistant et formé des unités de combat bien avant que l'Allemagne, en juin 1941, eût envahi le territoire soviétique. »

Les communistes ont débarqué en force à Royallieu en février 1944, à raison de deux convois massifs venus de la prison de Blois. « Lorsque les deux cents de Blois, bientôt suivis par les deux cents autres, arrivent à Compiègne, c'est un peu la sensation, explique Pierre Durand. Ils ont le crâne rasé et sont vêtus de bure, presque comme des moines. Les autres prisonniers ont une forte propension à les tenir pour d'authentiques bagnards [...]. Quand ils apprennent que ce sont des communistes bon teint, ils sont, pour beaucoup, à peine rassurés. On leur a dit tant de choses sur le PC depuis 1939 et même avant [...]. Il faudra que parmi eux des patriotes plus avertis ou eux-mêmes communistes leur expliquent que ces bagnards sont des résistants de la première heure, survivants des pelotons d'exécution nazis et de la guillotine de Vichy, pour que, peu à peu, les attitudes changent. »

Marcel Paul entend profiter des conditions d'internement relativement clémentes pour s'évader. « Grâce à des complicités à l'infirmerie du camp, il se fait injecter une dose massive de Propidon », confie un de ses camarades. Le médicament est alors connu pour provoquer une forte fièvre. Paul espère ainsi faire croire à une crise d'appendicite et profiter de son hospitalisation pour fausser compagnie à ses geôliers. « Le résultat recherché est obtenu au-delà de toute espérance. Marcel tremble. Le thermomètre monte à 41 °C. » Mais les Allemands se méfient et un médecin SS assiste à l'opération. « Lorsqu'on ouvrit le ventre de Marcel, il constata qu'il n'y avait pas plus trace d'appendicite que de beurre en broche. Il se mit dans une colère épouvantable, fit refermer à toute vitesse la plaie et ramener sans plus attendre Marcel à Compiègne. »

Face à l'adversité

Regroupés et libres de se parler, les nombreux résistants présents ont, comme Marcel Paul, pour activité principale d'échafauder des plans afin d'échapper aux bourreaux. Le temps presse et la surveillance plus relâchée fait espérer.

« L'évasion, nous y pensions bien sûr, confie Michel Domenech. Avec Lateulade, nous fîmes le tour de toutes les plaques d'égout. En les soulevant discrètement, nous nous sommes rendu compte que les Allemands y avaient pensé avant nous : toutes les ouvertures étaient obturées par du ciment. »

La meilleure option semble de bâtir un tunnel. Un local, à côté de la chapelle, est choisi. Le jeune typographe Charles Sirioud participe à la construction. Il s'agit non seulement de creuser mais aussi de consolider. « Pour dénicher le bois nécessaire, explique-t-il, je n'hésite pas à soustraire des bois de châlit [structure de lit] des chambres vides. [...] Je fournis même quelques solides armatures d'acier. Pour le transport, je camoufle le matériel sous mes pulls, serré à la ceinture. » Henri Margraff se souvient d'une messe interrompue par l'arrivée de plusieurs soldats « qui soupçonnaient que la chapelle se trouvait au-dessus d'un conduit clandestinement entamé pour servir d'évasion ».

La tentative échoue à la suite d'un éboulement. « Je n'ai pas la chance des dix-neuf militants communistes, regrette Charles Sirioud, qui [...] réussissent une évasion retentissante grâce à un tunnel débouchant dans un champ de blé. » À défaut de fuite, Henri Margraff sympathise alors avec le curé qui dit la messe, « un prêtre d'un village des Hautes-Alpes dont j'avais remarqué le zèle et le dévouement à l'égard des camarades », l'abbé Poutrain.

Pour beaucoup, en effet, cet enfermement plus souple est l'occasion de nouer des liens et parfois même de tomber sur de vieilles connaissances. « Je retrouvai aussi un camarade d'enfance, se souvient le jeune résistant toulousain Pierre Beuvelet. Alors que je pelais des pommes de terre à la cuisine, je reconnus la voix de quelqu'un qui parlait assez fort à un autre, je levai la tête et je découvris [François dit] Charly Boucherez dans toute son ampleur car il faisait 1,95 mètre. Je lui demandai ce qu'il faisait là, il me raconta son odyssée. Inscrit à la faculté de Strasbourg, il avait été évacué avec sa faculté à Clermont-Ferrand en Auvergne depuis 1940 et tout se passait normalement lorsqu'il se fit arrêter pour un contrôle d'identité par les Allemands. Il ne trouva rien de mieux que de sortir sa carte d'étudiant de Strasbourg, il fut aussitôt arrêté comme déserteur. »

Médecin du Poitou impliqué dans un réseau chargé de réceptionner les parachutages, Armand Roux (186366) fait, lui, la connaissance d'un étrange personnage : Jean (ou Joseph) Cueff (185054) dit « Bennett » dans la Résistance. « Breton d'origine, expatrié comme beaucoup, en quête d'aventures [...], il était marié à une Russe qu'il me dit être la nièce de Mme [Alexandra] Kollontaï, ambassadrice des Soviets à Stockholm. [...] Agent principal du Guépéou [police politique devenue NKVD puis KGB], il fut pris en France lors d'un de ses passages pour le service des Alliés. Le pauvre garçon était étendu sur la paillasse, incapable d'un mouvement tant il souffrait. » Atteint, selon le médecin, de polynévrite, sa « lésion endormie » s'était réveillée du fait d'une blessure causée par trois balles reçues « lors d'une expédition vers les puits de pétrole de Mossoul ». Cueff-Bennett ne peut bouger les jambes et « il fallait le porter aux W.-C. tous les soirs ». « Des amis fidèles et moi-même, affirme le docteur Roux, partagions cette besogne. Très sympathique, très intelligent, instruit, il montrait un visage d'apôtre. Ses yeux bleus avaient des lueurs d'enthousiasme quand il parlait, s'étendant volontiers sur la doctrine communiste russe. Par lui, j'ai appris beaucoup de choses que l'avenir a vérifiées [...]. J'ai pu connaître longtemps à l'avance l'existence du V1 et du V2 et même il me fit prévoir quelque chose qui devait être la bombe atomique, ce qui démontre que les services d'espionnage russes étaient assez bien renseignés. »

Dans l'enceinte qui, entre départs et arrivées, ne cesse de se vider et se remplir de milliers d'hommes, les réseaux se reconstituent, les mouvements se reforment. On se regroupe par affinités, par origine géographique ou professionnelle, on affiche une solidarité qui aide à surmonter l'épreuve. Le communiste Paul Le Goupil tombe sur son chef, « Roland », dont il ignorait jusque-là la véritable identité. « Il m'apprit qu'il avait été arrêté par hasard dans un train, en possession de cartes d'alimentation. [...] Je sus aussi qu'il habitait la région de Cherbourg, qu'il s'appelait André Defrance [185396] et était père d'un garçon. Sa femme ayant été également arrêtée, il était sans nouvelles de sa famille. » Occupant « un poste important dans les FTP », André informe Paul qu'il existe dans le camp « une organisation clandestine du Parti [communiste] regroupant les militants et les sympathisants ».

Michel Domenech retrouve ses anciens condisciples de l'École polytechnique. « Lateulade est mon voisin de lit, explique-t-il, et petit à petit nous repérons de nouveaux camarades de l'X : Boulloche (qui sera plus tard ministre), Thierry d'Argenlieu (neveu de l'amiral [d'Argenlieu]) et Lerognon, tous deux de la promotion 1939. Nous réussissons à en trouver d'autres. [...] Nous sommes une douzaine maintenant et Lateulade propose de faire un déjeuner en commun qu'il prépare lui-même. »

Pierre Mallez, le jeune étudiant parisien, rejoint Michel Foulon « connu à HEC ». « [Il] fait partie de Turma-Vengeance comme moi, dit-il. Il a été arrêté en février 1944 et partage ses provisions avec Georges Mrazovitch [186116], originaire de Yougoslavie, également membre de Turma-Vengeance. »

Sylvain Dauriac et le colonel Pierre Cahuzac, résistants toulousains et francs-maçons, créent la loge « Amicale des barbelés de Royallieu » qui regroupe vingt-cinq « frères ».

Henri Margraff retrouve ses condisciples du « 92 » de Clermont-Ferrand : les deux Knall-Demars, l'étudiant René Dumas et l'instituteur Albert Chalus (185248).

Membres du réseau Brutus, Marcel Patez, Raymond Harter, Raymond Naves, Henri Davies, André Chrétien, Yvon Toquec, Roger Valentin font corps et se regroupent.

Le docteur Armand Roux revoit lui aussi, après un difficile passage à la prison de la Pierre-Levée de Poitiers, ses compagnons de combat. « Si je me décidais à une promenade sur la grande place, écrit-il, je retrouvais tous mes camarades [...] de notre réseau de Résistance » : Marcel Gazeau (185636), Adolphe Martin (186025), Roger Daudin (185378), Yves Rivière (186333), Henri Gâteau (185621), Paul Brault

(185163), Maurice Gendron (185644), Jean (186080) et Guy (186079) Mezuret, Alphonse Plault (186244), etc.

Le capitaine de gendarmerie de Riom Maurice Berger et son acolyte Louis Blanchot (185089), arrêtés en uniforme, forment une équipe de gendarmes : « Ce camp fut notre paradis terrestre, écrit ce dernier. Berger y reçut quelques colis qu'il partagea généreusement avec deux gendarmes de sa compagnie et moi-même, car nous avions pu rejoindre une équipe clermontoise dans la baraque 3. [...] Nous couchions côte à côte, partagions les mêmes repas et, durant ces longues journées d'oisiveté, causions du pays. »

Jean Baumel, le résistant de l'Hérault, a lui aussi le plaisir de revoir ses amis : « Je retrouvai quelques-uns de mes camarades de Montpellier, Dan, Audigé [184973], Houel [185756], Paloc [186163], Molinier [186095], Polverel [186253] [...]. Vincent Badie, déjà ancien dans le camp, fit pour moi tout ce qui était en son pouvoir afin d'adoucir ce séjour. Nous pouvions lire, converser, écouter des conférences, aller à la messe et nous promener dans l'immense cour de Royallieu. Je fis la connaissance de nombreuses personnalités françaises, ministres, professeurs, industriels, ainsi que Desnos poète surréaliste. »

« C'est une salade extraordinaire »

Si les journées s'écoulent lentement et que l'angoisse du lendemain plane sur des prisonniers qui ignorent ce à quoi on les destine, discussions et distractions animent le quotidien du camp. Des séances de « culture physique » et d'athlétisme sont organisées.

« Puis après, sauf temps de pluie, parties de football, précise Jean-Claude Stewart (186440), résistant d'origine canadienne. On devait constituer une équipe qui avait belle allure, les joueurs français et une équipe étrangère à majorité d'Espagnols, Tchèques, Yougoslaves. [...] Je faisais partie de l'équipe de France où je retrouvais [Jean] Jonquet, vingt-six fois international militaire, ex-avant-centre à l'ASM [Association sportive montferrandaise], ainsi que Lafarge du Stade clermontois [...]. De l'équipe des étrangers, plus tard, je retrouvais [le Yougoslave] Yvan Tepus [186459]. »

L'instituteur Paul Le Goupil ne fait que regarder les « mordus qui tapaient dans le ballon sur le terrain de foot de la grande place d'armes » car il préfère les cartes, ce qui lui vaut des rations supplémentaires de nourriture : « J'étais un bon joueur de bridge, précise-t-il, et les partenaires à ce jeu étaient très recherchés. » La concentration d'intellectuels et de grands esprits, ainsi que l'existence d'une « très bonne bibliothèque », selon Le Goupil, permettent aussi de s'informer et de se cultiver.

« Un groupe de personnalités importantes, l'élite du niveau culturel de Compiègne, rapporte le maçon Jean-Claude Stewart, avait créé une sorte de jury, appelé “Club des incollables”, qui devait répondre aux questions posées par l'assistance sur des noms inusités d'objets ou d'outils. Si on collait le club, un paquet de tabac était gagné, fourni par don par ceux qui ne fumaient pas. En avril 1944, ce jury était composé de : [...] Alfred Smoular [186416], professeur au musée de l'Homme ; le colonel Cahuzac, commandant de la base aérienne de Tours ; le colonel Badel [184985] de l'état-major de Clermont-Ferrand ; le capitaine Fayolle [185542] [...] ; le père Tanguy, recteur de Pont-Aven ; le commandant Fontfrede, de la gendarmerie de Clermont-Ferrand ; Robert Desnos, le poète, Paris ; [Naves], professeur de la faculté de lettres de Toulouse ; André Boulloche, ingénieur, futur ministre ; François Beaudoin, député de Château-Salins [...]. »

Pierre Mallez, l'étudiant parisien, profite de son voisinage : « Le comte de Vogüé et Paul Chandon [Moët], qui partagent notre “hôtel”, nous font un jour une conférence sur le champagne et sur la fabrication du bouchon », raconte-t-il.

Raymond Naves, le spécialiste de Voltaire, donne plusieurs cours auxquels le journaliste Rémy Roure assiste : « Le charmant Raymond Naves, se souvient-il, professeur à la faculté de Toulouse, nous parlait de *La Chartreuse de Parme*. Ce brillant professeur, si modeste et si fin, contribuait à maintenir dans ces moments de dépression morale cette vie de l'esprit qui est la plus haute des consolations. »

Quand il n'y a pas de conférence, on échange et débat : « Nous prenons des contacts avec d'autres détenus, rapporte

Michel Domenech : Robert Desnos, un poète surréaliste dont je n'avais, à ma grande honte, jamais entendu parler ; Jean-Baptiste Biaggi, avocat parisien (et corse), véritable tribun que j'entends encore déclamer de sa voix de bronze *La Cavale* d'un poète du XIXe (Barbier). »

« Pour tuer le temps, Jacques Zahm, Bernard Even et d'autres suivent assidûment les cours d'anglais dispensés chaque matin par le commandant Canot [185217] aux anciens scouts que Pierre Eudes [185534] a regroupés », note André Bessière. Ce dernier se souvient aussi du théâtre et des spectacles animés par « un orchestre cubain formé d'Espagnols de l'ex-armée républicaine tirant admirablement parti des boîtes de conserve vides leur servant d'instruments. »

Compiègne est pour ceux qui ont connu l'isolement et le secret un moment de retour à la vie. Outre les contacts à l'intérieur du camp, les relations sont souvent rétablies avec l'extérieur. Même s'il y a beaucoup d'incertitudes et d'arbitraire, de pertes et de blocages, les internés reçoivent des colis de leurs proches. Certains se débrouillent pour, à l'insu des autorités qui le leur interdisent, envoyer des nouvelles.

« Le 4 avril 1944 quelqu'un nous demande si nous voulons faire parvenir un message à nos familles, rapporte le jeune Pierre Mallez. Je saute sur l'occasion. On me remet une petite bande de papier pelure sur laquelle j'écris le plus petit possible mon message aux Crancée qui transmettront aux parents. Je réclame vivres et vêtements à me remettre à Royallieu. En principe on pourrait recevoir un colis tous les quinze jours. Le message est bien parvenu car le 13 avril je reçois un colis de vivres. »

« Je reçois très rapidement un colis avec une lettre bien camouflée de ma mère, écrit Michel Domenech. Par divers moyens, je pourrai lui faire obtenir de mes nouvelles. Dans une lettre que je lui adresse, je lui demande de me faire parvenir une paire de chaussures dans la semelle desquelles elle aura fait placer par un cordonnier une lame de scie à métaux. Lettre reçue trop tard ! »

Les sœurs et les parents d'André Boulloche, « dans l'espoir de l'apercevoir une dernière fois » avant son départ pour l'Allemagne, se rendent à Compiègne. « Le lendemain, ils repèrent André dans la cour, voûté à cause de ses blessures. Lorsque André les voit, Christiane tente de lui envoyer une miche de pain avec une lime dissimulée à l'intérieur, mais la Gestapo lui hurle dessus et la repousse. »

Quand il écrit à Youki le 19 avril, Robert Desnos commence par cette phrase qui en dit long sur la difficulté des prisonniers à donner de leurs nouvelles : « Quelle joie d'espérer que ce mot te parviendra. » Le poète y fait assaut d'optimisme : « La santé, le sommeil, l'appétit et le moral sont également excellents. [...] Je suis ici avec des gens très bien et gentils : communistes, gaullistes, royalistes, nobles, paysans. C'est une salade extraordinaire, qui te fera bien rire quand je te la raconterai. » Pourtant Desnos est inquiet. D'abord pour Youki, qui demeure sans ressources. Aussi est-il partagé à la réception des colis – « des merveilles » – qu'elle lui envoie : « Je crains qu'ils ne te coûtent trop cher, glisse-t-il [...]. Dis-toi que nous faisons popote à huit ou neuf et que nous mettons tout en commun, chacun à tour de rôle alimente la cuisine. Le vin est une idée de génie. Mais ils confisquent les médicaments et le papier pour écrire. » Il croit alors encore pouvoir échapper à la déportation : « J'ai coupé au dernier départ et j'espère bien ne pas être du prochain. [...] Le problème est de savoir ce qu'ils vont faire de nous et si je partirai en Allemagne, ajoute-t-il. On parle d'un départ pour la semaine prochaine, mais enfin on ne sait rien et nous sommes très nombreux. »

Desnos fraternise avec les autres prisonniers. Sa réputation de poète célèbre traverse le camp. Beaucoup se montrent curieux de ce personnage aux « grosses lunettes noires confortablement installées sur son long nez pointu », « son teint brun », « ses gros souliers noirs » et « sa vaste pèlerine, noire aussi », tel que le décrit Jean Baumel. Henri Margraff comme André Bessière font sa connaissance. Le premier parle de l'« esprit poétique » d'une « singulière étincelance » qu'il découvre. Le second, jeune lycéen de dix-sept ans, est plus sceptique : « Il m'a déçu, confie-t-il, parce que… il avait un chapeau à large bord, il avait une cape, une cape noire, très français, il avait un costume militaire kaki, et puis il avait des guêtres… Alors là ça faisait suranné comme élégance… Ce qui choquait surtout c'étaient ses lunettes, on avait l'impression qu'il vous regardait au travers de hublots, les yeux tout petits. » Le poète se lance alors pour son auditoire dans le récit d'un rêve : « On me donnait des bols de bouillon […] Eh ben, écoutez, ce n'étaient pas des bols de bouillon. C'étaient des potages qu'on me donnait… C'est en trois syllabes, "potages" : "PO-TA-GES". Inversez : "GES-TA-PO". En fait on me faisait ingurgiter de la Gestapo, j'en avais plein le dos, alors je vomissais la Gestapo. »

Desnos participe à des conférences et aux « Incollables ». Il anime aussi, rapporte Jean Baumel, « des causeries poétiques et nous tint des conversations ardentes et agressives ».

Il prend aussi le temps de s'isoler pour écrire. Ses poèmes l'aident à survivre :

Sol de Compiègne !
Terre grasse et cependant stérile
Terre de silex et de craie
Dans ta chair
Nous marquons l'empreinte de nos semelles
Pour qu'un jour la pluie de printemps
S'y repose comme l'œil d'un oiseau.

Règlements de comptes

Si les interrogatoires et les tortures ne sont pas de mise à Royallieu, les Allemands y font régner une discipline et une surveillance qui empêchent, malgré la foule des prisonniers, toute révolte ou évasion massive.

« Un matin de la fin mars, d'épais brouillards obscurcissent le camp, note François Jacquemin. Les internés qui font leur tour de pelouse habituel sont brusquement forcés de regagner les bâtiments ; on craint des évasions. Mais ce troupeau s'exécute trop lentement au gré des gardiens. Ceux-ci lâchent alors sur nous une vingtaine de chiens policiers spécialement dressés à mordre les prisonniers : panique générale… quelques victimes. »

« La nuit, se souvient Léon Hoebeke, trois camarades furent tués successivement par les soldats postés dans les miradors, qui étaient munis de phares puissants. »

Une autre nuit, ajoute François Jacquemin, « un des nouveaux sort de son bâtiment pour se rendre aux W.-C. Du mirador, une salve de mitrailleuse, guidée par le projecteur, s'abat sur lui : il tombe. Il agonise jusqu'au matin sans qu'on lui porte secours. À l'aube, son fils découvre le corps dans une flaque de sang… »

Le regroupement de milliers d'hommes dans une enceinte fermée engendre également des tensions entre prisonniers : « Il y avait parmi nous malheureusement des mouchards qui étaient placés là par la Gestapo, affirme Léon Hoebeke. [...] Nous étions prudents et, entre nous, avaient circulé ces mots en arrivant : "Méfiez-vous !" "Attention !" "Il y a des mouches !" Plus d'une dizaine furent ainsi suspectés et tenus à l'index... »

Les nazis jetant indifféremment dans les mêmes baraques les résistants et les traîtres qui les ont désignés, « quelques scènes pénibles de règlements de comptes » ont lieu. « Un jour, particulièrement, un agent de la Gestapo, dont les Allemands s'étaient débarrassés, fut reconnu et lynché », raconte Paul Le Goupil. Léon Hoebeke témoigne lui aussi de la chasse aux traîtres et s'en félicite : « Un jour, l'un de ceux-ci nommé [Jacques] Pasquette [186180] fut reconnu par deux frères qui avaient été arrêtés et frappés par lui, de même que leur pauvre mère, écrit-il. Ils se jetèrent sur lui, mais moins brave qu'avec ses amis les Boches, il se sauva et se réfugia dans le baraquement des galeux. Il se croyait à l'abri et s'y enferma... Bien vite, le camp fut en effervescence et ce bâtiment assiégé. Quelques instants plus tard, le chef arrivait pour nous faire évacuer, les gardiens des miradors avaient reçu l'ordre de tirer dans le tas dans quelques minutes si nous assiégions toujours ce vendu. Peu après sortait ce salaud escorté et protégé, mais nos camarades avaient eu le temps de lui casser un bras, de lui sortir un œil de la tête et de lui bosseler les côtes alors qu'il se défendait le couteau à la main. Grillé par nous et méprisé par les Allemands, il devait partir un peu plus tard en convoi et y crever... Justice était faite. »

Jacques Pasquette, ouvrier qui vient de fêter ses dix-huit ans, est un des « dix-sept d'Alfortville », jeunes résistants de la région parisienne arrêtés le 1er mars 1944. Avec lui les frères Dehédin dont Alphonse (185402), trente ans, et Robert (185403), vingt-six ans, Charles Collet (185319), dix-sept ans, Roger Coullomb (185345), dix-huit ans, Roger Delhotal (185418), Roger Laly (185834) et Gérard Dubrai (185524), dix-neuf ans, employé de bureau, lycéen, rédacteur, illustrateurs, télégraphiste. Ils sont tous internés dans le même lieu au même moment et, à l'intérieur de l'enceinte où ils peuvent se déplacer librement, cèdent bien évidemment à la tentation de « régler leurs comptes ».

« Le cas n'est pas unique, rapporte André Bessière. [Michel] Arabeyre [184958], commissaire de police à Louviers [Eure], occupe la même chambrée que son dénonciateur, magistrat réputé de la ville. [...] Quelques jours plus tard, un soir, une rafale crépite. Mains agrippées aux barbelés électrifiés, le procureur d'État s'effondre, la poitrine hachée. Ayant dénoncé ses camarades de réseau sous la simple menace d'être torturé, ceux-ci, le retrouvant à Royallieu, l'avaient mis en quarantaine à l'initiative du commissaire Arabeyre. Ne parvenant pas à dominer sa honte, il s'était volontairement fait abattre par les sentinelles. »

La tension chez les prisonniers est accentuée par l'attente et l'incertitude. Si tous ont saisi que Compiègne n'est qu'une étape avant l'Allemagne, aucun ne sait quelle sera la destination finale ni le sort qui leur sera réservé. Le STO étant dans toutes les têtes, l'idée la plus répandue est celle d'un départ dans les usines nazies. Plusieurs résistants, comme Pierre Beuvelet, se sont entendu signifier, après leur interrogatoire, qu'ils n'étaient épargnés que parce que le Reich avait besoin de bras. Au capitaine Maurice Berger, reclus dans le silence malgré la promesse d'un statut de prisonnier de guerre, le supplétif de la Gestapo Dubois avait lâché : « Puisque vous êtes si bête, vous irez bûcheronner en Forêt-Noire. »

Le cheminot Charles Chambon (185250), résistant de trente-neuf ans, est condamné à mort pour « sabotage d'installations et des transports par chemin de fer ; organisation de sociétés de résistance contre les troupes d'occupation ». Il attend, pendant un mois, d'être exécuté. « Chaque matin, vers 4 heures, un peloton composé d'une trentaine de soldats allemands venait et encadrait les hommes à fusiller, pris un à un dans les cellules. [...] Ma souffrance morale était horrible. » Mais en mars 1944, les Allemands décident de l'épargner pour le déporter.

Quand le jeune Pierre Mallez apprend lui aussi que le « tribunal allemand » chargé de statuer sur son cas a décidé de l'envoyer outre-Rhin, il en est « presque heureux », dit-il. « Je vais enfin sortir de cette sinistre cellule. Aller travailler en Allemagne ! Je pense évidemment au STO. C'est vivre à l'air libre, avoir une activité, être nourri, avoir des camarades ! Pauvre imbécile qui ignore l'existence des camps de concentration. »

« Le 25, nouvel appel en vue du départ, raconte Michel Domenech. [...] Nous pouvons expédier à notre famille les affaires dont nous estimons ne pas avoir besoin : je fais un paquet pour ma mère, j'hésite à y inclure une petite chevalière en or et aussi un pyjama en popeline de soie que j'avais eu la chance de me faire confectionner deux ans auparavant. Je pense qu'il pourra m'être utile en Allemagne. Oh, candeur ! »

Le 25 avril, en effet, les rumeurs de départ enflent. « Le soir, note Jean-Claude Stewart, appel nominatif, j'en suis. » À l'infirmerie, Marcel Paul comme Henri Margraff espèrent que leur état leur vaudra un sursis : « Un médecin militaire allemand passa rapidement et comme prévu avec la liste des malades inscrits, rapporte Henri. Il s'arrêta un instant devant chaque lit pour écouter distraitement les explications de l'infirmier ; il raya juste deux noms », le sien et celui de Marcel Paul.

« J'étais du nombre, confie également Pierre Beuvelet. [...] Nous passâmes la nuit à nous regrouper entre connaissances, à discuter et faire des prévisions sur notre avenir et notre destination future. Il y avait des optimistes qui croyaient être là pour combler les trous du STO (travailleurs libres et rémunérés) et les pessimistes qui s'attendaient aux camps de concentration. »

Henri Margraff parvient à voir sur un papier, en passant à « l'enregistrement », un morceau de mot : « quatre lettres de ce qui pouvait être le nom du camp de destination ». « C'était W.I.T.Z., soit witz. Les noms d'Austerlitz et Sokolnitz me revinrent à l'esprit. D'autres camarades avaient évidemment tenté aussi le déchiffrage, ce qui explique que le bobard – un de plus – se répandit vite que nous allions être expédiés au camp de Bitche, soit donc en Lorraine, et que ce serait un camp de travail comme un autre. Tant par lassitude que par scepticisme, je me gardai de contredire quiconque, encore moins d'expliquer que ce qui se termine par "witz" se situe plutôt en Bohême ou en Silésie. »

Départ

« Le réveil eut lieu [...] à 5 heures le 27 avril 1944, raconte Pierre Beuvelet. Une colonne de 1 670 prisonniers fut formée après la distribution de la tasse d'eau (baptisée café). Et nous partîmes à pied par rangs de cinq nous tenant obligatoirement par le bras. De chaque côté du rang un SS (ils avaient dû mobiliser au moins un régiment), devant la colonne un véhicule blindé avec haut-parleur obligeait les habitants demeurant sur le parcours à fermer portes et volets et les menaçait de représailles en cas de non-observation. »

« La traversée de Compiègne pour rejoindre la gare, en rang, me parut interminable, raconte Paul Le Goupil. [...] Les familles qui avaient pu être prévenues de ce départ se tenaient à plusieurs dizaines de mètres dans des rues perpendiculaires à la nôtre. Le groupe le plus important s'était massé près du pont traversant l'Oise et j'y aperçus un bébé tenu à bout de bras par la mère dans l'espoir que le père le verrait. Certaines veuves me confièrent, après la guerre, qu'elles avaient vu leur mari, ici, pour la dernière fois. »

« En approchant de la ville, sur les trottoirs et derrière ces soldats, des civils dont la densité croît au fur et à mesure que nous nous rapprochons de la gare, rapporte le polytechnicien travaillant à la SNCF Michel Domenech. [...] Je regarde, bien sûr, intensément, aussi bien à gauche qu'à droite, car je pense que ma mère doit faire partie de cette foule. Ma position en tête de groupe fait qu'elle ne pourra manquer de m'apercevoir. Effectivement, en arrivant près de la gare, je la vois, sur la gauche, et j'entends : "Michel". J'ai le temps de lui crier : "Courage". Les gardes qui nous accompagnent ont entendu mais ne nous ont pas repérés. J'apprendrai plus tard que, avisée par le chef de gare de Compiègne, ma mère était déjà venue assister au départ du 6 avril. Elle arrivait la veille au soir, passait la nuit dans le bureau du chef de gare, sur le fauteuil recouvert de velours vert dans lequel, près de deux années plus tôt, j'avais appris les premiers rudiments de mon futur métier… »

Comme d'autres, Jean-Claude Stewart, lui, ne reconnaît personne : « Ma famille n'est pas au courant », dit-il. Il espère profiter du trajet dans les rues de Compiègne pour s'évader. « Quand je vois la gueule du SS qui nous suit, lâche-t-il, je comprends vite : aucune chance. » Aussi, lorsque la gare apparaît, il « broie du noir » : « La colonne arrive sur les quais, on a l'impression que toute la France est rassemblée ici, on parle là tous les patois, les soutanes se frottent aux galons, les chapeaux mous et les casquettes voisinent avec les bérets et les crânes rasés. »

Pour Pierre Mallez et ses amis de Turma-Vengeance, encore « presque satisfaits à l'idée de partir pour une activité quelconque », les déconvenues s'accumulent : « Première déception : ce ne sont pas des wagons voyageurs, mais de vulgaires wagons de marchandises ou de bétail » sur lesquels est indiqué : « 40 hommes 8 chevaux ». « Nous avançons le long du quai, relate-t-il, et remarquons que ces wagons vides n'ont pas de paille pour s'y étendre et que les ouvertures d'aération sont fermées par des planches clouées et du fil de fer barbelé : deuxième déception. […] Nous nous apercevons alors que c'est à cent que nous devons grimper dans le wagon. Dès que le compte y est, la porte est fermée et verrouillée. Nous sommes serrés comme des sardines : troisième déception. »

Le jeune Pierre Eudes tente alors, comme d'autres, de prévenir les siens : « J'ai pu conserver malgré la fouille un morceau de papier, un petit crayon et une pièce de monnaie. J'écris un message à mes parents, ajoute leur adresse et prie la personne qui trouvera ce papier de bien vouloir le leur faire parvenir. J'enveloppe la pièce avec le papier, afin de le lester, et laisse tomber le tout par une fente du parquet ! À la grâce de Dieu ! Miracle, ce message est ramassé et parvient à ma famille. »

De la même façon, Léon Hoebeke écrit sur un bout de papier l'adresse de chez lui et y demande « que l'on veuille bien le faire parvenir à destination pour que l'on soit avisé de [sa] déportation ». Il le fourre dans un bout de pain. « J'ai pu [...], par la lucarne, [l']envoyer à des ouvriers français travaillant sur la voie. » « Un courageux agent de la SNCF », précise-t-il, l'a fait parvenir, « dans une lettre signée de lui avec son adresse », à sa femme.

Robert Desnos rédige sur une feuille de papier à cigarette un dernier message à Youki : « Chérie, mes baisers avant le départ, je pars confiant en toi, rassuré sur ta vie et la conduite des amis. Compte sur moi et mon étoile. Baisers à Lucienne et tous. Baisers à toi. Robert. » Un certain Paul Pierre le fait parvenir à la compagne du poète dans un courrier en date du 11 mai 1944 : « Je suis M. Pierre, écrit-il, 87, rue de Paris à Compiègne qui vous ai téléphoné pour M. Louis, le sous-off allemand. J'ai pu obtenir un mot de votre mari et comme M. Louis ne peut pas aller à Paris, je vous le transmets par cette lettre. »

Le grand voyage

« Quand la lourde porte se referme, note Jean-Claude Stewart, nous sommes cent, debout, serrés, certains embarrassés par leurs paquets, couvertures, pardessus. »

Les courts wagons faits de planches en bois et de structures en métal – 8 mètres de long sur 4 mètres de large – ne sont aérés « que par une petite ouverture, protégée par un enchevêtrement de barbelés ».

« Nous pouvions à peine respirer, il était impossible de s'asseoir, et seul l'espoir d'un très court voyage nous permettait de ne pas désespérer, rapporte Jean Baumel. Très vite, la chaleur devint intolérable et nous n'eûmes jamais d'eau à boire. Arrivés en Lorraine, nos latrines, un grand bidon par wagon – tous n'en possédaient d'ailleurs pas – se trouvèrent remplies jusqu'au bord. Déjà les évanouissements se répétaient et il devenait indispensable de transporter les malades vers les lucarnes afin de les empêcher de mourir, nos jambes vacillaient. Lorsque nous franchîmes le Rhin, les corps en sueur tombaient les uns sur les autres, les pires instincts commençaient à se révéler. »

Ceux qui avaient espéré, en découvrant les moyens de transport, un périple court et rapide vers la Lorraine en sont pour leurs frais. L'entassement, le manque d'aération et d'hygiène, de ravitaillement et d'eau ne sont que les reflets du traitement que les 1 670 hommes partis de Compiègne le 27 avril vont se voir infliger.

« Dans la journée, chacun se recroquevillant le plus possible, il était maintenu une certaine discipline, explique Paul Le Goupil, mais la nuit, dans le noir, les corps se détendaient et cet entrelacement de jambes, de bras tentaculaires qui cherchaient à se déployer était cauchemardesque : certains s'allongeaient en dormant et il fallait déplacer des dizaines de membres pour ne pas être étouffé ou écrasé. »

Le voyage s'éternise. Après une première journée puis une première nuit, passe une deuxième journée puis une deuxième nuit. « Dans l'odeur infecte de la tinette, dans la chaleur montante d'un ciel sans nuages, dans la soif et la peur, le train d'enfer remontait vers Trèves, Coblence, poursuit Paul Le Goupil. Nous avions, pour la plupart, retiré vestons, pulls, chemises. Certains, ravagés par la soif, léchaient déjà les boulons du wagon où s'était condensée un peu de buée. En réalité, ces boulons n'étaient luisants que de la salive du lécheur précédent. »

Dans les wagons à bestiaux qui traversent la France puis l'Allemagne, quelques voix parviennent, ici ou là, à instaurer un semblant d'organisation. L'abbé Louis Poutrain et le communiste Marcel Paul imposent dans le leur un partage qui permet, « grâce à un bon vouloir unanime », à chacun de s'asseoir malgré le manque de place. On protège les plus faibles qui pourraient mourir écrasés ou étouffés : André Boulloche, encore affaibli par ses blessures dues à son arrestation, est entouré par son adjoint dans la Résistance, Ernest Gimpel, et par Gilbert Farges (185538), un ingénieur au physique de rugbyman, originaire de Bergerac, auquel il s'est lié lors de son incarcération à Fresnes. Marcel Paul, convalescent, bénéficie du soutien physique et moral de son camarade Serge Saudmont. Quand il a découvert le train de marchandises qui les attendait en gare de Compiègne, le chef communiste a eu, en effet, « un moment de découragement » : « Je savais que nous ne pourrions plus nous évader. » Or il se doute, lui, de ce que signifient les quatre lettres WITZ découvertes par Henri Margraff : « On savait qu'on allait à Auschwitz, explique-t-il, et le bruit avait couru qu'Auschwitz c'était la destruction généralisée, immédiate. »

Paul Le Goupil se retrouve à côté du prêtre Joseph Tanguy de Pont-Aven. « Sa respiration était de plus en plus difficile mais au lieu de se reposer, écrit-il, il essayait de convertir notre petit groupe d'athées. Il ne comprenait pas que, devant la beauté de la nature, les oiseaux, les fleurs, les papillons... on ne puisse croire en un Créateur. Il répétait comme dans un souffle : "Qui a créé cette vie, si ce n'est Dieu ?" Nous lui répondions horreur là où il ne voyait que beauté [...] : "Ce cauchemar que nous vivons, est-ce aussi une création de Dieu ?" »

Ceux qui, comme Jean Cueff dit Bennett ou Henri Margraff, sont considérés comme malades ou invalides ont été placés en queue du train. Léon Hoebeke, « ayant amplifié une vieille blessure », voyage avec eux dans ce qu'il nomme le « wagon sanitaire » « quoiqu'il fût comme les autres » bien qu'un peu moins rempli. Il y retrouve Yvon Bernard (185064), unijambiste « très sympathique » qui cache dans sa jambe de bois argent et objets. Il se frotte à un « nommé Cazeaux » (185241) qui « s'était improvisé docteur et faisait la loi parmi nous. À sa façon d'agir, surtout pour la distribution d'eau qu'il réclamait pour ses patients, nous devions découvrir le dernier jour seulement qu'il s'avantageait à leurs dépens et qu'il n'était pas médecin ».

Au fil du voyage qui s'éternise et des conditions de transport qui, par manque d'eau, d'air, d'espace, de nourriture, de lumière, d'hygiène, deviennent de plus en plus épouvantables, l'ambiance se fait plus âpre. « Il y a déjà un mort, note Jean-Claude Stewart, un vieux dans la nuit, un autre agonise, personne ne semble se soucier d'eux, sinon de placer le mort au fond, près de la tinette. Sur ce fumier, l'égoïsme se développe à une vitesse déconcertante. »

De fortes tensions émergent et des bagarres ont lieu. Stewart lui-même joue du coup de poing pour amener un peu d'ordre. Alors que les Allemands ont averti qu'en cas d'évasion, de terribles représailles s'abattraient, les déportés se divisent entre ceux qui veulent tout tenter pour en sortir et ceux qui jugent plus sage de rester obéissants. Les soldats de l'ombre insérés dans des réseaux combattants et informés de ce qu'il se passe en Allemagne sont bien décidés à forcer le destin pendant que les réfractaires au STO, les « pris au hasard », les résistants individuels sont réticents, persuadés que quelques mois de travail en Allemagne ne valent pas la peine de faire courir des risques inutiles à eux, aux autres et à leur famille.

Pierre Mussetta (186120), alias « Pierrot », un Italien naturalisé français qui a passé plusieurs années dans la Légion étrangère avant de devenir chaudronnier en Lorraine, n'a pas l'intention de rester inactif. Ayant rejoint le mouvement clandestin Combat pendant la guerre, il en est devenu un chef de commando, agissant les armes à la main. Il a dirigé l'équipe qui, en janvier 1944, a tenté dans les locaux mêmes du palais de justice de Paris de faire évader l'un des chefs de la Résistance, Jean-Pierre Lévy. En février il a mené, cette fois avec succès, le groupe qui a libéré une autre personnalité du combat clandestin, Yvette Baumann, à l'hôpital de Blois. Mais ses hommes et lui ont été victimes d'une panne d'essence et ont été repérés. Pierre a été arrêté avec son second, Guy Martin (186029), mais n'a pas renoncé à la lutte. À Compiègne, il est parvenu malgré la fouille à monter dans le train muni d'un « superbe couteau de chasse » avec lequel sans perdre de temps il attaque, rapporte Jean-Claude Stewart, « la paroi du fond ».

Les hommes se relaient. « Les copeaux volaient, on taillait un carré de 40 x 40 », précise Stewart. Mais très vite, ils sont pris à partie : « Un groupe de vieux et de moins âgés nous insulte, nous traite de salauds. "Vous êtes jeunes, vous allez partir, mais nous on reste, on va nous prendre en otages, nous risquons d'être fusillés pour donner l'exemple aux autres wagons." » Pierre Mussetta finit par céder : « On ne va tout de même pas se battre entre Français ! »

Dès Compiègne, le jeune Henri Margraff avait remarqué l'attitude divergente entre résistants en quête d'évasion et « raflés » soucieux d'éviter les sanctions. Ainsi tout un groupe d'habitants de Saint-Claude (Jura), arrêtés sans discernement après un sabotage, a-t-il refusé de saisir l'opportunité qui lui était offerte lors d'une corvée : « Seules deux sentinelles les accompagnaient, rapporte Margraff. C'étaient des auxiliaires ukrainiens, peut-être incorporés de force mais qui en tout cas, ô surprise, désertèrent ! Eh bien, pas un seul du groupe de Saint-Claude n'en profita pour s'enfuir. Ils rentrèrent tous en rangs constitués, se présentèrent sans gardien au portail du camp où le poste de garde ne voulut même pas d'abord les laisser entrer. Nous en avions honte pour eux. Je ne sais combien devaient décéder en déportation mais je sais que les survivants se virent refuser le titre de déporté-résistant. »

Dans la plupart des wagons se fait jour une opposition similaire. Michel Domenech, embarqué avec son copain de Polytechnique Robert Lateulade, vit la même scène que Jean-Claude Stewart avec Pierre Mussetta. « Lateulade dispose d'une lame de scie à métaux et d'un couteau, raconte-t-il. Comment avait-il réussi à les passer malgré la fouille d'avant le départ ? Mystère ! Toujours est-il qu'il commence à attaquer la partie arrière du wagon avec son couteau. Tout à coup, quelqu'un s'écrie : "Ils veulent s'évader !" Devant l'hostilité quasi générale, force nous est de renoncer à ce projet. »

Dans le wagon de François Jacquemin, les choses sont plus avancées. En gare de Compiègne, un cheminot leur a indiqué, par « l'unique lucarne coupée de barbelés » : « Les mécaniciens observeront des ralentissements pour vous faciliter le travail. » « Sans perdre de temps, explique-t-il, nous découpons un panneau de 50 x 50 à chaque extrémité, ne laissant qu'une mince épaisseur de bois, juste de quoi tromper l'œil de nos gardiens, et suffisamment fine pour céder à un coup d'épaule. Le travail est ensuite recouvert de mie de pain colorée à l'image de la paroi avec de la poussière et des pruneaux. L'évasion est prête ; nous attendons la nuit pour ouvrir, passer sur les tampons et sauter sur le ballast. Soissons... Reims... Verdun... [...] La nuit tombe, nous approchons de Metz. Rapidement l'équipe s'habille ; on se protège la tête et les mains avec des écharpes. L'ordre de priorité est établi : je saute le troisième. Un arrêt... [...] Profitant de cette halte, un groupe du wagon, par la lucarne, signale en allemand aux SS : "Je vous préviens qu'il y a dans le wagon un groupe prêt à s'évader. Muni d'outils, il a déjà travaillé." Les SS exigent qu'on leur passe les outils par la fenêtre. (Quelques dégonflés s'exécutent.) Ils nous disent qu'à Metz-Pagny, ils ouvriront le wagon. Jusque-là, ils placent une sentinelle armée sur chacun des tampons. Le train s'ébranle à nouveau, une bagarre surgit ; nous "corrigeons" les délateurs. L'évasion est définitivement compromise. »

Le voyage se poursuit de gare en gare avec des arrêts qui, à la grande déception des transportés, n'apportent ni ravitaillement ni espoir. « Sur le quai, des voyageurs et aussi de nombreuses infirmières de la Croix-Rouge allemande, dans leurs robes à fines rayures bleues et blanches, affirme Michel Domenech. Nous appelons : “*Wasser, wasser, bitte !*” [De l'eau, de l'eau, s'il vous plaît !] Personne ne jette le moindre regard sur nous... Nous entendons les portes du wagon voisin s'ouvrir : enfin nous allons avoir de l'eau ! Quelle erreur est la nôtre ! Aussitôt la porte ouverte, des mitraillettes sont braquées sur nous. »

Les SS se contentent de recompter les prisonniers et le train repart.

« Dans la matinée du troisième jour, le train s'arrête à Apolda, rapporte Pierre Mallez. Longue attente. Soudain nous entendons les portes des wagons s'ouvrir, des hurlements gutturaux où dominent les “*Schnell !*”, “*Mensch !*”. [...] Notre porte s'ouvre enfin et l'ordre de descendre, sans nos affaires, nous est donné... toujours de façon aussi inamicale ! Tant bien que mal nous sautons sur le quai malgré nos membres ankylosés. Nous voyons alors les camarades du wagon précédent qui remontent dans leur wagon. Ils viennent d'un robinet d'eau où nous sommes amenés à notre tour. Fort gracieusement – “*Schnell ! Los ! Mensch !*” On nous fait boire un quart de flotte. Quel délice ! Quel réconfort ! Cette promenade et cette eau sont un régal. Ça ne dure pas longtemps, nous sommes vite recadenassés dans notre wagon – qui a heureusement été rafraîchi, lui aussi, par sa porte grande ouverte. Du coup nous sommes redevenus plus bavards. Nous échangeons nos impressions. Où sommes-nous ? Où est Apolda ? Après Weimar ! On avait parlé d'un camp de travail à proximité de Weimar. On ne nous y amène pas ! Où va-t-on alors ? Évidemment, il n'y a pas de réponse, puisque nous ne connaissons pas l'univers concentrationnaire nazi. »

« Nous continuons notre voyage vers l'est, indique Pierre Beuvelet, et passons en gare de Dresde puis Görlitz. Pas de doute, si nous continuons, nous passons en Pologne. Effectivement c'est Breslau et plus loin Katovice et ses kilomètres d'usines. »

« Le quatrième jour, la traversée de la Silésie fut terrible à cause de la soif, se souvient Paul Le Goupil. Certains, devenus fous, buvaient leur urine, ou se ruaient vers la lucarne, écrasant membres et visages sur leur passage ; il fallut les assommer. »

« Nous étouffons de plus en plus et nous sombrons tous plus ou moins dans la folie, confirme Pierre Mallez. Certains délirent complètement. Je me suis affalé le long de la porte opposée à celle par laquelle nous sommes entrés. Un filet d'air pénètre le long de la paroi, il me permet de ne pas sombrer complètement dans la folie. Je ne ressens plus rien. »

Auschwitz

Le dimanche 30 avril en fin d'après-midi, après quatre jours et trois nuits de voyage, le train s'immobilise.

« Le convoi s'arrêta enfin, se souvient Jacques L'Hoste (185950), jeune résistant du réseau Turma-Vengeance. On ouvrit nos portes. Nos nouveaux bourreaux beuglaient des ordres menaçants. Le sol était couvert de neige. "*Heraus ! Heraus !*" Nous descendîmes en pleine campagne, reçus par des coups de feu et des coups de schlague distribués joyeusement par le comité d'accueil de cette nouvelle station. [...] Nous étions à Auschwitz-Birkenau, patrie de l'horreur. »

Pour beaucoup le nom d'Auschwitz n'évoque encore rien. Pour d'autres, mieux informés, il est déjà synonyme d'effroi. Dans l'esprit de Paul Le Goupil et d'autres militants de son parti, il est associé à la disparition d'une personnalité communiste, Danielle Casanova : « Je me récitai, comme une comptine, confie-t-il, le texte d'un tract que le FPJ avait distribué peu de temps avant mon arrestation : "Danielle Casanova est morte à Auschwitz... Danielle Casanova est morte à Auschwitz..." »

Michel Domenech apprend par un de ses camarades d'infortune que ce camp a été évoqué à la radio de Londres et qu'il est synonyme de terreur.

L'accueil les plonge un peu plus dans la stupeur. Ils sont jetés, sans ménagement, dans l'univers concentrationnaire. SS « féroces », chiens menaçants, silhouettes faméliques de déportés en tenue rayée, cris et hurlements, coups et exécutions sommaires. Un des convoyés, le résistant Louis Boverie, perd la tête. « J'aperçois, se souvient Pierre Eudes, plus en avant, un homme surexcité, en colère, vêtu d'un pardessus couleur jaune, hurlant et ponctuant ses paroles de gestes désordonnés, puis il enfourche une moto militaire rangée à quelques mètres de lui. Je le reconnais, c'est Louis Boverie. [...] Il fait le geste d'ouvrir sa poitrine et, s'adressant à un SS armé, lui ordonne de tirer s'il en a le courage. Le malheureux est alors abattu d'une rafale, puis une deuxième parfait l'exécution. » Sous les yeux de tous, son corps est ensuite traîné sur le quai puis chargé sur « une sorte de tombereau », « avec des bagages », « direction les fours crématoires ».

Le père Tanguy, recteur de Pont-Aven, « qui était parti en soutane, fut aussitôt repéré par les SS et l'un d'eux, rapporte le résistant brestois Jean Moulinet (186112), lui ayant asséné un coup de crosse sur la tête, l'envoya rouler dans la neige. Je le verrai toujours s'arc-boutant sur ses bras et dressant sa pauvre tête ensanglantée, cracher littéralement à la face du Boche : "Vive la France quand même..." »

En même temps qu'ils découvrent l'immense camp, les nouveaux arrivants sont informés par les déportés qu'ils croisent de ce qu'il s'y passe.

La solution finale.

Un Polonais chargé d'enregistrer les arrivées révèle ainsi à Paul Le Goupil que « dans ce camp, les SS asphyxient les Juifs par convois entiers dans des chambres à gaz contiguës aux crématoires où les corps [sont] ensuite brûlés ».

Pierre Mallez l'apprend par une jeune Tchèque qui a déjà perdu son frère et ses grands-parents. D'autres le comprennent, sans qu'on ait à leur dire, à la vision des hautes cheminées tournant à plein régime et empoisonnant l'air d'une odeur âcre.

« Au-delà de la fatigue, de la faim, de la soif et du froid, domina dès ces instants, raconte Henri Margraff, chez ceux encore lucides, un sentiment d'horreur : la perception qu'ici on tuait massivement. » Le jeune homme entend des plaintes provenant de derrière une palissade. « Le bruit de voix, de cris, me parvint, depuis l'autre côté de la clôture ; de longs hurlements perçaient au-delà de gémissements de foule, écrit-il. [...] Ma conviction était acquise : il y avait de l'autre côté des gens placés devant l'épouvante de leur mort. La batterie des cheminées crachantes et leur odeur tenace, les cris désespérés d'en face impliquaient nécessairement qu'ici, je me le répétai, on tuait massivement. »

Très vite, beaucoup assistent aux assassinats. « Pendant les temps où nous étions dehors, rapporte Pierre Beuvelet, nous avions l'occasion de voir des convois entiers, vidant des familles de Juifs hongrois [...]. Les bagages restaient seuls sur le quai tandis que le troupeau humain disparaissait dans la grande bâtisse en béton de la chambre à gaz. On ne revoyait plus ces pauvres gens, tandis qu'un kommando dit "Kanada" s'occupait de trier et de faire disparaître les bagages dans un autre grand block [...]. Pendant ces huit jours où nous restâmes là, nous pûmes compter environ quatre convois par jour, ce qui fait environ 5 000 personnes qui partaient en fumée chaque jour. »

Dès leur arrivée, les 1 670 hommes venus de Compiègne sont dirigés vers Auschwitz-Birkenau, construit après le premier camp d'Auschwitz et voué à l'extermination des Juifs.

« Nous longeons des barbelés, électrifiés, sur deux rangées, se remémore Jean-Claude Stewart, comportant entre elles un chemin de ronde de 2 à 3 mètres de large par où se font des rondes fréquentes, accompagnées de chiens. [...] Après une longue et pénible marche, nous pénétrons dans Birkenau, par une porte latérale, dans la partie du camp appelée Canada. » Un bâtiment en dur, « la réception », quelques baraques en bois et « deux des quatre "crématoires", chacun flanqué de part et d'autre de ses deux chambres à gaz ».

À la découverte stupéfiante des crimes de masse s'ajoute, pour les nouveaux déportés, le tragique de leur propre situation. Traînés dans le décor sinistre de l'usine à mort où survivent des « ombres rayées » maigres et tondues, traités comme les bêtes d'un troupeau, ils sont déshabillés, palpés, « fouillés » dans les parties les plus intimes, rasés, humiliés et battus.

« Nous passons [...] à la queue leu leu devant la table, poursuit Jean-Claude Stewart, où une valise reçoit papiers d'identité et portefeuilles, une deuxième valise recevant l'argent, la monnaie et les billets, la troisième les bijoux, bagues, chevalières et alliances, stylos, montres. »

Pierre Mallez parvient à dissimuler l'alliance de son camarade de Compiègne, Édouard Levillain (185946), « un Breton d'une trentaine d'années », dans son étui à lunettes. Léon Hoebeke cache lui une bague, une alliance et une chevalière en or ainsi qu'une « épingle de cravate composée d'une perle fine montée sur or, une montre-bracelet en or (chronomètre suisse) » dans la jambe de bois de son compère Yvon Bernard.

Puis, « entassés nus », c'est l'attente « pour nous tondre le crâne – à double zéro – tandis que plusieurs Polonais du kommando, assis sur des tabourets, raconte Henri Margraff, rasaient rudimentairement, presque à sec, les poils des aisselles et du pubis, raclant la peau souvent jusqu'au sang. Je vois encore l'abbé Poutrain, mortifié dans sa pudeur, n'oser passer à son tour. Il a fallu que je le prenne par la main pour le conduire au tabouret sans être violenté et quand il s'en releva, il dit simplement : "Mes pauvres amis, comme je vous plains." »

Ensuite vient la douche. « Les Polonais qui ramassent nos vêtements pour les enfourner dans les étuves nous préviennent fort aimablement que ce n'est pas à la salle de douche que nous allons entrer mais à la chambre à gaz, rapporte Pierre Mallez. Michel Foulon, non encore remis de la folie consécutive au voyage, ne veut plus avancer. Il ne veut pas passer à la chambre à gaz. Il ne veut pas mourir. »

Après la douche, on remet aux prisonniers leur tenue qui, dit Pierre Mallez, leur donne l'air de « clochards » : « Une liquette, un pantalon dont les côtés des jambes ont été découpés pour y coudre ensuite un carré de tissu rayé, même chose pour la veste découpée dans le dos (la doublure de la veste a été complètement arrachée, probablement par les utilisateurs précédents pour faire des mouchoirs, morceau après morceau), une paire de sabots et comme couvre-chef une espèce de béret en tissu rayé bleu pâle et gris clair, la *Mütze*. »

Les hommes sont ensuite entassés dans les « baraques en bois, sans fenêtres, précise Paul Le Goupil. [...] Il n'y avait ni paillasse, ni lit, ni table, ni siège, ni plancher ; rien que de la terre battue à l'humidité suspecte ».

Des marmites « de soupe épaisse à base de graines indéfinissables », se souvient Pierre Mallez, constituent le repas. « Une gamelle par marmite et une cuiller de bois. Nous défilons un par un devant la marmite, engloutissons ce que nous pouvons et passons l'écuelle au suivant. C'est sinistre, dégueulasse, mais ça fait du bien. »

Pour ce qui est des commodités : « Régulièrement nous sommes emmenés dans un immense hall pour faire nos besoins et notre toilette. Au centre une longue cuvette en béton séparée en son milieu par un rondin à 50 centimètres au-dessus, servant d'appui pour le dos des détenus accroupis pour leurs besoins. Sur le pourtour, des cuves avec robinets d'eau froide pour les ablutions. Pas de serviette, pas de papier. Seul le vent pour se sécher et ses propres vêtements. »

La découverte des assassinats massifs pratiqués dans les chambres à gaz et le traitement dont ils sont victimes laissent penser à beaucoup qu'ils vont connaître un sort similaire. Certains tentent, malgré les risques de représailles, de rappeler à ceux qui les gardent qu'ils sont des « pleins Aryens (*Vollaryer, sic*) ». Henri Margraff, Alsacien maîtrisant parfaitement l'allemand, le dit à un sous-officier SS qui lui répond : « Vous venez de France et vous êtes un convoi de Juifs. » Ce à quoi le jeune résistant rétorque : « Il n'y a pas un seul Juif dans tout ce convoi, [...] et il est impensable que nous soyons traités en Juifs. »

Beaucoup croient qu'ils ont été acheminés à Auschwitz par erreur. Tous se questionnent. La rumeur a couru à Compiègne qu'ils formaient le « convoi Pucheu », du nom du ministre de l'Intérieur de Pétain, Pierre Pucheu, parti en Afrique du Nord où il a été arrêté par les Français libres de De Gaulle et fusillé en mars 1944 pour, entre autres, « intelligence avec l'ennemi ». Leur déportation constituerait les représailles allemandes après l'exécution du zélé collaborateur, raison pour laquelle le convoi aurait suivi le même chemin que celui des milliers de Juifs destinés à être gazés.

Certains éléments indiquent cependant que le but des nazis est lié à leur volonté de « recruter » de la main-d'œuvre pour l'effort de guerre. Sur certaines fiches de déportés du convoi figure la mention « Meerschaum », du nom de l'opération mise en place par le dignitaire nazi Heinrich Himmler dès le début de l'année 1943 pour « ramasser » dans l'Europe occupée les milliers de travailleurs dont le Reich a besoin. Un des responsables de l'administration SS, qui gère les camps depuis 1942, Oswald Pohl, explique dans une lettre à Himmler en avril 1942 : « L'internement des prisonniers pour les seules raisons de sécurité, d'éducation ou de prévention n'est plus la condition essentielle ; l'accent est à porter maintenant sur le côté économique. Ce qui est maintenant au premier plan et le devient de plus en plus, c'est la mobilisation de tous les prisonniers capables de travailler. »

La présence dans ce convoi de nombreux hommes jeunes et bien portants et, à l'inverse, de rares personnes âgées ou invalides, semble aller dans ce sens. Plus d'un tiers d'entre eux ont entre seize et vingt-quatre ans, un quart ont entre vingt-cinq et trente-quatre. À l'inverse, les plus de cinquante-cinq ans représentent moins de 3 % de l'ensemble.

Le parcours à Auschwitz des « déportés du 27 avril 1944 » indique qu'il n'est pas prévu de les exterminer, du moins, contrairement aux Juifs hongrois, pas dans l'immédiat. Ils sont enregistrés, interrogés et tatoués, sur l'avant-bras, du numéro de matricule qui leur est attribué : du 184936 (Edmond Ackermann, quarante-huit ans, résistant, huissier à Boulogne) au 186570 (Gaston Zinck, cinquante-six ans, résistant, coiffeur à Épinal).

Le tatouage est signe de survie provisoire. À Paul Le Goupil qui s'inquiète de ce qui les attend, un Juif polonais répond : « Vous, du moment que vous êtes tatoués, vous allez être intégrés au camp dans des kommandos de travail. Comme Aryens, vous pouvez vous en tirer, tandis que nous, Juifs, ils nous enverront là-bas », conclut-il en désignant les crématoires.

Déshabillés, tondus et marqués, les déportés, méconnaissables, perdent toute identité et sont pareils à du bétail. Leur numéro, inscrit de manière indélébile sur leur peau, a une utilité froidement pratique pour les nazis. « Le tatouage systématique des déportés, juifs ou non, qui ont échappé à la mort dans les chambres à gaz car ils avaient été considérés par les SS comme aptes au travail » est institué en février 1943, explique le journaliste Joël Chatreau. « À cause de l'immensité du camp qui, avec ses quarante-sept annexes, finit par s'étendre sur 40 kilomètres carrés, les nazis estiment que c'est le meilleur moyen d'identifier tous les prisonniers, y compris quand ils meurent. »

« Tous les récits de survivants d'Auschwitz racontent, affirme l'historienne Annette Wieviorka, [...] la même histoire : le voyage, l'arrivée sur la rampe, le rituel de l'entrée au camp. Il faut se mettre nu, jeunes et moins jeunes mêlés, puis c'est le rasage, [...] enfin le tatouage sur l'avant-bras gauche. Trois opérations pratiquement synchrones, indissociables, qui effacent l'humanité. »

Nouveau départ

Le doute subsiste pour beaucoup. La crainte d'être gazé continue de hanter les esprits. Les premiers jours de mai passent lentement, dans l'horreur et la torpeur.

« Le 12 mai, un vendredi, se souvient Pierre Mallez, les SS nous rassemblent en dehors des blocks et nous emmènent, sans explication, vers les bâtiments des chambres à gaz et des crématoires. Le temps est couvert et triste, comme nos pensées. Est-ce la dernière étape de notre calvaire ? Arrivés au pied des premiers bâtiments – chambres à gaz et crématoire surmonté d'une immense cheminée – [...] au lieu de tourner à droite vers les chambres à gaz, les SS nous font tourner à gauche vers un train qui nous attend sur le quai – ouf ! »

Pour tous, le départ d'Auschwitz est un énorme soulagement. Il confirme que le camp d'extermination n'était qu'une étape. A-t-il servi de gare de triage, le temps de déterminer où envoyer tous ces travailleurs forcés ? Ou bien était-il la destination finale qu'un contrordre est venu modifier ? Aucune archive ne permet de le déterminer. La politique concentrationnaire nazie, qui mêle alors volonté de punir, d'humilier et d'exterminer et nécessité de trouver de la main-d'œuvre pour éviter la défaite, n'aide pas à y voir clair.

Le soulagement des Tatoués s'accompagne d'un semblant d'optimisme quand ils se retrouvent moins nombreux dans les wagons de marchandises et que les portes restent ouvertes. « Un Hauptsturmführer (capitaine de SS) faisait le va-et-vient le long du ballast, surveillant les opérations, raconte Henri Margraff. Lorsque nous fûmes tous embarqués, à quelque 20 mètres de moi, qui regardais par la porte ouverte, il demanda à haute voix si l'un de nous savait l'allemand ; je me signalai immédiatement. Il m'ordonna, en me vouvoyant, de faire dire aux autres ceci (je cite mot à mot la traduction, restée gravée dans ma mémoire) : "Vous allez maintenant à Buchenwald ; c'est un bon camp (?) que je connais depuis 1939. Vous trouverez aussi du ravitaillement pour le trajet. Mais dites-leur aussi que s'il y en a un qui fait du foin en tentant de s'évader, tous les autres du wagon seront fusillés." »

Le train repart dans l'autre sens, vers l'ouest, quitte la Pologne, traverse une partie de l'Allemagne et s'arrête à Buchenwald, non loin de Weimar. Mais déjà près d'une centaine d'hommes manquent à l'appel. Il y a ceux morts pendant le premier voyage, tel Pierre Coupat, ce Clermontois de soixante-deux ans raflé rue Montlosier et déporté avec son fils ; ceux décédés à l'arrivée, tel Louis Boverie ; ceux considérés comme trop faibles ou inutiles et laissés à Auschwitz tel Jean Cueff dit Bennett ; et il y a ceux que le dur séjour dans le camp d'extermination a achevés après des mois de mauvais traitements, d'internement et de malnutrition.

On ignore quel jour précisément est mort Raymond Naves, le professeur toulousain spécialiste de Voltaire. Probablement le 11, la veille du départ pour Buchenwald. À son camarade du temps de la prison Saint-Michel, André Gairin (185601), qui s'inquiète de le voir incapable de se lever et tente de l'aider, il lâche : « Non, André, inutile. » Son compatriote et ami Sylvain

Dauriac, « soigné » à l'infirmerie du camp, le voit arriver épuisé et défait. Il est, semble-t-il, atteint d'une « angine diphtérique ». Faute de médicaments, le jeune docteur Pierre Maynadier (186061) ne peut rien pour lui.

Victimes d'infection, empoisonnés par l'eau insalubre ou affaiblis par trop de privations, de nuits éprouvantes et d'attente dans le froid, les cadavres s'entassent. Le jeune Yves Le Donche, vingt et un ans, raflé au bal du nouvel an du cap Sizun dans le Finistère, en fait partie.

Buchenwald

Après deux jours de voyage, les déportés tatoués découvrent, avec un semblant d'optimisme, Buchenwald. « Moins brusqués qu'à Auschwitz, à la descente des wagons, raconte François Jacquemin, nous contemplons tout à loisir le camp qui se déroule sur une pente abrupte et, plus bas, la plaine d'Iéna avec ses villages aux toits rouges, ses champs multicolores. C'est le printemps ; la route que nous prenons, bordée d'arbres fruitiers en fleurs et de baraques modèles, aboutit à une "tour" qui est la porte du camp. »

Les déportés ne travaillant pas le dimanche, ils sont nombreux à assister à leur arrivée et, note Paul Le Goupil, rassuré, ils paraissent « en bonne santé, propres, habillés correctement, quelquefois avec des habits civils bien coupés portant dans le dos une croix cousue ou peinte ». Il y a là beaucoup de Français et, parmi eux, beaucoup de résistants qui retrouvent leurs camarades. Paul a la joie de tomber sur un collègue instituteur de Rouen.

Mais le protocole est le même qu'à Auschwitz : « rasage de poils, passage dans un bain désinfectant, y compris la tête qu'un cerbère me maintint dans le liquide pendant d'interminables secondes, raconte-t-il. […] Puis je dus m'habiller de nouvelles défroques ».

Les hommes reçoivent un nouveau matricule. Il n'est, cette fois, pas tatoué sur leur peau mais cousu sur leur vêtement au-dessous d'un triangle rouge à l'intérieur duquel figure un F pour « Français ». Les nazis classent en effet les déportés par « triangle » : vert pour les « droit commun », rose pour les homosexuels, violet pour les objecteurs de conscience, rouge pour les politiques, etc. Un paradoxe de plus puisque, si tous les hommes du convoi du 27 avril sont, avec leur triangle écarlate, considérés comme « politiques », beaucoup sont des « raflés », ni résistants ni militants.

Soumis à une quarantaine, ils sont internés provisoirement dans « le petit camp ». L'optimisme de l'arrivée en prend un coup : « Notre déception est grande, témoigne François Jacquemin. [...] Nous couchons sur des châlits de trois étages, dix hommes par étage. Peu de sommeil ; deux heures d'appel matin et soir, des piqûres journalières, des corvées fréquentes. »

La quarantaine est occupée à préparer l'après et l'affectation de chacun des déportés. L'enjeu est considérable. Certains camps, comme celui de Dora – et son usine souterraine –, sont réputés particulièrement meurtriers pour ceux qui y travaillent quand d'autres, comme le « grand camp » de Buchenwald, passent pour être moins durs. Les nouveaux arrivants en sont vite informés : leur survie dépend de l'endroit où ils vont être envoyés.

Le métier déclaré par les prisonniers décide pour beaucoup de leur affectation, mais l'administration qui en est chargée a un rôle prépondérant. Les Allemands l'ont déléguée aux déportés. « Buchenwald, comme tous les autres camps de concentration, explique Paul Le Goupil, était entièrement administré par les détenus. [...] Cette organisation permettait aux SS de gérer une véritable ville de plusieurs milliers de détenus avec quelques centaines de militaires seulement. Les SS venaient rarement inspecter le camp, se contentant de donner des ordres à cette armée de cadres et d'employés d'autant plus docile qu'elle tenait à conserver les places et avantages qui y étaient attachés. »

Consigne est donnée à ceux qui arrivent de ne pas forcément déclarer leur profession véritable. À Paul Le Goupil, son ami de Rouen présent depuis des mois précise que « tous les intellectuels, instituteurs ou cols blancs » sont systématiquement envoyés dans « les kommandos de carrière ou de creusement de tunnels ». Il lui conseille de se dire tailleur afin de le rejoindre dans l'atelier où il est affecté : « un travail assis et à l'abri ».

À l'abbé Poutrain, avec qui il a sympathisé, Marcel Paul suggère de se dire serrurier « grâce à quoi [il] resterait à Buchenwald » où il serait beaucoup mieux traité qu'ailleurs. L'organisation interne du camp, aux mains des prisonniers, est alors dirigée par les communistes allemands qui tendent à favoriser lors des affectations, quand ils le peuvent, leurs camarades de parti et leurs compatriotes. L'arrivée de Marcel Paul, un des principaux dirigeants du PCF clandestin, modifie le rapport de force. Les communistes allemands sont tenus de lui faire une place. L'organisation – internationale – est en effet très organisée, réglementée et hiérarchisée. Elle envoie du reste, durant la quarantaine, des émissaires pour connaître les fonctions de chacun au sein du Parti et de la Résistance. Les plus engagés et les plus méritants doivent être favorisés. Bourgeois, patrons, ecclésiastiques sont mal vus.

Dans la pratique, la maîtrise des affectations appartient aux détenus travaillant à l'Arbeitsstatistik, le « bureau de placement », chargé par les SS d'établir les listes. Une fois celles-ci faites, les « affectés », « s'ils connaissaient quelqu'un de bien placé [dans le camp] ou s'ils faisaient partie d'une organisation, affirme Paul Le Goupil, avertissaient très rapidement leur correspondant ; celui-ci alertait un des camarades travaillant à l'Arbeitsstatistik qui pouvait alors permuter les fiches, rayer le nom du réclamant et le remplacer par un autre ».

Le nombre d'intervenants et d'intermédiaires, les centaines de noms composant les listes rendent le processus aléatoire. Seuls les hauts responsables sont à l'abri. Paul Le Goupil parvient, grâce à l'initiative personnelle de son ami de Rouen, à rejoindre l'atelier de tailleur, ce qui lui vaut les reproches de ses camarades communistes qui l'accusent d'avoir court-circuité le Parti et d'avoir pris la place d'un plus méritant que lui. À l'inverse, son chef dans la Résistance, André Defrance, ne parvient pas à rester au « grand camp » et est affecté à Flossenbürg. Il en conçoit une « certaine amertume », précise Paul, car « il était, lors de son arrestation, le délégué militaire de tout le Sud-Ouest [...] et il avait à son actif l'attentat du Cinédit, le plus meurtrier de toute la Résistance en Normandie ».

Jean-Claude Stewart, qui n'est pourtant ni communiste ni responsable dans la Résistance et se déclare maçon, reste à Buchenwald tout comme les jeunes Pierre Mallez et François Jacquemin, l'un se disant étudiant, l'autre employé. Ces deux derniers sont des membres de Turma-Vengeance. Le fondateur et chef du réseau, le docteur Vic Dupont, est là depuis janvier 1944 et, confie Pierre Mallez, « a ses entrées à l'Arbeitsstatistik comme chef de réseau de Résistance ». Il parvient à garder beaucoup de ses hommes dans le camp. Sur les dix camarades de Turma issus du convoi du 27 avril que Pierre Mallez retrouve au cours de la quarantaine, deux seulement vont partir vers une autre destination.

Le rôle de l'Arbeitsstatistik et de ses membres – Daniel Anker notamment pour les Français, ou le futur écrivain Jorge

Semprun pour les Espagnols – ainsi que celui de Marcel Paul et du PCF laissent un goût amer à ceux qui sont affectés dans les « mauvais camps ». Difficile d'admettre de partir dans un enfer inconnu quand son voisin, parce qu'il est affilié au bon parti, est promis à un sort moins cruel. L'organisation communiste française, si elle est bien structurée et relativement efficace, ne peut cependant pas tout. Les SS imposent le nombre d'hommes dont ils ont besoin dans tel ou tel camp et s'y tiennent. Marcel Paul, attaqué après-guerre, fera valoir que son arrivée à Buchenwald aura permis aux Français d'être mieux protégés. Sa présence ira de pair, semble-t-il, avec une diminution notable de compatriotes envoyés à Dora.

Georges Despaux, le petit escroc collabo de Bayonne, handicapé par les séquelles d'une poliomyélite enfantine, reste à Buchenwald quand Pierre Kaan, le proche collaborateur de Jean Moulin, se déclarant « professeur », est envoyé dans un kommando à Tröglitz, à 100 kilomètres à l'est, « chargé de la production de carburant synthétique pour la firme Brabag-Zeit mais également de la construction d'infrastructures ». André Boulloche, délégué du général de Gaulle à Paris, enregistré comme « ingénieur des Ponts », part à Flossenbürg avec son adjoint Ernest Gimpel, recensé comme « décorateur ». Henri Boulanger, chef des Diables noirs, menuisier, les rejoint quand son frère Raoul, avec le même profil, reste à Buchenwald, tout comme le père Chalmey qui malgré les consignes s'est déclaré prêtre alors que, ayant fait de même, l'abbé Poutrain est envoyé à la frontière tchécoslovaque. Le père et le fils Nivromont sont séparés : Robert, petit patron, est envoyé à Dora quand Pierre, apprenti vétérinaire et « chimiste », demeure au camp.

Un voyage sans fin

Les jours de mai semblent marquer la fin du provisoire. Trimballé d'Auschwitz à Buchenwald, chacun attend avec angoisse la levée de la quarantaine tout en luttant pour sa survie. La mort flotte et l'espoir ne réside que dans l'évolution de la guerre aux échos désormais lointains.

Comme d'autres, l'abbé Joseph Tanguy, recteur de Pont-Aven, ne connaîtra pas la suite de l'histoire. « Je me souviens encore, écrit Henri Margraff, de la harangue le 9 ou 10 mai, jour de la fête de Jeanne d'Arc, dont le recteur, usant ses dernières forces, nous fit bénéficier en bout de baraque pour nous communiquer foi et courage. » Victime d'une pneumonie, mal soigné et mal traité, le curé est mourant. « Dans son délire, rapporte Rémy Roure, il demande qu'on le ramène dans sa chère paroisse bretonne. » Il meurt le 21 mai. Marcel Paul lui rend hommage et s'attire les foudres des geôliers. « Le lendemain, nous apprîmes qu'il était interdit de parler des morts, ajoute Rémy Roure. Ils devaient être anonymes – et il y en avait trop. » Les cadavres, brûlés dans les fours, sont rapidement transformés en poussière dispersée dans l'oubli.

Quelques jours plus tard, plus de la moitié du convoi du 27 avril prend à nouveau le train pour une nouvelle destination. La rumeur parle d'un « mauvais transport ». Direction sud-sud-ouest, vers la Haute-Bavière. Mêmes wagons à bestiaux, même accueil, même quarantaine à l'arrivée et même procédure pour déterminer les affectations.

La destination se nomme Flossenbürg, à la frontière de l'Allemagne et de la Tchécoslovaquie, un petit bourg mais un grand camp. « Les habitants nous regardent tout en vaquant à leurs occupations, note Michel Domenech en traversant le village, le spectacle, pour eux, doit être familier. Des enfants se moquent de nous. »

Au bout du chemin, le camp de concentration. Toujours ce décor lugubre de baraques et de barbelés. Tenues rayées et « *Arbeit macht frei* » (« le travail rend libre ») pour philosophie.

Pour bon nombre de déportés, le voyage n'est pas fini. Chaque camp répartit des hommes au sein de « kommandos », groupes attachés à une usine ou un chantier éloigné, dont les conditions de vie et surtout de mort varient considérablement. Beaucoup sont déplacés d'un camp à l'autre en fonction des besoins. De Flossenbürg, ils sont envoyés à Flöha, Hersbruck, Janowitz (Janovice), etc. Ceux restés à Buchenwald n'échappent pas à cette menace. Ils sont déportés vers Dora, Bergen-Belsen, Neuengamme, Ravensbrück ou Dachau, ils partent en « transports » dans des « camps satellites ».

Dans tous ces lieux, la même nécessité : éviter les tâches les plus pénibles, les kommandos les plus meurtriers, les conditions de travail les plus effroyables. Mais les « planques » sont rares. Désormais bousculée par la « priorité économique », fournissant les usines d'armement en « main-d'œuvre corvéable à merci », la SS ne cache pas que les détenus, ne bénéficiant d'aucun droit, doivent être utilisés à plein régime et sans restriction. Le dirigeant nazi Oswald Pohl adresse à ses cadres la précision suivante : « Le commandant du camp est seul responsable de l'emploi de la main-d'œuvre disponible. Cet emploi doit être total au sens propre du mot afin d'obtenir le rendement maximal. » Il n'y a donc, explique-t-il, « pas de limite à la durée de travail » et « toute circonstance qui pourrait entraîner un raccourcissement » de cette durée « (par exemple : repas, appels) doit en conséquence être restreinte à un strict minimum ».

Soumis à cette philosophie, le travail dans les carrières, à Buchenwald comme à Flossenbürg, est exténuant. Il dévore chaque jour des centaines d'esclaves.

Pierre Mallez qui, désigné à plusieurs reprises pour des « transports », parvient un temps à s'en faire retirer grâce à son chef de réseau Vic Dupont, finit par ne pas y couper : « Lever à 5 heures du matin. Passage obligatoire aux lavabos pour avoir ensuite sa ration de pain et de margarine pour la journée : 3 centimètres d'un pain noir très serré avec un goût de sciure prononcé, un bâton de margarine, parfois deux. Monté à 5 h 45 sur la place d'appel, constitution des équipes des différents kommandos de travail pour sortir à 6 heures pile à la cadence donnée par un orchestre déguisé en uniforme rouge à brandebourg. » S'ensuit « pendant douze heures l'effort physique de pelleter la terre pour dégager le sol pierreux ». Seule satisfaction : pouvoir faire semblant de travailler quand le « kapo » qui surveille s'éloigne.

« Douze heures durant, je tire un wagonnet chargé de pierres à tailler, décrit François Jacquemin. Pour ce faire, je suis attelé avec une vingtaine de camarades, car il faut remonter une pente longue et dure. À midi, une demi-heure de pause et un quart de café. Le soir, à 18 heures, on regagne le camp pour passer l'appel. Après quelques corvées, on s'endort vers 23 heures, pour se réveiller à 4 heures le lendemain. »

L'abbé Poutrain, n'ayant « aucune aptitude », s'épuise à la carrière de Flossenbürg à porter des pierres « sur un parcours de 300 mètres environ pour atteindre la route en utilisant un raidillon encombré de cailloux ».

Mais ceux qui connaissent l'enfer des tunnels et usines souterraines en viennent à regretter les carrières en plein air. François Jacquemin, après Buchenwald, est envoyé dans les mines de sel de Plömnitz où, après de nombreux bombardements, les Allemands ont décidé d'enterrer les chaînes de fabrication des avions de transport Junkers. Les déportés y travaillent et y vivent. L'entrée se fait par ascenseur : « 450 mètres de descente en une minute, confie François. On se retrouve dans des galeries mal aérées, les parois sont creusées dans le sel. À travers d'immenses couloirs, on nous mène dans une salle meublée de longues rangées de châlits. On respire avec difficulté car seuls les abords des puits sont bien ventilés ; il fait une chaleur molle et sèche qui nous étouffe. Toute la nuit, des explosions puissantes nous secouent : ce sont des blocs de sel qui sautent à la dynamite et au pic pneumatique. »

Pour se sauver de cet enfer, François Jacquemin se déclare « serrurier-mécanicien » et parvient à remonter à la surface « souder des tuyaux d'eau dans les tranchées et porter de lourdes bouteilles de gaz ». Bien lui en a pris : « Au bout de deux mois, un soir, rapporte-t-il, nous voyons arriver ce qui reste de nos cinq cents camarades ; blancs comme des chandelles, maigres et chancelants, ils portent péniblement leur paillasse sur le dos, semblables aux fourmis qui croulent sous leur fardeau. Jusqu'à ce soir-là, ils ont travaillé, mangé, couché en enfer. Leurs jambes sont enflées, ils n'ont pu se laver et sont couverts de vermine ; la plupart toussent. Tant sont morts que les SS ont enfin décidé de les ramener au camp pour la nuit. »

Charles Chambon est lui déporté à Dora : « Nous partons travailler au tunnel, écrit-il. Dans ce dernier, d'une longueur de 32 kilomètres, sont installés des ateliers immenses, dotés de machines-outils les plus modernes. Dans des magasins immenses de trois étages (avec ascenseurs), sont entreposés des milliers et des milliers d'objets, machines, matériel électrique de précision [...]. Tout transport est fait à dos d'homme (transport colonne). Les kommandos sont terribles et ici les SS des monstres. Chaque jour, ce sont des dizaines et des dizaines de prisonniers qui succombent sous le poids des lourdes pièces. »

Devenu chef d'atelier, Charles fait tourner avec efficacité les machines, ce qui lui vaut une récompense : « J'ai un papier spécial de l'ingénieur nous exonérant de corvées lourdes. Les SS sont surpris lorsque je le leur présente. Le papier m'a sauvé la vie, ainsi qu'à tous mes camarades. »

C'est à Dora que se retrouve également Paul Chandon-Moët. Mais à son arrivée, en septembre 1944, un élément lui donne un semblant d'optimisme. Le frère Alfred (Untereiner), directeur d'une école chrétienne à Épernay avec qui il a été arrêté et qu'il connaît bien, occupe un poste à l'Arbeitsstatistik du camp : « Il avait donné ses instructions pour être prévenu dès que mon nom paraîtrait sur une liste, précise le Champenois. [...] Quelle joie pour moi ! Partout, j'ai échappé à de graves dangers. Ici, ne connaissant que la réputation du camp : le plus mauvais des kommandos de Buchenwald, je pouvais tout redouter. Mais non, Alfred est là : je sais donc que je suis sauvé. Quelques heures plus tard, il venait à la quarantaine et nous tombions dans les bras l'un de l'autre. Oui, j'étais bien sauvé, moi et les six cents camarades du transport, qui ne se sont pas doutés de leur sort. »

Profession : déporté

Pour éviter l'enfer, la tactique est toujours et encore, même tardivement comme François Jacquemin, de déclarer comme profession une activité manuelle et spécialisée.

À Flossenbürg, Michel Domenech, haut fonctionnaire de la SNCF, à qui des Français arrivés avant lui confirment qu'il doit revendiquer un métier ouvrier, admet qu'il n'a « aucune idée » des boulots « qu'on peut exercer dans une usine ». Comme il pense pouvoir se servir d'une perceuse, il affirme être « perceur ». « Celui qui me recense, rapporte-t-il, un Français, me dit : "Ce n'est pas un métier, je porte ajusteur". »

Bien que militaire, Pierre Beuvelet prétend être serrurier même si, à Auschwitz et Buchenwald, il s'est présenté comme officier. Il est affecté à « l'usine 2004 » alors que, affirme-t-il, « si je m'étais déclaré officier, instituteur ou religieux, je me serais retrouvé à la carrière ou dans des terrassements, à creuser des usines souterraines comme Hersbruck ou Dora ». Quand il arrive à son atelier, son chef kapo vérifie qu'il est bien serrurier en observant ses doigts : « Je lui montrai alors mes belles mains blanches de gratte-papier sans la moindre callosité, il se mit à rire et m'amena à mon banc de travail. »

Le vicaire Francis Tanguy, « très affecté » par la mort de son maître et ami l'abbé Tanguy, affirme sur les conseils d'Henri

Margraff être professeur de mathématiques. Robert Desnos, après s'être déclaré « écrivain » à Auschwitz et Buchenwald, est inscrit comme « infirmier ».

Certains emplois sont en effet enviés et recherchés : soignant dans les *reviers* (infirmeries), interprète, gratte-papier dans l'administration ou musicien dans l'orchestre. Paul Le Goupil se souvient du jour où le commandant du kommando de Halberstadt, dans lequel il a été envoyé, cherchait un infirmier : « Nous avions parmi nous un pharmacien de Lyon, Joubert, à qui la place devait normalement revenir, mais, lors de la demande à l'appel, il ne s'avança pas assez vite. Il fut précédé par le grand Hugo Lenardi, qui fit un pas vers le commandant en baragouinant quelques mots d'allemand et en déclamant son numéro. Il n'avait aucune compétence mais dans les camps, où les bonnes places étaient rares, seul le culot payait. »

Grâce à l'aide de Marcel Paul, Charles Thirion (186467), déporté avec son père Auguste (186466), agonisant, est affecté au chenil des SS et peut ainsi « améliorer son alimentation en dérobant de temps en temps des biscuits pour chiens ».

Le typographe Charles Sirioud obtient une place enviée dans les cuisines SS : « J'ai droit au vrai café, à du schnaps, à de la vodka, et même de l'eau-de-vie française, écrit-il. [...] Bien nourri, je peux aider mes infortunés compagnons. » Cet emploi est accompagné de nombreux avantages : « une nouvelle tenue, des souliers, des chaussettes ». « Mieux, ajoute-t-il, je serai retiré du dortoir. » Mais ces privilèges vont de pair avec la contrepartie inhérente à ce poste : l'heureux élu doit répondre aux avances du chef. Et, après avoir « une nouvelle fois refusé de passer la nuit dans l'antre maudit », le jeune homme est reversé dans des « kommandos » extérieurs. « J'aurais pourtant facilement pu rester aux cuisines, il m'aurait simplement suffi d'être “femme”. »

À Buchenwald, la puissante organisation mise en place par les communistes leur permet d'attribuer aux principaux responsables du Parti des emplois privilégiés et parfois fictifs. Ainsi Marcel Paul, à la tête du Comité des intérêts français, occupe-t-il un emploi purement théorique qui lui permet de se consacrer entièrement à la Résistance intérieure. « L'un des moyens de camouflage de l'organisation clandestine, rapporte un de ses proches, Pierre Durand, consistait dans la mise sur pied de structures "légales", que les SS se laissaient peu à peu imposer, croyant servir leur propre cause. C'est ainsi que Marcel Paul, dont l'activité multiple risquait de devenir suspecte aux yeux des SS et de leurs mouchards, fut un jour désigné par l'administration interne – aux mains des "politiques" – comme responsable d'un corps parfaitement fantôme désigné sous le titre de *Hygienewacht*, c'est-à-dire "garde de l'hygiène". »

Sabotage

Paradoxalement, en pleine bataille cruciale, les dirigeants du IIIe Reich font fabriquer leurs armes et matériels décisifs par une main-d'œuvre choisie parmi leurs ennemis : résistants, communistes et réfractaires au travail obligatoire. Pierre Beuvelet est intégré « dans une chaîne de montage d'ailes » d'avions de chasse. François Jacquemin travaille dans « le grand hall d'appareillage électrique qui fabrique les commandes de la V1 ». Pierre Mallez, étant parvenu à se faire affecter en atelier après avoir affirmé à l'Arbeitsstatistik qu'il était « en réalité » mécanicien, assemble des « bobines d'induction utilisées pour le guidage des V1 et V2 ». Bon nombre de Tatoués, dont Robert Desnos, les frères Goupille, le père Kerebel, sont envoyés à Flöha où se trouve une importante usine de fabrication de Messerschmitt 109, le fleuron de la Luftwaffe.

Même menacés de mort, résistants et communistes continuent le combat. La main-d'œuvre qu'ils constituent, bien que réduite en esclavage, a un pouvoir de nuisance sur l'armement allemand. Les déportés en usent de deux façons : d'une part, en travaillant le plus lentement possible pour ralentir la chaîne de production ; d'autre part, en sabotant autant que possible les pièces qui en sortent.

Jean Baumel, chargé de « percer et fixer des rivets » sur le plancher métallique « du nouveau modèle de Messerschmitt », entreprend, grâce aux conseils techniques donnés par François Baudouin, un sabotage systématique. « Il m'était en effet possible, au cours de ce travail, de percer des trous d'un diamètre supérieur à celui prévu, et comme le rivet était fixé aussitôt que placé, aucun contrôleur ne pouvait s'en rendre compte. À l'usage, avec les vibrations puissantes d'un avion en vol, nous avions pensé que cette plaque métallique pourrait plus facilement se disloquer. Je ne sais si ce moyen fut efficace, mais je l'appliquai avec conscience, comme d'autres camarades qui pratiquaient divers procédés plus ou moins analogues. »

« Nos moniteurs, en fait les titulaires de ce poste que nous allions remplacer, étaient deux officiers russes, Yvan et Sacha, raconte Pierre Beuvelet. [...] Quand ils surent que nous étions des résistants français, ils nous montrèrent comment saboter notre travail. Sur les cent cinquante rivets, à peine vingt-cinq remplissaient leur fonction. »

Paul Le Goupil, placé un temps dans un atelier de fabrication de pièces de V1, est chargé d'en contrôler la perméabilité « variant de 40 à 50 ». « Pour les premières caisses, je m'efforçai de marquer correctement les résultats, avoue-t-il, mais deux Français responsables de l'atelier me dirent que je n'avais rien compris. Ils prirent une caisse et, sans passer les noyaux dans la machine, marquèrent n'importe quoi entre 45 et 50. Cela allait beaucoup plus vite et nous laissait du temps libre. Pour le contrôle, il y avait toujours quelques caisses bien faites à portée du *meister* allemand qui, de temps à autre, passait vérifier. »

Jean-Claude Stewart, le maçon, appelé à construire les carrés de béton autour des machines pour les dissimuler et les protéger des bombardements, se lance dans un patient projet visant à remplir discrètement les blocs de peu de béton mais de beaucoup de pierres et de sacs de ciment restés fermés afin de les rendre plus friables. Il en profite aussi pour « faucher de l'outillage autour des machines et l'enterrer dans le béton ».

Pour ceux qui sont pris, c'est la pendaison sans autre forme de procès. Certains sont battus à mort devant leurs camarades. Jean-Claude Stewart se souvient d'un « petit Russe » achevé à coups de talon et de ces « bruits d'os cassés » qui lui restèrent dans les oreilles et l'empêchèrent de dormir. Bien souvent, la surveillance étroite empêche toute tentative. Beaucoup de détenus, tendus vers leur survie, s'affairent avec anxiété à la tâche sans penser à gruger. Les erreurs, même involontaires, se paient comptant à coups de schlague, de pied ou de crosse. Ou simplement à coups de blessures qui se multiplient du fait des conditions de travail et de l'épuisement.

« Un jour, raconte Pierre Nivromont, j'avais une grosse pierre sur l'épaule qui me meurtrissait terriblement. J'ai trébuché et un SS m'a donné un coup de crosse sur le crâne. Je suis tombé évanoui. On m'a ramassé, emmené à l'appel dans le coma, et on m'a redescendu après l'appel. Heureusement, [...] les camarades ont bien vu que je n'étais pas mort. Au lieu de me mettre dans le tas des morts, ils m'ont descendu au petit *revier.* »

Schonung

Pour bien des déportés, la survie s'appelle *schonung*. Le mot signifie « convalescence » ou « repos » et, dans les camps, consiste en un petit papier, délivré par l'infirmerie, synonyme de dispense de travail pour raisons médicales. Même si infirmiers et médecins sont eux-mêmes des détenus, le précieux passeport est difficile à obtenir car les SS veillent et la main-d'œuvre, toute la main-d'œuvre, doit être utilisée de manière « totale ».

Armand Roux, à bout de forces, ayant comme la plupart de ses camarades perdu plus de trente kilos, obtient des médecins du *revier* « six jours de *schonung* renouvelables ». C'est pour lui des jours précieux et salvateurs : « Je passais les après-midi dans le petit bois de Holzholf, à dormir au soleil, ou à écrire des lettres qui ne sont jamais parvenues à destination. »

Atteint d'une « angine carabinée avec une fièvre qui [l]'abrutit » et lui ôte toute force, le jeune Pierre Mallez tente lui aussi d'obtenir le *schonung*. Il est mal accueilli par les infirmiers polonais qui lui font valoir que pour être arrêté, il faut avoir 39 °C de température. « Je n'ai que 38,5 °C, constate-t-il. Je retourne donc au boulot, mais je ne tiens plus debout. » Il parvient cependant à contacter son chef dans la Résistance, le docteur Vic Dupont, médecin au *revier*, et obtient son billet de « repos ».

Les dispensés du travail sont regroupés dans des baraques dédiées et n'ont guère d'obligations, sinon parfois de contribuer à des tâches ou des corvées. « En *schonung*, se souvient Pierre, pas de lever le matin à 5 heures, pas de rassemblement le matin à 5 h 45 pour le départ au boulot, ni le soir pour l'appel. Je reste couché toute la journée si je le désire, ce que je fais les premiers jours pour récupérer. Le *Stubendienst* [responsable du block] contrôle le billet de *schonung* puis vous fiche la paix par la suite. Pas de médicament, il faut que la fièvre tombe toute seule et que la gorge redevienne normale sans s'en préoccuper. Je passe ainsi plusieurs jours couché, ne me levant que pour prendre le jus chaud le matin et un peu de soupe le soir. »

Paul Le Goupil, méchamment blessé au coude par un wagonnet, bénéficie lui aussi d'un répit. Dans le kommando de Langenstein, où il a été transféré, les conditions de *schonung* sont cependant moins favorables. Pour compléter les kommandos de travailleurs, les SS sélectionnent les malades les moins mal en point : « Il fallait alors savoir étaler ses plaies, relever les pantalons pour montrer ses jambes gonflées d'œdèmes ou tousser à s'en déchirer les poumons », affirme Paul. Arborant un énorme plâtre, celui-ci prend soin de se placer toujours au premier rang et n'est jamais requis. Il est soumis à quelques corvées, dont celle de « ramasser », de baraque en baraque, les cadavres des déportés pour les emmener dans une sorte de morgue : « Le SS ouvrait la porte et nous jetions les morts sur le tas d'où se dégageait une odeur épouvantable car les cadavres du bas étaient déjà décomposés, violets et moisis. […] Lors d'une de ces corvées qui, hélas, se renouvelèrent, je glissai et tombai dans le trou parmi les cadavres. Je dus marcher sur ce matelas de corps pour remonter et j'en gardai pendant plusieurs jours une nausée qui me fit vomir une soupe pourtant si précieuse. »

La condition de *schonung* reste néanmoins synonyme de repos et de survie. Paul occupe une partie de son temps en jouant au bridge avec de nombreux « combinards », dit-il, « arrêtés pour marché noir ou trafic avec les Allemands », bénéficiant de vraies ou fausses dispenses obtenues frauduleusement. « Tout, dans le camp, pouvait s'acheter, et le billet de *schonung* était, avec les médicaments, la denrée la plus précieuse. » L'un de ses camarades, épuisé, parvient ainsi à obtenir le précieux document, valable pour dix jours, en échange de sa couronne dentaire en or.

Dans tous les camps, d'innombrables éclopés, épuisés et mal portants, aspirent à cette dispense salvatrice. « À l'heure de la visite, note Paul, les sentiers boueux menant aux baraques dégorgeaient de malades, de boiteux, quelques-uns soutenus par des camarades plus valides, et une longue queue se formait à l'entrée du *revier* que, sans arrêt, de nouveaux arrivants venaient allonger. » Pour ceux qui bénéficient déjà du passeport pour le repos, l'enjeu est de le faire renouveler. Pour Paul Le Goupil, c'est d'autant plus nécessaire qu'il est promis à un kommando affecté à aménager des galeries souterraines dans lesquelles doivent être fabriqués des avions à réaction et des V3 ; « des conditions horribles », précise-t-il.

Un médecin polonais proroge son *schonung* pour une semaine sans l'examiner. « Lors du renouvellement suivant, explique-t-il, je lavai soigneusement mon plâtre et je grattai les taches afin qu'il apparaisse plus frais. » Un autre soignant lui accorde dix jours supplémentaires. La fois suivante, le plâtre, craquelé et effiloché, apparaît, malgré les efforts du déporté, déjà ancien. Le médecin français qui l'examine n'est pas dupe et le prévient, tout en lui accordant cinq jours supplémentaires, que le bras est en train de s'atrophier et qu'il est nécessaire d'ôter le plâtre. Paul l'en dissuade. Partir travailler dans le tunnel avec ce membre amoindri serait son arrêt de mort. Il s'en tire alors en parvenant à sortir son bras de la gangue la nuit pour lui faire faire des mouvements, le remuscler et accessoirement chasser les poux qui y ont trouvé refuge, puis le remettre dans la journée dans son écrin. Il obtient ensuite encore trois jours. Puis, la fois d'après, un soignant français lui accorde sans discuter huit nouvelles journées. « Par chance, dit-il, depuis mon arrivée, je n'avais jamais été examiné par le même personnel. » Il n'a, ensuite, pas à renouveler son *schonung* car le camp est évacué.

Mis au repos le 25 février 1945, Pierre Mallez parvient à prolonger son arrêt jusqu'au 16 mars. Son chef de block, qui vérifie sa dispense et à qui il rend quelques services, l'a à la bonne. Quand, son temps terminé, il retourne à son kommando, on le refoule : il n'en fait plus partie. Il a alors l'idée de poursuivre sa « convalescence », en restant dans son block, « sans me faire remarquer », dit-il, « comme si j'étais toujours en *schonung* ». « Je risque gros si je me fais prendre, mais ça vaut la peine d'essayer », explique-t-il. De fait, le chef de block ne lui pose aucune question et lui permet ainsi de ne pas retourner travailler. Comme Paul Le Goupil, il reste dans cette situation jusqu'à l'évacuation du camp en avril 1945.

De même, les six jours accordés à Armand Roux se transforment, de renouvellement en renouvellement, en trente-six jours avant qu'ensuite, étant médecin, il rejoigne les services sanitaires en tant que soignant.

Les kapos

Pour le reste des déportés, le travail occupe les journées et les nuits. Les usines tournent 24 heures sur 24. « Nous sommes travailleurs de jour une semaine, puis travailleurs de nuit, "*Nachtschicht*", la semaine suivante », explique Pierre Mallez.

Les hommes se relaient sur les chaînes de montage comme dans les logements : « La "*Schlafsaal*" [dortoir] contenait quarante-quatre lits en bois à trois étages et pouvait donc loger cent trente-deux personnes la nuit, rapporte Pierre Beuvelet, et cent trente-deux personnes de jour pour les travailleurs de nuit. »

Si le travail détruit les déportés, les conditions de vie qui leur sont réservées contribuent à leur engloutissement. À l'épuisement physique s'ajoutent la malnutrition, le manque d'hygiène et de soins, la promiscuité, le froid, les coups, les brimades, l'insuffisance de repos et de sommeil qu'engendrent des baraquements surpeuplés et rudimentaires, les humiliations et le désespoir qu'il est difficile de surmonter.

L'univers concentrationnaire est le royaume de l'injustice et de l'arbitraire. « Dans un camp de la mort, note Marcel Paul, les notions de "droit de l'Homme", d'"équité", de "justice", voire de "raison" n'avaient pas cours. Le camp nazi était une jungle au sens le plus absolu du terme. » L'ombre cruelle des SS y règne comme des menaces latentes, prêtes à s'abattre sans prévenir et sans raison. Le quotidien est au bon vouloir des « kapos », ces détenus qui, délégués par les bourreaux, font, armés de leur « gummi » (matraque en caoutchouc), régner ordre, discipline et souvent terreur, effroi et abjection. L'existence ou la non-existence des déportés dépend, pour beaucoup, des petits chefs qui les commandent, quelquefois compréhensifs et solidaires, d'autres fois, souvent, par peur des représailles, par mimétisme ou par pure folie, sévères, violents, cruels et criminels.

Ainsi, la vie du vicaire de Pont-Aven, Francis Tanguy, devenu le souffre-douleur d'un kapo, bascule-t-elle dès les premières semaines à Flossenbürg. « Il échoua dans un groupe de travail dirigé par celui que nous avons pour cela fini par surnommer "le Tueur", rapporte Henri Margraff. Un matin au départ du block, j'ai quand même dit à ce salaud, en allemand : "Mais quoi, tu vois qu'il est malade", et c'est tout juste, à en juger par le regard lancé, s'il ne s'est pas mis à me tabasser à mon tour. Mais un autre kapo, pourtant en "triangle vert", Sepp Weizel, [...] vint me demander qui était ce Français qui se faisait rosser de la sorte. C'est Valet qui lui dit que c'était un prêtre. "Catholique ? demanda Sepp. – Oui". Et Sepp, relégué au camp depuis 1938 pour crime de droit commun, de dire : "Ma mère était catholique, demande-lui s'il veut venir dans mon kommando, je le laisserai se reposer." Mais c'était trop tard. Tanguy ne put remonter la pente. »

Tous les déportés subissent, de block en kommando, le pouvoir des supplétifs des SS, déportés tantôt politiques tantôt de droit commun. Pierre Beuvelet garde entre autres le souvenir de « Gustav, chargé de la discipline du dortoir et de réveiller les dormeurs, ce qui n'allait pas sans coups, mais il se servait pour cela de deux ou trois petites frappes polonaises, mignons des autres kapos, chefs des extérieurs. Parmi ceux-ci “le gros bras” (triangle vert) kapo de la carrière, avec ses 120 kilos, il imposait le respect et s'il était sage dans le block, à la carrière c'était un tueur qui, à coups de manche de pioche, avait plusieurs centaines de morts à son actif. Il y avait aussi le kapo de la compagnie disciplinaire (Straffkommando), à moitié fou, demeuré et bigleux, qui lui aussi avait ses deux morts par jour. Nous l'appelions “le Cinglé” ».

Jean Hoppenot (185754), ancien chef de la Résistance de l'Aube, épuisé par des mois dans la carrière de granit de Flossenbürg, est blessé à coups de pioche par un kapo. La blessure s'infecte et finit, faute de soins appropriés, par l'emporter.

Léon Hoebeke se rappelle « un petit Allemand, un triangle vert, toujours vêtu d'une combinaison bleue, armé lui aussi d'un énorme tuyau de caoutchouc. Il nous faisait nous déshabiller, moins d'une minute après les coups tombaient, rapides et terribles, n'importe où, pour nous faire passer dans l'autre salle où étaient les douches. [...] Il fallait se tenir alignés les uns contre les autres, puis l'eau était ouverte. Oh ! surprise désagréable, elle était glacée ! Tout murmure ou déplacement était gratifié d'une telle correction que, stoïquement, on acceptait cet arrosage. Alors que la réaction commençait à se faire, l'eau, d'un seul coup, devenait bouillante et répandait une telle vapeur qu'on ne se voyait plus ».

L'abbé Poutrain rapporte le calvaire d'Auguste Zenzenn (186568), menuisier savoyard de vingt-trois ans, marié, deux enfants, réfractaire au STO, ayant tenté sans succès de s'évader du camp et battu, pour cette raison, par deux kapos dont l'un « frappait les gens, surtout les Français, pour son plaisir ». Dans la nuit, le prêtre est appelé : « Un des kapos me remit la trique qu'il avait dans la main et m'intima l'ordre de battre Zenzenn, raconte l'abbé. J'ai cru bon de prendre la trique, j'ai parlé longuement à la victime. En suite de quoi, j'ai posé sur son corps l'extrémité de la trique. Et j'ai fait comprendre que je ne pouvais pas frapper, que je n'avais pas le droit de frapper, qu'il m'était impossible de le faire. »

Poutrain est puni par une corvée et Zenzenn, agonisant, est installé près d'un mirador pourvu d'une mitrailleuse. Le kapo trace un cercle autour de ses pieds et lui enjoint de ne pas bouger. Au retour de leur journée de travail, ses camarades le découvrent allongé sur une table, le corps déchiqueté par les balles « car, évidemment, par suite de fatigue, il avait bougé ».

Henri Bourrillon, le maire de Mende, est lui aussi victime de la folie criminelle d'un de ces supplétifs : « Un jour, affamé, il s'était approché des cuisines et avait ramassé, pour les manger, des épluchures de pommes de terre, j'écris bien des épluchures de pommes de terre, rapporte son camarade Jean Baumel. Le kapo de la cuisine, Gustav, prit très mal ce comportement et battit Bourrillon comme aucun homme ne l'a été sur cette terre, son sang coulait, ce fut la signature de son arrêt de mort. À partir de ce jour, il devint un vieillard. »

Bien des déportés sont témoins de ce genre de scènes quotidiennes. La rage des gardiens s'abat sans raison sur n'importe qui. Robert Desnos en fait les frais. Exaspéré par le manège du « mignon » d'un kapo qui, chargé de distribuer la soupe, lèse systématiquement les Français, le poète finit par manifester son mécontentement : « "*Raous*" (*sic*) ["Dehors"] fait l'autre qui, voyant que Desnos marque un temps d'arrêt, lui envoie à toute volée une gifle qu'on qualifia entre nous de "maison" car le gosse était vigoureux », affirme Henri Pfihl (186219). Desnos balance alors sa « gamelle d'orge brûlant » dans la figure de l'agresseur « qui s'enfuit en hurlant de douleur ». Le chef des kapos arrive aussitôt. « Secoué par une rage sadique, il jeta d'une poussée à terre le poète dont les lunettes volèrent, et à coups de pied en plein visage, à coups de poing, la brute assomma l'imprudent ; le kapo "kuche" (cuisinier), autre bandit assoiffé de sang, compléta la séance et s'acharna sur la victime qu'il martela de coups. Desnos se traînait à terre. La tête couverte de sang, tragique, lamentable, car terriblement myope, il ne voyait plus sans ses verres. Nous assistions angoissés et impuissants à ce drame poignant. Le poète rampa jusqu'au lavabo et lava son visage boursouflé et meurtri, une entaille profonde au front devait lui laisser une cicatrice. »

Secoué mais digne, Desnos refuse de se faire soigner et, malgré son état, est puni de « vingt-cinq coups de schlague sur les fesses ». Il ne se plaint pas et erre pendant plusieurs jours, défiguré et marchant à petits pas, mal voyant, ne pouvant s'asseoir ni se coucher sur le dos, contraint à de nombreuses corvées. Il endure « toutes ses brimades avec un courage magnifique », affirme Henri Pfihl, et fait l'admiration de tous.

Aux supplétifs zélés et cruels s'opposent ceux qui, malgré la peur des SS et l'univers concentrationnaire, tentent de sauver ce qui peut l'être, un reste d'humanité et de solidarité. Ainsi l'abbé Poutrain bénéficie-t-il, de temps à autre, de la bienveillance que suscite chez certains sa fonction ecclésiastique. Un kapo l'envoie ainsi avec un jeune Polonais promener des brebis, une tâche inutile mais qui lui permet de reprendre des forces : « Comme je n'étais pas berger, je m'asseyais dans la nature et grappillais des myrtilles. »

Ou bien ce jeune Lorrain devenu allemand après l'annexion de sa région par Hitler, accomplissant sa tâche avec « tact et mesure », dit l'abbé, et acquérant un « véritable ascendant sur les autres kapos ». « Âgé seulement de vingt-quatre ans », il parvint, affirme le curé, « à protéger avec efficacité des camarades plus jeunes que lui et les soustraire aux assiduités malsaines dont ils étaient l'objet de la part d'un ou deux kapos issus des prisons allemandes ».

Michel Domenech sympathise avec le kapo de son atelier, un colonel russe d'origine allemande, Max von Stein, et bénéficie d'un travail simple et « pas fatigant du tout ». Pierre Mallez qui, pour se sortir de la carrière, a affirmé être mécano, se retrouve à effectuer « un travail d'assemblage de petites pièces avec des soudures à faire » dont il est incapable. Un contremaître « pas trop vache » lui trouve un autre emploi plus facile.

Buchenwald, aux mains des communistes allemands, attentifs à éviter les abus de pouvoir et les sévices, est rempli de kapos de cet acabit, cadres du Parti chevronnés, souvent habitués à diriger et désireux de préserver leurs camarades de la cruauté des SS. L'administration de Flossenbürg est au contraire aux mains des « droit commun », hostiles et violents, avides de profiter de leur position et prêts à tout pour la garder.

Marcel Paul constate que les nazis avaient rassemblé et « savamment mêlé » aux résistants « la lie de la société, des condamnés de droit commun redoutables dont la peine de mort avait été commuée, ou qui avaient été frappés de relégation à perpétuité. Ces bandits, les "verts" [...], étaient utilisés par les SS comme hommes de confiance et comme auxiliaires prêts aux pires besognes ». Mais, note-t-il, si les triangles rouges « pour l'essentiel » sont des kapos courageux et compréhensifs, « il y avait cependant parmi eux quelques brebis galeuses qui ne dédaignaient pas de frapper les déportés. Leur conception de la discipline se ressentait de la notion fasciste : l'ordre par la crainte, la crainte par la violence ».

Certains abusent de leur position pour s'adonner à ce que l'abbé Poutrain appelle des « assiduités malsaines ». Les jeunes, nombreux, sont l'objet de l'appétit sexuel de kapos qui offrent à leurs « mignons » des conditions moins dures. C'est, pour certains, un moyen de survie. Jacques Chamson (185253), vingt et un ans, a pour surveillant, « un Berlinois, un "vert" qui avait tué sa femme et ses deux enfants » : « Il a racheté mon cul pour deux boules de pain, confie-t-il. [...] À l'époque, j'étais mignon. J'avais le crâne rasé, et le cul souvent à l'air libre, à cause de la dysenterie. Et ce cul, il intéressait de très près un certain nombre de kapos. Mais, je ne voulais pas [...]. Et l'un de ces kapos était particulièrement entreprenant. Mon criminel m'a acheté alors, pour deux boules de pain, et ne m'a rien demandé en contrepartie. »

Les SS

Les kapos ne sont que des supplétifs. Les véritables maîtres sont les SS. Les fanatiques hitlériens règnent par la terreur, le sadisme et la cruauté. Exactions, exécutions, tortures, sévices.

Charles Chambon, alors qu'il travaille à Dora, est contraint à une pause, le temps de devoir assister à une courte scène : « Trois prisonniers, dont les mains sont liées dans le dos, reçoivent l'ordre de descendre dans une tranchée profonde d'environ 1,75 mètre, se souvient-il. Et quand ils sont au fond, debout l'un contre l'autre, la terre, prestement rabattue, comble le vide autour d'eux. Seules les trois têtes alignées restent, émergeant de ce lugubre cercueil vivant. Alors, sur un ordre d'un SS, un convoi lourdement lesté de pierres est lancé dans la tranchée. Les roues, l'une après l'autre, butent contre les têtes des ensevelis, les déchiquettent, les écrasent… Et quand tout est passé, il n'y a plus là-bas qu'une grande tache de terre rougie, parsemée de matière cérébrale. Atterrés, retenant notre souffle, nous attendons. C'est fini. Les SS sourient, parlent entre eux et fument une cigarette. Un commandement, il nous faut déterrer nos camarades. Et ce soir, nous reprendrons la route du camp… traînant à la corde les corps mutilés. »

Tout est prétexte à sanctions, punitions et humiliations. Les infractions au règlement, réelles, supposées ou inventées, sont réprimées par vingt-cinq coups de nerf de bœuf. « À cet effet, précise Jacques L'Hoste, les Allemands employaient un appareil spécial destiné à tenir la victime courbée en deux, en lui emprisonnant les mains, la tête et les pieds dans des étrivières. Deux SS, armés chacun d'un nerf de bœuf ou d'une matraque, administraient les vingt-cinq coups, jamais un de moins. »

« Je me rappelle qu'André Chrétien reçut vingt-cinq coups de gummi pour avoir manqué des forages dans une carlingue [d'avion], écrit Pierre Beuvelet [...]. Il me montra ses fesses un an après, elles étaient encore bleu marine et longtemps, à sa démarche courbée, j'ai cru qu'il était perdu. »

Jean-Claude Stewart, blessé aux tibias à coups de botte par un SS, en garde des « plaies devenues purulentes ».

À Dora, les SS sanctionnent la baisse de rendement à leur manière : « Notre section voisine n'a pas assez produit hier, rapporte Charles Chambon. Ce matin [...] les six premiers prisonniers qui se sont présentés sont pendus. Nous avons travaillé douze heures avec nos camarades au-dessus de nos têtes (le rendement a été, paraît-il, supérieur). »

Les actes de sadisme et de cruauté sont innombrables et restent, longtemps après, ancrés dans la mémoire de ceux qui y ont assisté. Ni plainte ni vengeance possible, juste le constat de l'impuissance et l'espoir de ne pas en être victime. Les chiens dressés à mordre les détenus sont des armes redoutables. Ils tuent, au cours de scènes abominables, des déportés. D'autres en gardent à jamais les cicatrices.

Un matin, Jean-Claude Stewart patiente avec quelques détenus dans la cour quand, au loin, il voit passer un SS « avec un fusil et deux kapos » : « Le SS se retourne, raconte-t-il, met en joue en visant notre groupe et tire. Celui qui est en face de moi, à moins d'un mètre, prend la balle en pleine tête qui éclate littéralement. Nous prenons en pleine figure des miettes de chair et de sang. [...] On entend un gros rire du SS ! »

Les exécutions ont souvent vocation à créer l'effroi et la terreur. Elles ont lieu en public, devant la foule du camp réuni. François Jacquemin se souvient d'une « pendaison sur la place d'appel d'un pauvre Polonais qui avait tenté de s'évader ; 30 000 hommes doivent contempler le spectacle ».

Les pendaisons deviennent un rite au cours duquel les SS font assaut de sadisme. Le commandant de Flossenbürg en ordonne six pour la Noël 1944, et s'acharne sur l'un des condamnés, coupable de pleurer, le fouettant à coups de cravache « avant de le faire hisser à la potence ». Une autre fois, encore agacé par le comportement d'une victime, il ordonne que le tabouret qui retient le pendu soit retiré très lentement « de sorte qu'au lieu d'être évanoui sous le choc de son poids, le supplicié mourait étouffé, comme s'il était exécuté au garrot ».

Paul Le Goupil observe de la fenêtre de sa baraque une « cérémonie qui n'était pas publique » : « Cinq condamnés, mains liées derrière le dos, encadrés de militaires, [...] montèrent sur les bidons, aidés par d'autres détenus, enfin le SS faisant office de bourreau leur passa la corde au cou après avoir essayé la solidité du nœud. [...] Sur un signal du chef, des SS basculèrent les bidons en même temps et, après quelques soubresauts, les corps se balancèrent, sauf un, dont le bout des pieds touchait terre, qui gesticulait comme un pantin pour échapper à la mort. Le commandant donna un ordre et un détenu s'accrocha à son corps pour l'achever. La petite troupe redescendit vers les baraques des SS, les déportés roulant les bidons et les SS discutant avec de grands gestes, l'un d'eux imitant les mouvements saccadés du pantin. »

La nuit

À cet univers d'effroi et de terreur s'ajoute un quotidien marqué par le froid, la faim, la misère et la saleté. Les déportés sont parqués dans des baraques, entassés sur des châlits qui ne sont que de grandes étagères. Les hommes eux-mêmes ne semblent que des outils que les SS jettent sans ménagement quand ils sont usés ou hors d'usage.

« Nous étions six cents hommes par baraque, rapporte l'abbé Poutrain, et chacune de celles-ci n'avait que deux cents lits, simples planches de 72 centimètres de large, recouvertes d'une mince paillasse. Il fallait se mettre trois par lit ! » Beaucoup dorment par terre. « Ainsi, toutes les allées de la baraque, poursuit le prêtre, étaient recouvertes sur toute leur surface d'un épais tapis de chair humaine. » Une vraie difficulté lorsque, dans le noir, il s'agit d'aller aux toilettes car, précise Louis Poutrain, « les muscles très affaiblis n'arrivaient plus à retenir l'urine, [...] aussi fallait-il retourner aux latrines plusieurs fois chaque nuit, et chaque fois faire vite sans pouvoir éviter qu'elle ne gicle tout au long du parcours et n'arrose le tapis humain ».

Les complications pratiques ne s'arrêtent pas là puisque dans les latrines, « véritable cloaque », les chaussures pataugent dans la pisse et souillent ensuite les corps endormis. « Ces galoches souillées, il fallait les garder avec soi pour être sûr de les retrouver au matin : les mettre sous sa tête et elles servaient d'oreiller, ou bien les garder aux pieds. » Les hommes dormant tête-bêche, « aucune solution n'était plaisante », affirme l'abbé. « La plus humaine, la plus respectueuse de son prochain, mais aussi la plus difficile à accepter, était peut-être de laisser faire la nature. »

Michel Domenech qui dort, tête-bêche, à cinq dans un lit, apprécie les nuits où il est au travail – « *Nachtschicht* » – parce que, dit-il, dans la journée les blocks sont désertés. « Les équipes de jour, les plus nombreuses, sont au travail. Une petite soupe légère nous attend à l'arrivée. Vers 7 heures nous regagnons nos paillasses, où nous pouvons, pour la première fois depuis bien longtemps, dormir un seul par lit. »

Pour beaucoup de déportés épuisés par les journées de travail et la malnutrition, les nuits n'ont rien de reposant. Henri Margraff se souvient d'un kapo, « Max le Berlinois », qui s'évertuait « la nuit, à se tenir sur le chemin des latrines pour frapper ceux qui se levaient pour uriner ».

À Jean-Claude Stewart, son ami et voisin de Chabreloche (Puy-de-Dôme), René Genest (185645), vingt-deux ans, confie un matin : « Cette nuit, j'ai eu des ennuis, un gars a essayé de m'étrangler, j'ai eu une frousse et un mal de chien à m'en défaire. »

Dans un monde de violence exacerbée, ces incidents sont nombreux. Une vie ne vaut pas cher. La misère, la faim et la peur poussent les hommes vers leurs plus bas instincts. Beaucoup perdent la raison, nombre de maladies les rendent délirants ou incontrôlables. La nuit est pleine de menaces, de râles, de plaintes, de cris… et de décès. « Il ne se passait pas une nuit sans qu'il y ait quelques morts, affirme Pierre Beuvelet, qui étaient entreposés dans la baraque des toilettes, comptés à l'appel du matin et descendus par des corvées au four crématoire tout proche. »

Louis Poutrain garde un souvenir cauchemardesque de ses « nuits de Flossenbürg » : « Elles usaient notre santé, écrit-il. Nous étions très malheureux. »

Le froid et la faim

« Si l'on demandait à mes camarades rescapés de Flöha, dit Jean Baumel, "De quoi avez-vous le plus souffert ?", je crois qu'ils répondraient tous "De la faim et du froid". »

Vêtus de haillons, dépourvus d'équipements ou d'habits chauds, amaigris, soumis à des températures très rudes, retenus dans des régions au climat rigoureux une bonne partie de l'année, travaillant souvent en extérieur et vivant dans des baraques glaciales, les déportés doivent lutter sans cesse contre le froid. Il use leur énergie et leur organisme.

Ils n'ont que peu de moyens de le combattre. Henri Margraff obtient, par un camarade, « un long caleçon et un maillot de corps en flanelle ». « Ces sous-vêtements, au demeurant interdits à porter en double sur soi sans être signalé, s'avérèrent d'une précieuse utilité, d'abord sur la colline de Buchenwald exposée au vent froid et surtout, peu de temps après, sur le site de Flossenbürg implanté dans les montagnes de Haute-Bavière. »

Pierre Beuvelet qui lutte, dans l'hiver, contre des températures de « – 30 °C sous zéro », « double » tous ses vêtements grâce à une aiguille à coudre qu'il a fabriquée. « J'avais une veste civile marron avec doublure intérieure, je plaçais et cousais proprement une couche de lainage récupéré sur un vieux pull-over, que j'avais trouvé dans une poubelle [...]. Enfin ayant trouvé un morceau de toile cirée, je l'introduisais dans le haut de mon manteau rayé, entre la doublure et le tissu, me couvrant ainsi le haut de la poitrine, les épaules et le dos et rendant ce vêtement imperméable à sa partie supérieure. Par grand froid, je me bandais les jambes de molletières en papier qui ne tenaient qu'une journée mais avaient l'avantage de me protéger du froid. Il fallait être débrouillard pour survivre. »

Les appels, matin et soir, que les bourreaux font durer en exigeant l'immobilité des détenus, sont particulièrement éprouvants. La neige n'est pas rare, elle tombe jusqu'en mai, il pleut régulièrement et la pluie n'est bien sûr pas un motif de pause, les bourrasques venues de l'est glacent l'atmosphère. « Nous avions froid partout et toujours : pendant les appels dans la cour, à l'atelier, au dortoir, sur notre paillasse, sous notre couverture », rapporte Jean Baumel. Michel Domenech, dont un orteil a gelé, se souvient de l'hiver 1944-1945 « très enneigé et très froid » : « À chaque chute de neige, il nous faut déblayer le terrain à coups de pelle et il faut faire vite, car le SS qui surveille a le gummi facile. »

Les déportés ne peuvent pas compter sur la nourriture pour leur fournir graisse et vitamines. Les rations sont maigres : petit morceau de pain, bâton de margarine, soupe très liquide, quelques pommes de terre. Les détenus maigrissent à vue d'œil. Les brouets concoctés par tonneaux dans des conditions d'hygiène déplorables provoquent sans arrêt diarrhées et dysenteries. L'alimentation devient un enjeu permanent. Elle fait l'objet de trafics et de heurts. Édouard Levillain, qui a réussi à garder avec lui son alliance en or, est prêt à l'échanger contre un peu de nourriture. Les vols sont incessants. Des déportés « s'entre-déchirent pour un morceau de pain ou pour la moitié d'une pomme de terre », confie Jacques L'Hoste.

Au fil de la guerre et de l'évolution du nombre des déportés, les portions sont de plus en plus minimales : « À partir de janvier 1945, note le résistant Jean Buisson (185191), [...] les rations alimentaires furent réduites de moitié environ : plus de pommes de terre dans la soupe, mais deux à trois cuillerées à bouche de rutabagas déshydratés dans un litre d'eau, la boule de pain pour six au lieu de quatre. »

Beaucoup se nourrissent, en cachette, d'herbe, d'écorce et du moindre déchet qui traîne. « Tous, nous avons mangé des épluchures de pommes de terre et de l'herbe ; nous trouvions heureusement beaucoup de pissenlits, que nous mangions crus », précise Jacques L'Hoste.

« Nous surveillions constamment le tas de pluches, de rutas et de pommes de terre (ces légumes étaient destinés aux SS), rapporte Léon Hoebeke. Il nous était défendu d'y toucher. Ceux qui parvenaient à ramasser ces pluches étaient terriblement frappés. Pour nous éviter de les prendre, ils les arrosèrent de matières, mais malgré cela nous les mangions après les avoir essuyées sur nos rayés. »

Comme d'autres, Jacques L'Hoste confie avoir assisté à des scènes atroces et insoutenables, certains déportés, « rendus sauvages » par la faim, perdant la tête. Beaucoup essaient de tromper le manque avec quelques trucs plus ou moins efficaces : « La faim était devenue une compagne de tous les instants, explique Jean Baumel. Pour combattre cette faim nous employions tous les moyens qui nous paraissaient être sûrs par leurs effets : nous fumions des mégots, chiquions d'infâmes produits dans le but de tromper ce besoin qui nous torturait. Certains camarades se donnaient volontairement l'"illusion" d'un repas complet. Je me souviens de [Jacques] Borgnet, de

[Camille Boula de] Mareüil, qui mettaient une heure pour absorber leur soupe du dimanche, du jeune [Jean] Cazauvielh [185240] de Bordeaux qui découpait son pain en une "foultitude" de petits morceaux pour se donner l'impression d'en avoir beaucoup plus. »

La grande occupation pour lutter contre le manque est alors d'échanger des recettes de cuisine « dont à peu près 95 % d'entre nous faisaient collection » : « Lorsque nous avions digéré un canard théorique aux oranges ou un excellent cassoulet abstrait, poursuit Jean Baumel, nous avions moins faim, c'est un fait. Nous apprenions donc par cœur, faute de pouvoir les noter sur du papier, d'innombrables recettes et Desnos, qui en connaissait un nombre impressionnant, était devenu un champion dans le genre. Certains de nos camarades, les plus affamés, donnaient l'impression de vivre uniquement pour les collectionner. »

Marcel Letertre, le résistant de Châteaubriant, passe sa détention à écrire clandestinement sur des petits morceaux de papier des centaines de recettes de cuisine qu'il conserve précieusement durant son périple concentrationnaire puis, la mort venant, confie à un camarade pour qu'il les transmette à sa famille. Son petit-fils, Pierre Simon-Letertre, en a compté près de quatre cents. Le dimanche à Flossenbürg, explique ce dernier, Marcel et quelques camarades passaient leur temps libre à parler cuisine : « Il y avait là le "groupe des cinq", écrit Pierre Simon-Letertre. Ils étaient toujours ensemble : Letertre, [Émile] Letort [de Châteaubriant] [185941], [André] Malin [185994], [Michel] de Pontbriand et [Clément] Degueille [185397]. André Bessière les avait surnommés les "ambulants de la recette de cuisine", les "mousquetaires de la fringale". Il y avait aussi [Jean] Baumel, [François] Beaudoin, [Michel]

Arabeyre, [Robert] Desnos et bien d'autres. Dans ses notes, Marcel cite pas moins de trente-cinq "cuisiniers". »

Dans un petit carnet de poche, retrouvé en 2024 dans le tiroir d'une machine à coudre de Cahors, le jeune boulanger Paul Duval (185502) avait noté une centaine de recettes : cassoulet, quiche lorraine, pot-au-feu, etc.

Santé

Les conditions de travail et de vie engendrent chaque jour de nombreux morts. Les malades pullulent, les blessés abondent et les SS ne voient guère l'intérêt de développer les secours médicaux les plus élémentaires. Les infirmeries sont faméliques face à l'immense masse des déportés. Les médecins, eux-mêmes prisonniers, sont peu nombreux, les médicaments très rares, les infirmiers peu formés et les moyens dérisoires. Les conditions d'hygiène favorisent infections, épidémies et intoxications. Les maladies, les plaies, les blessures bénignes, faute de soins, dégénèrent. L'épuisement, la malnutrition, le froid transforment les états fébriles en agonie.

Les sanitaires sales et communs à tous sont source de contagion et de contamination. Il est difficile de se laver. Le savon est rare, les salles de bains inexistantes, le temps est compté, ni les habits ni les couchages ne sont nettoyés.

« Comme lavabo : un grand tuyau percé de trous tous les 50 centimètres surplombant un demi-cylindre en zinc de 10 mètres de long, formant réceptacle pour récupérer l'eau froide qui coulait librement, note Pierre Beuvelet. Comme toilettes, un petit bâtiment comportant une dizaine de trous à la "turque" séparés par des cloisons et débouchant sur des barriques de 200 litres qui étaient vidées dans les champs avoisinants lorsqu'elles étaient pleines. »

Les nazis administrent pour toute action sanitaire de nombreux vaccins aux vertus et aux buts incertains. S'agit-il d'expérimentations ou de véritables moyens de lutter contre les épidémies ? « À la porte se tiennent des "infirmiers", se souvient Michel Domenech. Armés d'une grosse seringue, ils nous injectent un vaccin (?) supposé nous protéger de je ne sais quelle maladie. Chaque remplissage de seringue permet d'effectuer une dizaine de piqûres. Mais il n'est pas question d'en changer l'aiguille. Plusieurs séances identiques ont lieu les jours suivants et je m'arrange pour y échapper, d'autant plus que certains disent que c'est pour nous stériliser… »

« Nous sommes sans cesse vaccinés, sur les bras et sur la poitrine… en série, à la queue leu leu, confirme Pierre Mallez. […] Pendant une dizaine d'années j'ai eu des démangeaisons fort désagréables sur la poitrine et sur les bras à la suite de cette douzaine de vaccins. »

L'autre action de l'administration du camp consiste à chasser les poux en rasant les cheveux et les poils des détenus et en opérant des contrôles réguliers. Le but est d'éviter la propagation du typhus, qui se transmet par ces parasites. « Des affiches dans le camp montraient un pou en gros plan, avec cette légende : "*Ein Laus, dein Tot*" (Un pou, c'est ta mort), raconte Michel Domenech. L'un après l'autre, nous passons devant un Allemand, une des autorités du block, aux allures de proxénète ; il inspecte soigneusement les endroits de prédilection des poux. […] Il faut baisser le pantalon et le caleçon. D'un air très dégoûté et avec une spatule en bois, l'Allemand m'examine. Au bout de quelques secondes, ses investigations se traduisent par un "*Laus*" qui me fait rejoindre le groupe des pouilleux. […] Il faut faire un paquet de tous ses vêtements pour qu'on les passe à l'étuve, pendant que nous prenons une douche. [...] Ces séances de douche et d'étuvage de vêtements étaient ridicules car nous retrouvions paillasses et couvertures qui, elles, n'avaient pas été étuvées. Je vivrai avec mes poux jusqu'à mon retour en France ! »

De fait, les épidémies de typhus sont légion et déciment une masse de déportés. Dysenterie, diphtérie, tuberculose, pneumonie, œdèmes, blessures et nombre d'autres maladies et maux sont le lot quotidien. Armand Roux observe, à Buchenwald, la longue file des « pauvres diables amaigris, blessés, malades, toussant sans arrêt, avec des yeux brillants, des joues creuses, des membres frissonnants dans des pantalons et des vestes trop larges, bien souvent déchirés, qui laissaient voir des os à peine recouverts d'une peau ridée, parcheminée, jaune, et ornée de plaies suintantes et d'abcès ».

Beaucoup de déportés mal portants répugnent à se rendre au *revier* rempli, dit Paul Le Goupil, de tuberculeux et de « chiasseux ». La réputation de ces antennes sanitaires sans moyens est telle que la plupart estiment qu'elles sont une étape avant le crématoire et les surnomment les « mouroirs ». « On avait tous un sentiment de peur de ce *revier*, affirme Jean-Claude Stewart, la rumeur disait qu'on en sortait plus souvent mort que guéri. »

Dans certains camps, des médecins nazis s'y adonnent à des expériences ou des expérimentations. À Flossenbürg sévit le docteur Heinrich Schmitz, qui sera condamné à mort et pendu en 1948. Il se passionne pour les amputations et les douleurs intestinales et se lance dans des opérations chirurgicales inutiles aux conséquences dramatiques. Les médecins-déportés demandent aux détenus de « surtout ne pas se plaindre de maux d'estomac. Ils s'arrangent également pour supprimer un maximum de patients de la liste des opérations du ventre programmées le mardi et le jeudi par le docteur Schmitz », précise le fils du docteur Michel Bommelaer (185107) qui, avec Jacques Michelin et Alain Legeais, officie au *revier* de Flossenbürg.

À la fin de la guerre, l'afflux de déportés, le besoin de main-d'œuvre et la multiplication des épidémies font évoluer les infirmeries vers plus de soins et moins d'expérimentations. Beaucoup de médecins français, résistants, affectés dans ces baraques vont permettre, malgré le manque de moyens, une nette amélioration. Un certain nombre sont arrivés par le convoi du 27 avril : Pierre Maynadier, trente-quatre ans, chirurgien à Rodez (Aveyron), Armand Roux, le médecin de Latillé dans la Vienne, cinquante-huit ans, Michel Bommelaer, vingt-cinq ans, externe des hôpitaux de Paris, Jean Payri (186189), quarante-quatre ans, et Victor Camus (185215), quarante-six ans, docteurs à Narbonne (Aude), Claude Delbos (185411), installé à Déville-lès-Rouen, lié aux frères Boulanger, cinquante-sept ans, Georges Ropers (186349), quarante-six ans, exerçant à Thilouze (Indre-et-Loire), Paul Denis (185435), trente-sept ans, oto-rhino au Havre (Seine-Maritime), Henri Pellet (186192), trente-sept ans, surnommé « le médecin des pauvres » à Langeais (Indre-et-Loire), Alexandre Berjonneau (185058), trente-huit ans, de Châtellerault (Vienne)… et René Trapp (186487), quarante et un ans, dentiste à Narbonne. Ce dernier, affirme Pierre Beuvelet, « disposait d'une chambre particulière et soignait les personnels du camp, prisonniers et SS, mais aussi les habitants de Flossenbürg qui le dédommageaient de toutes sortes de façons… Il avait reçu en cadeau un petit poste de TSF genre "Radiola" par un habitant civil de Flossenbürg. Cela lui permettait d'être au courant de ce qui se passait dans le monde. C'est par Trapp et les médecins français du *revier* [...] que nous étions informés sur les événements ».

Les soignants connaissent un sort moins épouvantable que les déportés de base : ils subissent moins les sévices des SS ou des kapos, sont souvent mieux nourris et, s'ils sont surmenés et doivent faire face à des situations cruelles, ils évitent les corvées et les kommandos destructeurs. Ils essaient de faire leur possible pour soigner mais aussi pour tenter de préserver les plus faibles des travaux les plus pénibles. Une dispense ou une recommandation peut sauver, au moins provisoirement, une vie.

Quelques dossiers médicaux établis dans les camps demeurent dans les archives. Henri Boulanger, le Diable noir, est hospitalisé pour une infection au poumon. Son état est suffisamment sérieux pour qu'il demeure longtemps au *revier*. Ses courbes de température sont les rares traces qu'il reste de son passage dans les camps de concentration allemands. Robert Nivromont accumule les problèmes de santé tout au long de son enfermement : les dates et les infections font l'objet d'une fiche bien conservée où l'on peut lire : « 26.7.44, *Grippe* », « 31.1.45, *Rheuma* » (rhumatisme) et autres dates et termes illisibles que viennent ponctuer régulièrement des « *entlassen* » (rejeté), fin de non-recevoir des soignants face aux demandes du déporté.

Devant la masse d'éclopés, d'épuisés et d'infectés, les moyens sont en effet insuffisants. L'accès au *revier* est limité aux cas les plus graves et aux plus fiévreux. Pierre Beuvelet est couvert d'abcès mais il n'a pas de température et ne peut donc pas rejoindre l'infirmerie : « Le seul traitement fut une pommade aussi noire que mes bubons et un pansement avec des bandes de papier qu'on aurait dit hygiénique. »

Les déportés tentent de se soigner par eux-mêmes. Jean-Claude Stewart joue ainsi les infirmiers auprès d'un jeune homme de dix-huit ans, Pierre Milande (186089), déporté avec son père André (186088) dont il a été séparé, qui « souffre le martyre », paralysé par des rhumatismes articulaires. Pour lui « éviter d'aller au *revier* », il veille sur lui, tente par l'intermédiaire d'un médecin de lui trouver des médicaments. Ce à quoi ce dernier lui répond : « On ne peut rien faire, il faut l'alimenter et rester allongé, ici il n'y a aucun calmant. »

Les médecins sont la plupart du temps démunis faute de matériel et de pharmacie. À Flossenbürg, explique Hervé Bommelaer, « cette pénurie est liée au refus du docteur [SS] Schmitz de signer les bons et les demandes régulières. [...] Elle est due également au fait que le pharmacien SS [...] fait du trafic avec des civils à l'extérieur. Il faut donc se débrouiller autrement, ce qui consiste à voler les précieux remèdes. Un détenu yougoslave qui travaille à l'infirmerie des SS dérobe ainsi, au péril de sa vie, les médicaments indispensables pour soigner une partie des malades ».

Bien des déportés assistent, impuissants, aux souffrances et à l'agonie de leurs camarades. Le colonel Pierre Cahuzac meurt ainsi à Buchenwald, faute de soins, en juin 1944, un mois après son arrivée, de « bronchopneumonie et problèmes rénaux », dit son dossier. Paul Le Goupil voit partir son camarade Michel Dubernard (185521), pompier parisien de vingt-trois ans : « Un après-midi, un copain [...] me fit savoir que Michel me demandait. [...] Je le trouvai couché sur le plancher, les os de sa grande carcasse saillant sous la couverture. Son visage gonflé d'œdèmes paraissait presque normal. Il me dit : "Tu peux manger mon pain et ma soupe, je vais crever. Tiens, prends mes affaires, tu les donneras à mes parents..."

Il y avait là un petit carnet d'adresses de gens à prévenir. [...] J'essayai de lui faire avaler sa soupe et de lui remonter le moral. Tout fut inutile. [...] Lorsque je retournai à son block, le lendemain matin, il n'était déjà plus là, emporté par la corvée des morts dans une petite baraque. »

Camaraderie

Dans l'enfer concentrationnaire, la camaraderie et la solidarité semblent le dernier luxe ainsi que le seul moyen d'échapper à l'anéantissement. Les solidarités nées au fil des camps, de Royallieu, parfois même depuis les prisons de Paris et de province ou les combats de la Résistance, jusqu'à Buchenwald, Flossenbürg ou Dora, perdurent tant bien que mal. Si parfois les affectations séparent les camarades, des groupes se reforment, Français entre eux, résistants, communistes, polytechniciens…

On tente de se distraire pendant les quelques moments libres, on s'entraide en partageant le peu de nourriture, on se soutient mutuellement pendant les coups de blues et les coups durs, les périodes d'épuisement, les maladies et les humiliations.

Affecté au « kommando extérieur » de la carrière de Janowitz avec seulement quelques dizaines de déportés, l'abbé Poutrain découvre, venant de l'enfer de Flossenbürg, « un petit quelque chose d'une vie en famille ». Marqué par des kapos sans haine et des travailleurs civils « généreux et bons », le climat, explique-t-il, « permettait à l'humain de se retrouver ». « L'un de nous, raconte-t-il, parfaitement doué pour susciter le rire, un paysan de la Haute-Marne, mon ami Mimile [Émile]

Bertrand [185068], s'asseyait sur son châlit. Il disait une drôlerie au premier qui passait près de lui et le signal était donné. Tous les Français se réunissaient autour de sa couche. [...] L'ambiance était si contagieuse que d'autres, les Polonais surtout, se glissaient parmi nous pour nous voir rire. »

Si Jean Baumel, affecté à l'usine de Flöha, ne bénéficie pas des mêmes conditions, les moments de détente sont tout aussi précieux : « Ce qui soulagea nos souffrances dans ce kommando, il faut le reconnaître, confie-t-il, c'est que nous pûmes à certains moments converser entre amis, causer de nos projets, de nos familles, de politique, et j'eus même l'occasion d'avoir quelques entretiens sur le droit et sur l'Histoire avec quelques jeunes sympathiques camarades. Ces instants de détente nous réconfortaient, nous faisaient oublier la triste réalité. » Il bavarde avec le patron de *L'Indépendant des Pyrénées-Orientales*, Georges Brousse, et discute avec Roger Mayer (186019), ancien élève de Normale Sup et agrégé de physique, de « cinéma en relief, car [Roger] était l'inventeur d'un procédé nouveau qu'il n'eut pas le temps d'exploiter avant les Américains ». Avec Robert Desnos, il échange sur la poésie et l'écriture. L'écrivain récite « ses propres œuvres à ses compagnons de captivité ou organise des soirées de chants », se souvient Robert Laurence (185857). Desnos a aussi pour particularité de lire dans les lignes de la main et profite de ce « talent » que beaucoup respectent « pour redonner courage à ceux qui pouvaient l'avoir perdu », estime Jean Baumel. « Un soir, ce fut un cas parmi tant d'autres, sans doute, un soir de cafard, poursuit-il, il prit ma main dans la sienne, c'était déjà beaucoup de sentir cette chaleur affectueuse d'une main, et il me dit tellement de "certitudes" agréables pour mon avenir sur un ton si sûr, si persuasif qu'il devenait impossible de ne pas y croire. Avec quelle émotion je me souviens, aujourd'hui, de cette tentative naïve de renflouement, et lorsque je relis certains vers de son beau poème "Les quatre sans cou", je crois retrouver sa main chaude et vivante dans la mienne :

> *"Nos mains avaient des lignes sans nombre*
> *Qui se perdaient parmi les ombres*
> *Comme des rails dans la forêt."* »

Ayant perdu pas mal de ses copains au fil des affectations, Pierre Mallez, esseulé, partant « doucement vers la dépression sans s'en rendre compte », trouve du soutien auprès de son chef de réseau, le docteur Vic Dupont : « Il vient un dimanche me retrouver au block 26 et m'emmène faire une promenade dans le camp en me remontant le moral et surtout en me secouant : "Tu te fais des idées noires inutilement. Il faut réagir sinon tu ne tiendras pas le coup !" » Pierre joue le même rôle pour un voisin de châlit, le professeur d'université Léon Mazeaud : « J'ai eu pitié de lui, l'ai secoué, lui ai affirmé qu'il fallait absolument bavarder avec ses voisins, s'occuper l'esprit par un travail intellectuel et le corps par un travail physique, qu'il ne fallait surtout pas penser à son malheur sinon il ne s'en sortirait jamais. À vingt-quatre ans, je faisais la leçon à un professeur à la Sorbonne de seize ans mon aîné. Il a réussi à tenir, à revenir en France et à reprendre sa carrière. »

« Le plus grand soutien moral qu'apportait André [Boulloche] à Michel [Bommelaer], lui aussi pianiste, fut de lui apprendre "les concertos pour piano de Schumann, certaines sonates de Beethoven et les concertos de Brandebourg" – le tout sans piano, bien entendu, indique Charles Kaiser. "Il partagea de cette manière un petit peu de son tendre cœur, de sa détermination dans le combat", et sa croyance – remarquable en pareilles circonstances – en une “quête intellectuelle d’une humanité qui trouvera toujours le moyen de s’améliorer”. »

Michel Domenech bénéficie de l’aide de ses camarades polytechniciens alors qu’il doit partir « en transport » : « Je quitte le block 5 et je rejoins un block de quarantaine, précise-t-il. [...] Une clôture en grillage nous sépare du reste du camp : je vois passer [Georges Thierry] d’Argenlieu. Il m’aperçoit, vient vers moi. Je l’informe d’un prochain départ. Il me demande : “Veux-tu un morceau de pain ? J’arrive à en avoir un peu.” Très touché par cette proposition, je ne puis qu’accepter. »

La solidarité est une arme efficace pour beaucoup et les « transports » incessants qui séparent les déportés unis dans la tourmente sont vécus comme autant de drames. Des pères et fils, des fratries, des amis sont dispersés. « Avec René Genest, on a une séparation très pénible, confie Jean-Claude Stewart, on était ensemble deux frères, liés depuis tant d’années et là, littéralement accrochés l’un à l’autre... Avec lui aussi, on ne s’est jamais revus (il fut abattu dans une colonne d’évacuation de Flossenbürg, ne pouvant plus marcher). »

La camaraderie est d’autant plus précieuse que les rapports avec l’extérieur, la famille, sont rares et erratiques. Les lettres doivent être écrites en allemand pour être lues et au besoin interceptées par les nazis. Elles sont autorisées au compte-gouttes, après de longs délais, et ne parviennent pas toujours à destination, les déportés changeant souvent de camp. Les mandats et les colis sont encore plus rares et connaissent des fortunes diverses.

« Pour recevoir un colis il faut d’abord avoir pu écrire à sa famille, explique Pierre Mallez, donc être arrivé à Buchenwald depuis longtemps, puis que les Allemands veuillent bien s’occuper de transmettre ces colis... ce qu’ils ont arrêté de faire après le Débarquement, c'est-à-dire fin juillet, début août 1944, lorsqu'ils ont eu d'autres préoccupations ! »

Les colis, chargés de victuailles ou d'habits, constituent de véritables trésors dont peu bénéficient. On les partage. Ils sont objets de vols et de ponctions. Pierre Beuvelet ne reçoit qu'« un seul des colis Croix-Rouge que mon beau-frère René Laurent m'envoyait chaque semaine, explique-t-il. C'étaient des colis Croix-Rouge officiels et les SS se les attribuaient automatiquement, je l'ai appris bien plus tard ».

« Début août, se souvient Michel Domenech, les colis de France commencèrent à arriver et le 6 mon premier colis arriva. Outre la nourriture, ces envois nous apportèrent une monnaie d'échange appréciable avec les cigarettes qu'ils contenaient. » Cette aide dont les déportés pensent qu'elle va devenir régulière ne dure pas. Michel ne reçoit en tout et pour tout que deux paquets. Du reste, confie-t-il, « les colis posaient des problèmes pratiques : comment garder les provisions que nous avions reçues ? Il était hors de question de les entreposer au block pendant que l'on allait au travail, aussi étions-nous obligés de les garder avec nous. Mais, paraît-il, avoir des provisions sur soi pouvait être considéré comme une tentative d'évasion ! » Malgré la rareté et la ponction opérée par SS et kapos, ainsi que le partage instauré avec son ami, Michel en tire un bénéfice durable : « Avec cinq cigarettes nous avons pu nous procurer, auprès du magasin d'habillement, des vêtements plus propres et plus chauds ; pour ce prix-là, j'obtins également un joli couvre-chef, comme en portent les Russes en hiver, ainsi que des chaussures de cuir, ce qui me permit d'abandonner mes semelles de bois recouvertes de toile sur l'avant. »

Sur la quinzaine de colis que sa femme Maguy lui envoie, Jean Baumel en réceptionne seulement trois mais ils sont essentiels : « Ces colis me sauvèrent la vie, dit-il. Ils arrivèrent à des moments de fatigue physique prononcée, et malgré les prélèvements des kapos et la mise en commun partielle en usage dans notre groupe, ils me procurèrent quelques matières grasses et du sucre indispensables à ma survie. »

Comme les colis, les mandats ont un sort incertain. Les archives des camps gardent la mémoire des tentatives des familles d'offrir aux déportés de quoi améliorer un ordinaire dont elles ignorent tout : « Mme Le Goupil, 37, rue Edgar-Quinet, Petit-Quevilly, Seine-Inférieure », envoie le 17 juillet 1944, via le Crédit lyonnais, 30 reichsmarks à « Paul Le Goupil, Block 40, Buchenwald, Weimar 15 ». « Mme Besnard, 2, rue Félix-Rigot, Château-Gontier, Mayenne », adresse le 4 août 1944 à « Jacques Besnard 58 502, Block 57, Weimar, Buchenwald », 100 reichsmarks.

Les lettres sont aussi difficiles à recevoir. S'il a bien eu quelques colis de sa femme, Jean Baumel n'a jamais, en revanche, réceptionné ses courriers et n'a pu lui écrire que deux fois. Les détenus n'ont droit en effet qu'à une à deux missives par mois. Un droit que, dans la pratique, ils ne peuvent exercer que les premiers temps. « Ma première lettre, je peux l'écrire le 23 juin 1944, en allemand grâce à la traduction d'un camarade, très anodine pour être sûr qu'elle arrive et rassure mes parents sur mon sort, précise Pierre Mallez. Cette lettre leur parviendra le 11 septembre 1944 ! Le 20 août, j'ai pu écrire une deuxième lettre, mais elle ne partira jamais pour cause de bombardements. Mes parents ont donc essayé de m'écrire ou de m'envoyer des colis à partir de septembre, mais rien ne m'est parvenu. »

Les lettres des déportés sont vidées de toute vérité ou détail sur la réalité des camps. Michel Domenech envoie des mots très « banals » : « Je suis en bonne santé, on peut m'écrire une fois par mois. J'indique le contenu des paquets à envoyer et j'espère que la famille et les amis se portent bien. » Henri Margraff se souvient que « seule une formule lapidaire était admise, écrite en allemand : "Je suis ici, je vais bien, on peut m'écrire tous les mois" ».

Michel Domenech utilise un code pour tromper la vigilance des censeurs : « Lorsque mon père était au front, pendant la Première Guerre mondiale, dans ses lettres, censurées, il mettait un point sous certaines lettres dont l'ensemble précisait assez secrètement le lieu où il se trouvait. J'utilisai le procédé. » Le code, bien compris par sa mère, lui permet de réclamer de l'aspirine et d'adresser « espoir » et « courage », guère plus.

« Cher Papa, commence André Boulloche, j'ai enfin droit de t'écrire une lettre. Je suis en bonne santé, ma blessure est en meilleur état et mon moral est excellent. J'espère recevoir des lettres de toi bientôt. Je t'écrirai une fois par mois. »

Depuis l'usine de Flöha, dépendant de Flossenbürg, Marcel Letertre peut envoyer une courte carte à ses proches sur du papier à en-tête du camp où sont reproduits en caractères gothiques les consignes et règlements concernant le courrier : « Chaque détenu a le droit de recevoir et d'envoyer 2 lettres ou 2 cartes par mois. Les lignes doivent être claires et lisibles. [...] Les paquets, peu importe leur contenu, sont interdits. » Il est précisé que les « envois d'argent sont admis uniquement par demande à la poste » et qu'« on peut tout acheter au sein du camp »... De même, il est signifié, toujours en allemand et en caractères gothiques, à ceux à qui est destinée la lettre : « La date de libération du détenu ne peut pas encore être communiquée. Il ne sert à rien de la demander. »

Mais l'administration de Flöha change finalement le règlement. Les déportés ont droit d'écrire sur papier libre sans être tenus à des formules lapidaires. Marcel Letertre se veut optimiste pour ne pas inquiéter la famille : « Ma chère petite

Geneviève, enfants et mère. Je suis au camp de Flöha en Saxe, écrit-il. Je suis en bonne santé, moral excellent. Chez nous, il y a plusieurs camarades du pays. Je me porte très bien. » Il réclame des colis : « Vous pouvez aussi envoyer des paquets par la Croix-Rouge. » Il a besoin de tabac, de conserves, de biscuits, de sucre et d'une paire de chaussettes.

Jean Baumel veut lui « des denrées alimentaires que l'on puisse manger de suite, sucre, chocolats, biscuits, viande, conserves, sel, tabac, mais rien à cuire. Ces paquets doivent être bien faits, aucun vêtement, sauf deux mouchoirs de poche ».

Desnos écrit à Youki : « Notre souffrance serait intolérable si nous ne pouvions la considérer comme une maladie passagère et sentimentale, affirme-t-il. Nos retrouvailles embelliront notre vie pour au moins trente ans. De mon côté, je prends une bonne gorgée de jeunesse ; je reviendrai rempli d'amour et de forces ! » Il promet à sa compagne mille merveilles à son retour et remercie ses amis : « J'ai reçu, il y a huit jours, un paquet de Jean-Louis Barrault. Embrasse-le ainsi que Madeleine Renaud. Ce paquet me prouve que ma lettre est arrivée. » Il a également reçu quatre courriers auxquels, dit-il, il ne peut pas répondre : « Je n'ai droit qu'à une lettre par mois. Toujours rien de ta main, mais ils me donnent des nouvelles de toi ; ce sera pour la prochaine fois. J'espère en cette lettre et en notre vie à venir. Mon amour, je t'embrasse aussi tendrement que l'honorabilité l'admet dans une lettre qui passera par la censure. » Ces quelques rares nouvelles le raccrochent à la vie et à l'existence qui était la sienne quelques mois auparavant. « Que deviennent mes livres à l'impression ? demande-t-il. [...] Tu peux [...] dire à Gallimard que dans les trois mois qui suivront mon retour, il recevra le manuscrit d'un roman d'amour d'un genre tout nouveau. » L'écrivain lutte contre l'anéantissement en poursuivant son œuvre comme il le peut : « J'ai beaucoup d'idées de poèmes et de romans. Je regrette de n'avoir ni la liberté ni le temps de les écrire. »

Dans une autre lettre, la dernière, datée de janvier 1945, il confie : « Je trouve un abri dans la poésie. » Et s'inquiète à nouveau de ses ouvrages : « Est-ce que la NRF a redonné *Fortunes* et *Le vin est tiré* ? Demande à Ferdière ce qu'il en est du livre qui devait paraître à Rodez. Est-ce que celui sur Labisse est paru ? Et celui qui devait être édité à Bruxelles ? » Le courrier, même sans retour, est un lien avec les siens. Après avoir rédigé une procuration pour que sa compagne puisse le représenter et qu'elle soit instituée son « héritière universelle », il adresse ses pensées à ses proches en forme d'adieu : « Mes amitiés à tous ceux que j'ai admirés, à tous ceux dont tu m'as parlé, à tous ceux que je n'oublie pas mais que je ne peux nommer à cause du manque de place. Que deviennent Jeanson et Galtier ? [...] Vois aussi Éluard, Morin, Vaillant à *Paris-Midi*, Pascal Pia, qui connaissent mes affaires. Amitié au bon Docteur et au grand Hemingway. »

Le moral

Dans ce monde sans échappée, il paraît impossible de garder le moral, ce ressort pourtant indispensable à la survie. Se laisser dépérir, sombrer même peu de temps équivaut à une mort certaine. Pour beaucoup, les premiers temps sont particulièrement éprouvants. Si, pour certains, la prison, la Gestapo, les mauvais traitements ont constitué une douloureuse préparation à l'enfer concentrationnaire, d'autres, raflés par hasard, perdent pied dans un univers dont l'horreur n'était ni imaginable ni prévisible.

« Le petit [Jean] Lascombes, étudiant de Clermont-Ferrand, ramassé dans la rafle générale de mars 1944 après l'attentat de la Poterne, qui échoua ici avec notre convoi, n'était nullement préparé à ce genre d'horreurs et n'avait même plus la force de se tenir debout, raconte Henri Margraff. Refoulé par [le docteur] Schmitz après quelques jours au *revier* sous prétexte qu'il n'avait pas de maladie, il s'était affaissé, exsangue et blanc comme la craie, contre les planches de mon block, ce troisième dimanche de septembre. Je l'ai soulevé dans mes bras et, accompagné du *schreiber* (secrétaire) du block, [...] l'ai porté jusqu'au [...] *revier* où, malgré les explications du *schreiber*, il se vit refuser l'entrée, Schmitz ayant interdit tout accueil en son absence. [...] Il ne fut admis au *revier* que le lendemain.

J'allais être le dernier, à l'aube de ce matin-là, à lui adresser quelques paroles de consolation. »

Henri flanche lui aussi : « Je sentis sur moi, en dépit d'efforts désespérés de volonté, l'épuisement total et l'effondrement vers la mort, écrit-il. Pour la première fois je sus ce que c'est que de vraiment se sentir "partir". Pendant bien deux jours, quelques camarades, que j'avais aidés auparavant, m'encouragèrent de la voix, du geste ou en me soutenant par moments. » Sans savoir comment, il parvient à trouver « une espèce de second souffle », s'adapte et survit : « Beaucoup n'y réussirent pas, car il suffisait d'un rien, qu'un kapo leur tape dessus juste au moment où il apercevait un homme faiblir pour que la dégringolade définitive se déclenche. »

Pour Pierre Mallez, la survie passe par sa capacité à « profiter de tous les instants possibles pour s'évader mentalement », à savoir encore rire et faire des blagues, « des bons moments de détente qui font oublier le reste pendant quelques minutes ». Ce qui fait tenir, ce sont aussi, ce sont surtout les nouvelles de la guerre. Quelques semaines après leur arrivée dans les camps, les hommes du convoi du 27 avril apprennent que les Alliés ont débarqué en Normandie. Enfin ! Pour beaucoup, c'est l'assurance que la guerre s'achève et qu'ils ne resteront pas longtemps dans ces camps. L'énorme armada va libérer la France en quelques jours, croit-on, et les Allemands, repoussés à l'ouest par les Anglo-Américains et à l'est par les Soviétiques, sont foutus. « Certains, et non des moindres, voyaient Paris libéré sous huit jours et nous-mêmes en quelques semaines, rapporte Henri Margraff. C'était là s'exposer à une douloureuse déception [...], aggravant les difficultés de survie. Pour ma part, j'essayais de faire partager le point de vue que, si les Russes reprenaient à leur tour leur grande offensive sur le front est – ce qu'ils firent effectivement fin juin 1944 –, nous pourrions compter sur une libération en septembre et n'aurions donc qu'un été à survivre dans ce camp. »

Quand, déjà épuisé, l'abbé Poutrain est ausculté par le docteur Pellet, ce dernier lui glisse : « Vous êtes évidemment mal en point mais vous tiendrez bien encore trois semaines. Le Débarquement vient d'avoir lieu. D'ici là, nous serons libérés. »

Mais les Alliés piétinent en Normandie. Il leur faut plus de deux mois et demi pour atteindre Paris. Strasbourg est encore loin. La route est longue jusqu'à Buchenwald et Flossenbürg. Le moral fluctue. Les déportés doivent différer leurs prévisions. Ils continuent d'espérer une libération avant l'hiver mais les doutes sont de plus en plus forts. Un report ne serait-ce que de quelques semaines est source de désespoir. Dans les camps, une journée est une éternité. Mais le 24 août, alors que la 2e DB du général Leclerc entre dans Paris, un bombardement détruit le camp de Buchenwald. « Une pluie de bombes s'abat tout autour de nous ; les uns courent en tous sens ; d'autres restent terrés, raconte François Jacquemin. [...] Ainsi que quelques internés, je tente de franchir en courant le cordon de SS qui gardent les abords du camp. Nous sommes reçus par des rafales de mitraillette. Quelques compagnons tombent. Je me cache derrière un arbre, puis regagne le petit bois. [...] Bientôt nous sommes entourés d'immenses murs de flammes qu'il semble impossible de traverser. »

Les Alliés ciblent les usines d'armement. De nombreux prisonniers périssent, ainsi que des centaines de SS. Les déportés sont requis pour secourir les blessés puis, les jours suivants, pour déblayer les décombres. La caserne SS est détruite, les villas du commandant et des officiers supérieurs grandement endommagées. « Tout est rasé sauf un vaste bâtiment assez haut à l'entrée des quais, au bord de la forêt. Il est parfaitement intact, précise Pierre Mallez qui, avec un appareil photo, prend clandestinement des clichés. [...] Nous comprenons alors une des raisons de notre activité dans ces ateliers, et par conséquent celle de ce bombardement du 24 août : un superbe V2 en cours de montage. V2 parce que beaucoup plus grand que les V1 qui avaient été détruits dans le bâtiment contigu. [...] En poursuivant notre visite, nous découvrons que les ateliers successifs servaient à fabriquer et à monter des armes, des affûts de canon, etc. »

Après la peur et la satisfaction, la déception l'emporte : « Deux heures durant, éclairés par les projecteurs puissants, entourés de bâtiments en feu et près du crématoire d'où montent des flammes de 2 mètres – on brûle les corps des victimes –, nous avons l'impression de vivre une scène d'enfer, écrit François Jacquemin. Le haut-parleur, promptement rétabli, crie des ordres, appelle des numéros. Le *Lagerführer* n° 2 [le commandant adjoint] nous annonce la mort de sa femme et de ses enfants : vive satisfaction générale... »

La guerre s'approche et les nazis ploient sous les bombes. Dans les décombres du camp, les déportés découvrent l'arbre de Goethe carbonisé. Ce chêne sous lequel venait se tenir le philosophe allemand des XVIIIe et XIXe siècles était, au cœur de Buchenwald, le symbole de l'Allemagne éternelle. La légende disait que lorsque l'arbre disparaîtrait, l'Empire allemand s'écroulerait.

Le bombardement de Buchenwald, s'il engendre un regain d'optimisme, n'améliore pas la vie des prisonniers. Les Allemands veulent plus que jamais enterrer leurs usines et avalent une masse toujours plus grande d'esclaves pour le faire alors que les convois ont cessé de partir de Compiègne. Après avoir déblayé pendant deux mois les débris, la plupart des détenus, faute d'ateliers, sont transférés dans les usines souterraines qui tournent à plein régime. François Jacquemin part à Plömnitz, Paul Le Goupil à Langenstein.

À la fin de l'été, les Soviétiques sont en Pologne et en Roumanie, la France, après les débarquements de Normandie et de Provence, est en grande partie libérée. Les prisonniers apprennent avec bonheur que leur ville ou leur village a chassé « les Boches ». Mais les colis et les lettres n'arrivent plus. Les liens sont coupés.

Au début de l'automne, les Allemands résistent et, s'ils ont été chassés de la plupart des pays conquis, ils défendent avec âpreté leur territoire. Installés au cœur du Reich, les usines d'armement et les camps de concentration paraissent encore à mille lieues des armées libératrices. De leur production dépend la survie du IIIe Reich.

Évasion

L'issue de plus en plus tardive attise les rêves d'évasion. Pierrot Mussetta, l'Italien naturalisé français auteur de nombreux coups de main dans la Résistance, tente sa chance un jour d'orage alors qu'il est en forêt pour entretenir des voies ferrées. Il est parvenu à se faire transférer dans le kommando de Schwerte qui, situé à 300 kilomètres à l'ouest de Buchenwald, a l'avantage d'être seulement à 300 kilomètres de la frontière française. Il profite d'un moment d'inattention des gardiens pour filer à toutes jambes sans se retourner. Une rivière lui sert de cachette et empêche les chiens de retrouver sa trace. Commence pour lui un improbable périple marqué par la chance, entamé en tenue rayée de déporté puis, après avoir fauché des habits de paysan, en costume civil à travers l'ouest de l'Allemagne dont il ne parle pas la langue. Voyageant à travers champs, il bénéficie de l'aide de prisonniers de guerre français, franchit la frontière germano-belge et est pris en charge ensuite par un réseau de Résistance. Il arrive à Paris quarante-sept jours après son évasion, sain et sauf, juste à temps pour participer aux combats de la Libération.

Michel Garder (186552), un militaire d'origine russe de vingt-huit ans, et Robert Bonnaud (185112), prof et chef de réseau dans la Résistance, ont moins de chance. Tous les deux, liés depuis le camp de Royallieu, ont été transférés à l'usine de Flöha dont ils décident de s'échapper. « Fin octobre, explique Michel, notre projet d'évasion était arrêté, nous partirions vers le 11 novembre pour fêter cette grande victoire française sur l'Allemagne. » Les deux hommes profitent de la corvée des cuisines du matin pour sortir, alors que le jour n'est pas encore levé, « chercher du bois ». Sous la neige qui tombe abondamment, ils assomment la sentinelle qui les surveille et s'enfuient. Depuis un mirador, un soldat les surprend et tire dans leur direction. « Nous avons couru dans la rue qui passait devant l'usine pour nous diriger vers le petit chemin qui montait vers la forêt et que nous avions repéré lors de nos observations. » L'alerte est donnée. Les deux hommes fuient alors que le jour se lève. « Nous entendions les chiens qui étaient à notre recherche avec les SS qui donnaient des ordres. Nous sommes restés cachés dans cette forêt toute la journée. » Mais Robert a de la fièvre et ne se sent pas bien : « Je l'ai pris dans mes bras en l'appuyant sur ma poitrine afin qu'il puisse se réchauffer, explique Michel, j'entendais ses poumons qui ronflaient comme un soufflet de forge. J'ai tout de suite compris qu'il faisait une congestion pulmonaire. »

L'objectif est, grâce à une boussole, de filer plein sud en direction de la frontière tchèque « afin de rencontrer un éventuel maquis ou groupe de résistants tchèques dont nous supposions la présence ». À la tombée de la nuit, au plus mal, Bonnaud est incapable d'avancer. « J'ai porté Robert sur mon dos, poursuit Michel. Très fatigué moi-même, je ne pus faire que quelques kilomètres. Robert voyant qu'il retardait notre fuite me dit : "Michel, laisse-moi mourir ici dans la neige." » Mais Garder aperçoit une ferme et pousse son camarade à s'y rendre : « "Peut-être que le patron aura pitié de toi, tu diras que tu m'as suivi par force", lui lance-t-il. [...] Vers 17 h 30-

18 heures, ce 11 novembre 1944, poursuit-il, nous nous étreignîmes. Il pleurait comme un enfant. En titubant, il se dirigea vers les bâtiments. Il tombait, il se relevait péniblement. Je revois cette petite ombre frêle se détachant sur la neige. »

Michel reprend sa route quand, provenant de la ferme, il entend un tir. Le « patron » a abattu sans sommation Robert Bonnaud d'un coup de fusil. Michel poursuit son périple puis, épuisé, défait, à bout, décide de se rendre. Il frappe à la porte d'une maison du premier village qu'il traverse : « Je suis prisonnier, ma vie est entre vos mains », lance-t-il en allemand à l'homme qui lui ouvre. C'est un soldat de la Wehrmacht en permission qui, après réflexion, le prévient que sa femme va partir avertir les gendarmes mais qu'il a une demi-heure pour s'échapper, après l'avoir assommé, pour lui éviter tout ennui. « Je ne me sentais pas la force de continuer mon évasion », avoue Michel.

Il est bientôt ramené au camp par les SS. Battu, laissé debout vingt-quatre heures dans la neige, il survit grâce à l'aide discrète de prisonniers russes. On coud sur ses vêtements un « disque rouge indiquant un individu dangereux, à abattre sans sommation » mais il échappe à la pendaison. Il récidive quelques mois plus tard, en avril 1945, avec des prisonniers russes, profitant d'un bombardement allié. À peine dehors, il est repris. « Je savais que, cette fois-ci, je n'échapperais pas à la pendaison. » Le commandant confirme la sentence. « Je sus par des camarades, qui passaient à proximité de nous en nous lançant de petites boules de pain que nous attrapions avec la bouche, que cette pendaison aurait bien lieu le lendemain matin. » Mais le soir, Robert Desnos, bien informé, lui affirme qu'il ne sera pas éliminé. Les exécutions ayant lieu avant la journée de travail, Michel voit avec joie, à l'heure dite, ses camarades disparaître vers leurs activités. Il est finalement versé dans la section disciplinaire et échappe encore à la mort.

À Dora, début novembre 1944, les racontars d'un espion, Maurice Naegel, entraînent une vague d'arrestations. On soupçonne un groupe de déportés français de vouloir se faire la belle. Frère Alfred et Paul Chandon-Moët sont transférés à la prison civile de Nordhausen. Interrogés et battus, ils sont ensuite renvoyés au *bunker* (la prison) de Dora. « Les nombreuses arrestations russes avaient surpeuplé les cellules, rapporte frère Alfred. Celles-ci mesuraient 1,70 mètre sur 2,50 mètres et n'avaient comme ouverture qu'une étroite lucarne à gros barreaux. Nous étions dix-sept à vingt-trois détenus par cellule ; il était impossible de s'étendre ou de s'asseoir sinon les uns sur les autres. Les interrogatoires avaient lieu parfois le jour, mais de préférence au cours de la nuit. »

Un long hiver

Comme Michel Garder et Robert Bonnaud, les déportés voient arriver l'hiver avec angoisse. Si certains espèrent encore être libérés pour Noël, la plupart commencent à douter. L'automne est particulièrement difficile. Les nouvelles sont mauvaises. Les Français peinent en Alsace, les Alliés piétinent dans l'Escaut et Hitler fait donner ses V1. Il est de plus en plus vital pour lui de fabriquer massivement ces « armes secrètes ». Les déportés du convoi du 27 avril sont plus que jamais mis à contribution et disséminés dans de nombreux kommandos. L'un des plus meurtriers est celui de Hersbruck, à l'est de Nuremberg (Bavière). Il s'agit de creuser des galeries dans la montagne pour y produire, à l'abri des bombardements, des moteurs d'avions BMW. Les brutalités des SS, les exécutions sommaires, les conditions de vie et de travail font que sur les cent trente-cinq Tatoués envoyés là-bas, seuls vingt-huit vont en réchapper.

Durant l'automne et l'hiver, « ce fut une hécatombe », note Henri Margraff. René Saint-Rémy Pellissier, qui avait abrité dans son château les hommes d'Uriage, vingt-quatre ans ; Yves Toanen, le chef communiste de Paimpol, trente-deux ans ; Robert Blazeix, vingt ans, Georges Aufaure, trente-trois ans, Marcel Augère, à deux jours de son trentième anniversaire, tous les trois arrêtés à Clermont-Ferrand après l'attentat de la Poterne ; Alain Raymond – ou plutôt Alain Balme de Sainte-Julie puisque c'est sous ce nom que son décès est enregistré –, vingt-trois ans ; François Périllat, trente-trois ans, et Joseph Lançon, cinquante ans, les « passeurs » de la frontière suisse dévoués à l'abbé Rosay ; Pierre Fénié, le courageux directeur de lycée dans lequel il avait caché des Juifs, quarante ans ; Marc Rambeau, lié à la famille Goupille, vingt-six ans, et Abraham Chelbluns, le lycéen juif de la rue Ramponneau (Paris), inscrit sous le nom d'Albert Chelblions, sont quelques-uns de ceux dont les cadavres reviennent dans « un train entier » à Flossenbürg pour y être incinérés, indique Henri.

Le retour des dépouilles brise un peu plus le moral de ceux qui peinent à survivre. Les espoirs de l'été ont été engloutis par l'automne, et alors que les Allemands mènent une grande contre-offensive dans les Ardennes, l'hiver, glacial, s'annonce long et désespérant. « Qu'il est triste, ce Noël 1944 dans la misère, le froid, la faim, la faiblesse et le labeur écrasant, se remémore François Jacquemin. Pour accentuer notre isolement et notre spleen, les SS ordonnent un arbre de Noël dans le camp. Ils nous accablent de musique, de vœux et de coups. À l'appel, le commandant termine par un "Bon Noël à tous" qui tombe sur nous comme un fardeau de plus. Les promesses de suppléments alimentaires ne sont pas tenues. Certains travaillent dans la neige le jour de Noël, tandis que l'infirmerie enregistre cette semaine le maximum de décès. »

Mais en janvier 1945, l'espoir renaît. La contre-offensive des Ardennes se solde par un échec et les Russes reprennent l'offensive et progressent à l'est. Les Allemands perdent des hommes, du matériel, des territoires et des ressources. S'ils résistent, leur défaite est désormais une question de semaines. Auschwitz est évacué. Chez les déportés, un regain d'optimisme s'accompagne d'un sombre désespoir. Leur situation dans un IIIe Reich exsangue qui manque de tout rend leur survie de plus en plus hypothétique.

« Les rations diminuent, note François Jacquemin. Après avoir reçu 300 grammes de pain, puis 250, on tombe à 200 avec la même soupe liquide. [...] On assiste à de véritables bagarres autour des tas d'ordures, où gisent les épluchures de légumes. » « En février 1945, il y eut à Buchenwald un grand nombre de morts, précise Jacques L'Hoste. Les rations alimentaires devenaient de plus en plus ridicules et on ne comptait plus ceux qui mouraient de faim. Il y eut des scènes [de cannibalisme] atroces. » À mesure que les semaines passent et que les Allemands reculent, une atmosphère de fin de règne flotte. Les nazis ont compris désormais que la défaite est inéluctable. Dans les camps, le travail se relâche, le matériel manque. Pierre Mallez est chargé avec d'autres de réceptionner, faute de camions, un train de marchandises : « Quelle horreur, s'exclame-t-il. Dans chaque wagon ouvert un monceau de cadavres, plus ou moins grouillant, recouvert de neige gelée. Il en sort parfois un squelette vacillant, hébété, pratiquement fou. Un détenu qui a réussi à survivre, protégé du froid par ceux qui sont empilés au-dessus de lui. C'est un convoi de détenus évacués d'Auschwitz le 27 janvier 1945 avant l'arrivée des troupes russes ! »

D'autres assistent aux passages de trains remplis de wagons sans toit d'où dépassent les têtes frigorifiées des déportés en transit. « La rame défilait lentement sous nos yeux. Ils étaient tassés, du moins ceux qui restaient, sur des plates-formes nues, découvertes. Un spectacle d'horreur », souligne Henri Margraff. Quelques survivants faméliques errent comme des fantômes dans les camps où ils sont envoyés. « Je pense que c'est là que j'ai côtoyé la misère extrême », confie Henri en pensant à ceux transférés à Flossenbürg. L'accumulation de fatigue, les mois de malnutrition, le froid et les mauvais traitements, le manque de soins, les épidémies qui se répandent provoquent des hécatombes. Le juge Jacques Besnard, vingt-huit ans, meurt le 5 février à Buchenwald, le scout de Clermont-Ferrand Henri Coquelut, à Kamenz, le 18 février, à l'âge de dix-neuf ans.

« Nous dûmes également assister impuissants, explique Henri Margraff, à l'inexorable affaiblissement de Marcel Gallot [185607], de Montpellier, qui à trente-sept ans avait tenu le coup jusque-là malgré une sciatique en la circonstance à peine supportable et invalidante. Alors qu'il se traînait péniblement aux latrines, l'équipe de kapos se jeta sur lui pour lui dérober des bijoux qu'il avait pu cacher dans son appareil de prothèse dentaire. Je le verrai toujours allongé, méconnaissable, dans la charrette qui remontait au camp central, où il me jeta un dernier regard que je ne puis oublier. »

Pour lutter contre l'anéantissement, Henri et d'autres trouvent leur salut dans l'aide aux plus faibles : « Conscient de ne plus rien pouvoir de plus pour moi-même, dit-il, détaché en quelque sorte de moi-même, j'ai réalisé que ma dernière chance propre consistait tout simplement à me soucier des autres jusqu'à ce que je n'en puisse plus. »

Le typhus se répand. Parmi de nombreux autres, Pierre Eudes, Léon Hoebeke, Henri Margraff, l'abbé Poutrain sont atteints. Ce dernier reste « treize jours dans le coma [...] sans soins, sans remèdes, sans nourriture ». Il doit sa survie à un voisin de châlit : « Tous les midis, il allait chercher ma soupe. Avec le dos de la cuiller, il me desserrait les dents afin que je puisse l'ingurgiter. »

En mars, la guerre touche à sa fin. « Ce devait être autour du 10 mars que les camarades du kommando "Stich" nous dirent un soir avoir capté la chute de Remagen, raconte Henri Margraff. Cela ne leur disait rien de spécial mais moi je connaissais bien la Rhénanie et je pus préciser à mes compagnons que les Américains avaient franchi le Rhin et que pour l'Allemagne, après la Prusse en février, toute la Ruhr allait être perdue. » La libération est pour bientôt. À Buchenwald, on se prépare au dernier combat. « Vint le moment d'organiser une résistance intérieure, en prévision des événements que nous sentions de plus en plus proches, assure Jacques L'Hoste. Je fis partie des volontaires constitués en compagnies et en sections. Nous étions décidés fermement à agir, au moment opportun, pour livrer la dernière bataille et vendre chèrement notre peau. »

Alors que les Soviétiques et les Américains approchent, l'hécatombe se poursuit. On meurt de plus en plus de faim, d'épuisement et de maladie : Henri Boulanger, le Diable noir, trente-huit ans, et Robert Lozach, dix-neuf ans, un des jeunes arrêtés à la fête du nouvel an d'Audierne dans le Finistère, s'éteignent le 8 mars à Flossenbürg ; René Vivat, dix-huit ans, raflé à l'Académie de billard de Clermont-Ferrand, le même jour à Bergen-Belsen ; Charles Geeraert, le directeur de l'imprimerie de Marc Sangnier, le 23, à Buchenwald, à soixante-quatre ans ; le polytechnicien Robert Lateulade, de Bordeaux, le 25, à Mauthausen, deux jours après son vingt-sixième anniversaire ; Yvon Toquec, vingt-six ans, du réseau Brutus, arrêté sur dénonciation du traître Pitou, le 27, à Janowitz ; Pierre Labro, le jeune résistant de Cahors, le 29, à Flossenbürg, quinze jours après ses vingt ans… L'abbé Jean Rosay meurt à Bergen-Belsen à une date indéterminée, probablement entre le 10 et le 15 avril.

Dès la percée des armées soviétiques en Pologne, les nazis ont décidé que les camps devaient être évacués et les prisonniers transférés dans les territoires sous contrôle allemand. Un mélange sordide d'absurde et de sadisme empêche ainsi les milliers de déportés, pour la plupart épuisés, malades ou à l'article de la mort, d'être libérés et secourus. L'idée semble-t-il est de rapatrier ces milliers d'esclaves à bout de souffle pour maintenir la production d'armes et de matériel mais aussi de dissimuler l'ignominie inimaginable dont ils sont à la fois les témoins et les victimes.

Alors que l'Allemagne agonise, que de nombreuses villes sont détruites sous les bombes, que la Wehrmacht est défaite à l'est comme à l'ouest, que le Grand Reich se réduit à un territoire étroit, que les moyens de transport se font rares, les nazis se lancent, au fil de leur retraite, dans le déplacement de masse de déportés faméliques, comme si ces troupes sans armes ni forces devenues inopérantes constituaient un élément indispensable de leur combat. Si les détenus de Buchenwald, de Flossenbürg, de Dora et d'ailleurs vivent dès la fin mars dans l'attente fébrile de l'arrivée des troupes alliées, ils redoutent de plus en plus l'attitude de leurs geôliers. Les nombreux déportés arrivés des camps déjà évacués laissent entrevoir que les SS obéiront aux ordres jusqu'à la fin, qu'importe qu'ils soient absurdes, inhumains et contre-productifs.

Évacuation

Le dimanche 8 avril, Pierre Mallez entend des canons du côté d'Erfurt, la grande cité située à 20 kilomètres à l'ouest de Buchenwald. Les Américains arrivent. Les SS rassemblent les déportés ou du moins s'y essaient. Ils sont plus de quatre-vingt mille. Pour la première fois, les détenus refusent d'obtempérer. Les Allemands doivent aller les chercher dans les blocks, mitraillette à la main. Le temps pressant, ils n'en prennent qu'une partie et, sans tarder, organisent une première évacuation.

« En arrivant à Weimar en début d'après-midi, nous sommes "accueillis" par des femmes et des enfants accourus voir ce défilé d'hommes en guenilles. Pour tout témoignage de sympathie nous recevons des crachats », rapporte Pierre Mallez. Les hommes sont ensuite embarqués, à la gare, dans des wagons découverts, avec « deux tiers de pain et deux bâtons de margarine ». Commence alors un long périple à travers l'Allemagne en feu, direction le sud qui, entre les Alliés à l'ouest et les Soviétiques à l'est, reste encore sous le contrôle du Reich. Après six jours de voyage erratique, le convoi est, le 14 avril, scindé en deux. Trois mille hommes partent à pied à Flossenbürg, les autres restent dans le train qui « zigzague », change de direction, fait demi-tour, passe la frontière tchèque.

« Nous recevons là un accueil magnifique de la population, témoigne Pierre Mallez. Les femmes en robe et foulard veulent nous ravitailler, les SS tirent sur elles pour les faire reculer. Elles reviennent à la charge et sont finalement les plus fortes. Les SS capitulent et nous laissent descendre de nos tombereaux pour manger cette soupe et ce pain tchèque. »

Les déportés sont utilisés pour réparer trains et voies ferrées endommagés par les bombardements. Ils vont de gare en gare, de ville en ville. Le 27 avril, ils stationnent à Salzburg. C'est là que le 2 mai 1945, enfin, les SS disparaissent.

« Il a neigé, il fait froid, se souvient Pierre Mallez. Je suis de repos [...]. Les camarades rentrent à midi avec des nouvelles sensationnelles. Le commandant a annoncé qu'il partait avec sa troupe, emmenant les Tchèques en autocar. Salzburg est déclarée ville ouverte. Nous devons attendre les Américains, qui ne sont pas loin. »

Comme d'autres, Jacques L'Hoste fait partie de ceux qui sont restés à Buchenwald et se terrent dans leurs blocks pendant plusieurs jours. « La canonnade approchait, se rappelle-t-il. On devinait les Américains très proches. Nous étions le 11 avril. [...] La route était maintenant coupée. Vers 4 heures du soir, la fusillade éclata tout près. Alors, le mot d'ordre fut lancé. Des armes, que l'on avait réussi à passer pièce par pièce de l'usine, surgirent. Elles étaient enterrées sous les planchers des baraques. Elles furent distribuées aux compagnies. Alors, ce fut l'enthousiasme, pour la première fois depuis de longs mois. D'un côté, les tanks américains, de l'autre, nous. Les SS se replièrent et, à 4 h 20 exactement, le camp fut libéré. De partout surgirent les drapeaux blancs flottant sur les baraques. »

L'organisation clandestine du camp, dirigée, pour les Français, par Marcel Paul et le gaulliste Henri Manhès, a depuis longtemps préparé la libération. L'objectif prioritaire était de pouvoir se défendre si les SS décidaient de ne laisser derrière eux aucun survivant. Les déportés ont volé des armes dans les usines, les ont cachées dans le camp, ont mis sur pied un réseau sûr de combattants malgré la peur des « mouchards » et des représailles. Ils prennent le contrôle de Buchenwald le 11 avril.

Les marches de la mort

Ce 11 avril, à 100 kilomètres plus au nord de Buchenwald, le chef du camp de Plömnitz prévient les déportés : « Étant donné la situation militaire, vous n'irez pas au travail demain. Il se peut que j'évacue le camp. »

Dès le lendemain, sept cents détenus valides prennent la route, encadrés de SS. « La marche est rendue plus pénible par le soleil, la faim, la soif et notre faiblesse, rapporte François Jacquemin. Les pieds dans de mauvaises galoches, percées pour la plupart, sont couverts de plaies infectées. L'allure trop rapide de notre marche éclaircit peu à peu les rangs. Les blessés titubent, sortent de la colonne, alors le SS le plus proche tire son arme et abat le traînard, qu'on abandonne sur place. » Après 30 kilomètres de marche, ils s'arrêtent, le soir, et apprennent la libération du camp : « Nous désespérons d'être jamais rattrapés par les Américains, leur progression nous semblant plus lente que notre fuite », déclare François. Au matin, ils reprennent la route. Une nouvelle journée et 25 kilomètres parcourus. Le 14 avril, ils arpentent l'autoroute de Leipzig. Les SS s'inquiètent de l'avance américaine. Le chef du camp lâche à un des sous-officiers : « À l'étape du soir, si l'ennemi est trop près, nous les liquiderons tous pour continuer seuls la retraite. »

À midi, l'étrange colonne tombe sur des chars alliés. Les SS, cernés, sont contraints de se rendre.

Michel Domenech, transféré dans un kommando près de Dresde, est évacué le 14 avril. Commence pour lui un long périple à raison de 25 à 30 kilomètres de marche par jour, direction le Sud-Est et les montagnes de la Bohême. « Certains d'entre nous s'écroulent : là, pas de pitié, l'homme épuisé est mis à plat ventre, un SS lui passe autour du cou une ceinture de cuir dont deux détenus tiennent chacun une extrémité. [...] L'homme est ainsi étranglé, ensuite son corps est poussé dans le fossé. » La marche dure cinq jours, sans ravitaillement, le temps pour Michel de sympathiser avec celui qui souffre à ses côtés, un ingénieur roumain. Mais ce dernier donne des signes d'épuisement : « Je l'aide un peu à marcher puis, inconscient, il s'abat et c'est le scénario habituel : un SS me désigne pour tenir un bout de la ceinture... C'est ainsi que j'ai participé à la mort d'un garçon sympathique. [...] Il ne me reste plus une once de sensibilité et c'est sans l'ombre d'une émotion que j'ai accompli cette horrible besogne. »

Les survivants, un tiers du convoi, parviennent au camp de Leitmeritz en Bohême. « Le camp est surpeuplé et il faut se battre pour tout : manger parfois, dormir sur le sol en béton. [...] Dans la journée, certains partent en corvée : par deux fois il m'est arrivé d'aller creuser de dérisoires tranchées mais, heureusement, non sous la surveillance des SS, mais de la Wehrmacht, qui nous laisse nous reposer fréquemment. »

Le camp est à son tour évacué le 25 avril. Les détenus sont emmenés dans des trains, entassés dans des wagons sans toit, les tombereaux. « Jusqu'au 1er mai, nous ferons des trajets de quelques kilomètres, entrecoupés de longs stationnements en pleine voie », se souvient Michel.

Les SS veillent. Un vol de pain est l'occasion pour eux de se divertir : « Après des recherches évidemment infructueuses, [ils] désignent dix occupants de ce wagon (le wagon 16) et, à quelques mètres du train dans le champ voisin, commence pour ces dix malheureux une séance de "pelote" : en cercle, autour d'un SS, marche en canard, debout, à plat ventre, etc. Dès que l'un s'écroule d'épuisement, une balle dans la tête met fin à son dernier supplice. Ainsi sont assassinés sous nos yeux nos dix camarades de misère. » Parmi eux figure Henri Brethes (185166), un jeune boucher des Landes, dont c'était le vingt-quatrième anniversaire. « Henri fut tué d'une seule balle, précise Léon Hoebeke, mais celui qui le précédait ne tomba qu'à la septième. Leurs corps furent jetés dans une espèce de carrière qui était à proximité. »

Le train repart. Arrive à Prague où des bénévoles tchèques obtiennent des SS de pouvoir aider les plus faibles, puis repart. Le 8 mai, au sortir d'un profond sommeil, Michel Domenech découvre le train vide. En descendant du wagon, il aperçoit un Russe « en train de prendre son revolver à un SS. Ce dernier déguerpit ».

C'est terminé. « Le Russe m'indique le chemin à prendre et bientôt, je tombe sur des Tchèques qui me prennent en charge et m'amènent au village de Velesin. Tous les Français sont déjà regroupés dans la salle municipale de douches et sont surpris de me voir arriver, car ils m'ont laissé dans le wagon pensant que j'étais mort. Pendant que des femmes nous lavent comme des enfants, nous apercevons une longue file de villageois qui font la queue. Leurs bras sont chargés de nourritures diverses, pains, œufs, bidons de soupe, gâteaux, etc. »

Paul Le Goupil est évacué de Langenstein, au centre de l'Allemagne, avec trois mille déportés, le 9 avril. Il entame une marche qui va durer treize jours et s'étendre sur 250 kilomètres à travers l'Allemagne dévastée. Une fuite dérisoire et sans but mais que les SS dirigent avec hargne et détermination. « Dans une traversée de village, raconte Paul, [...] des femmes allemandes pleuraient sur notre passage et certaines avaient déposé des seaux d'eau le long de la route, mais les SS les renversèrent à coups de pied avant que nous puissions nous en emparer. » Comme ailleurs, les nazis achèvent les traînards et mitraillent ceux qui essaient de fuir. Beaucoup, en effet, au gré des attaques de l'aviation ou des canons alliés, tentent de fausser compagnie à la colonne. « Le dimanche 15 avril, nous fûmes réveillés par des cris et des coups de feu : les SS avaient repris une demi-douzaine d'évadés et ils les abattirent devant nous. »

Certains sont tués par les paysans du coin, hostiles, apeurés ou méfiants. Au fil des jours, la colonne se disloque et s'amenuise, à coups d'exécutions sommaires, d'épuisement et de manque de nourriture. Les SS eux-mêmes se fatiguent dans cette course pathétique. Les évasions se font de plus en plus nombreuses, les réactions de plus en plus violentes, les prisonniers se battent entre eux pour sauvegarder leur maigre pitance. Ils traversent villes en ruine, forêts et champs. « Imaginez une colonne de soixante-dix déportés, en guenilles, le teint terreux, les yeux au fond des orbites, se traînant en gémissant, s'appuyant les uns sur les autres ou sur des bâtons, écrit Paul Le Goupil. [...] Et nous marchions, nous marchions toujours, de plus en plus vite. »

Le 21 avril, les SS dirigeant une colonne qui, de plusieurs centaines d'hommes, s'est réduite au fil des morts et des évasions à quelques dizaines, font signe aux déportés de s'en aller. Ces derniers se perdent dans la forêt, y errent pendant plusieurs jours, sont arrêtés, le 27, par des soldats allemands qui détalent le 28 et les laissent enfin libres. « Il n'est pas exagéré d'écrire, affirme Paul, qu'il y eut près de 2 500 morts sur les 3 000 évacués. »

Pierre Marzelière, le journaliste de Vichy déporté à Dora, est évacué lui aussi dans une colonne remplie de déportés faméliques et épuisés. Train et marche, selon une manière de faire désormais généralisée. Le 13 avril, il est avec ses camarades d'infortune emprisonné dans une grange aux environs du village de Gardelegen, dans le centre de l'Allemagne. Les nazis y mettent le feu et fauchent au fusil-mitrailleur ceux qui tentent d'en sortir. On compte 1 016 victimes.

Paul Chandon-Moët est lui aussi à Dora où, enfermé dans le *bunker*, son sort paraissait compromis. Mais le 2 avril, les SS démontent les potences qui étaient destinées à lui et à ses camarades, soucieux de faire disparaître les traces de leurs crimes. Jeté dans un wagon de marchandises découvert, le 4 au matin, Paul échappe à la funeste colonne de Pierre Marzelière et parvient vivant à Bergen-Belsen où les Alliés le libèrent le 15 avril.

Maurice Aulois (184977), mécanicien de vingt ans, transféré de Bergen-Belsen à Stettin puis à Barth, « près de la côte Baltique », est parqué dans un bâtiment, sans nourriture, jusqu'à la fin avril : « Mes pieds sont en pourriture, leur odeur est insupportable, témoigne-t-il. Je ne peux plus marcher. Des camions arrivent, il faut évacuer ! Encore ! Nous sommes une trentaine. D'un regard, nous prenons la décision de rester, tant pis pour les conséquences. Des coups de feu claquent à l'étage en dessous, c'est la dernière visite des SS, puis le silence, le calme complet. Nous sommes libres ! »

À Flöha, le 14 avril, Desnos et ses camarades sont « jetés sur des routes encore gelées ». La marche s'annonce longue et redoutable. Après une première journée et 28 kilomètres, les plus malades et les plus épuisés sont, le lendemain, pris en charge par des véhicules. « C'était une chance, semblait-il, car beaucoup n'auraient pas eu la force de supporter cette marche journalière et auraient été abattus sur la route, rapporte Jean Baumel. [...] Cinquante-sept camarades sont ainsi montés sur le camion et sa remorque avec l'espoir d'être transportés sans fatigue. Nous apprîmes, le soir même, qu'ils avaient été massacrés. [...] Ils furent abattus au fusil-mitrailleur et jetés ensuite dans une fosse commune. »

Parmi les cinquante-sept figurent Georges Brousse, le patron de *L'Indépendant des Pyrénées-Atlantiques*, trente-six ans ; le député de Château-Salins, François Beaudoin, quarante ans ; l'étudiant arrêté en plein TD à l'université de Clermont-Ferrand, René Dumas, vingt-quatre ans ; Albert Coupat, trente-neuf ans, un autre Clermontois dont le père, Pierre, est mort durant le trajet à Auschwitz ; Gabriel Mathieu, vingt et un ans, l'étudiant en dentaire arrêté à l'Académie de billard après l'attentat de la Poterne et déporté avec son frère, Gilbert ; Michel Lhoste, vingt ans, le résistant pris pour avoir intimidé un restaurateur collabo ; Henri Davies, vingt-huit ans, du réseau Brutus ; l'avocat de Bordeaux Henri Rödel (186342), trente-huit ans ; le résistant havrais Lionel Affagard (184937), tué l'avant-veille de ses vingt ans ; Henri Cazalé (185239), quarante-trois ans, enseignant à Pamiers (Gers) ; André Delest (185416), de Capbreton (Landes), quarante-quatre ans, ex-avocat à Paris, arrêté avec sa mère ; Jean Emery (185509), quarante-huit ans, cheminot ; René Fosse (185563), comptable, quarante-trois ans ; Maurice Guillard (185711), quarante-six ans, restaurateur à Étretat (Seine-Maritime) ; Georges Lefeuvre (185888), vingt-trois ans, boucher ; Edmond Lemée (185921), clerc de notaire, vingt-six ans ; René Mariani (186012), trente-sept ans, barbier à Bastia (Corse) ; Marcel Pasdeloup (186179), vingt-huit ans, boulanger à Rouen (Seine-Maritime) ; Georges Plaud (186242), cuisinier à La Baule (Loire-Atlantique), cinquante ans ; Henri Rivaud (186329), tailleur de pierre, quarante-quatre ans.

« Je ne sais comment notre si jeune et affectueux camarade [Pierre] Ravel, un des jeunes du kommando, note Jean Baumel, et Desnos, tous deux épuisés, échappèrent à cette fin tragique. » Pour les survivants, la marche ne fait que commencer. Débutée le 14 avril, elle ne s'achève que le 7 mai. « Nous continuâmes à errer dans le pays des Sudètes, les jours atroces succédèrent aux jours sans fin, poursuit Jean. [...] La faim devint notre hantise, malgré la crainte de la dysenterie nous mâchions n'importe quoi et nous nous demandions à la suite de quel miracle nous pouvions encore vivre. Nos jambes enflées nous faisaient mal et nos chaussures, simples semelles de bois fixées par des bouts de fil de fer rouillé ou des ficelles, ne tenaient plus à nos pieds. Avec la faim, la maladie, le désarroi de nos esprits, un autre de nos cauchemars, escalade vers la déchéance totale, consista dans l'envahissement total de nos corps par les poux que nous connaissions déjà depuis longtemps. Nous les arrachions par grappes, à pleine main au moment des haltes. » Là comme ailleurs, les déportés trop faibles sont abattus. Les SS, attaqués par l'aviation alliée, ne renoncent pas à charrier les morts-vivants dans une Allemagne dévastée où ils n'ont plus rien à espérer. « Desnos était à bout de forces, rapporte Jean, il s'appuyait sur un bâton et des camarades étaient obligés de le soutenir. À ce moment, il sentit sa fin si proche qu'il leur communiqua, au cours d'une halte, ses dernières volontés. Nous sentions d'ailleurs tous l'approche de notre mort, seule une délivrance rapide pouvait nous sauver. » Henri Bourrillon, le maire de Mende, très affaibli, s'éteint dans une grange. « Sa maigreur était indescriptible, ajoute Jean, ses os recouverts d'une peau ridée, il ne pouvait plus se soulever et parlait avec beaucoup de difficulté. Ses derniers mots furent des paroles d'espoir, ses yeux se voilèrent, son corps se raidit et la vie lassée de notre camarade partit dans la tristesse désespérée de ce petit matin. »

Jean Baumel lui-même perd peu à peu pied, se retrouve lâché par la colonne et, connaissant le sort réservé aux traînards, se croit perdu. Un SS lui donne un coup de baïonnette dans la cuisse mais deux de ses camarades viennent à son secours et l'aident à suivre le rythme. Beaucoup d'autres n'y parviennent pas. Jacques Borgnet, celui qui, avant son arrestation, adressait à la famille Goupille les pourchassés à faire passer de l'autre côté de la ligne de démarcation, agonise le 6, la veille de la fin du calvaire : « Pierre Goupille ayant touché pour lui sa maigre part de pain noir et gluant, raconte Jean, la lui apporta en compagnie de François Lecureuil [185884], et il leur dit : "Partagez-vous ça ! Je n'en ai plus besoin." »

D'autres parviennent à s'évader. Jean-Claude Stewart, après plusieurs journées de marche, profite du passage d'un bois pour tenter sa chance. La colonne n'étant plus qu'une file indienne, il se glisse en queue afin de n'être sous la menace que de deux SS, un jeune et un « vieux ». Puis, apercevant un bosquet de sapins, il s'y jette et disparaît. « Le jeune SS, lui racontera plus tard un de ses camarades, a tout de suite épaulé et, au moment de tirer, le vieux lui a tapé sur l'épaule et lui a fait le geste de laisser tomber. Pendant ce temps, tu avais pu réussir à pénétrer dans le bois, et quand il a tiré il t'a manqué. »

Pierre Kaan, transféré au kommando de Rehmsdorf où il s'occupait de l'infirmerie, est évacué par ces wagons ouverts où les SS entassent les morts-vivants. Il a uni son destin à un petit groupe de Français dont le jeune Jacques Foulquier (185566) et un certain Maurice Chouquet sous les traits duquel se cache, depuis Buchenwald, le colonel des services secrets britanniques

Forest Yeo-Thomas. Condamné à mort par les SS, ce dernier doit sa survie à son français sans accent et au Comité des intérêts français de Marcel Paul, qui l'a aidé à prendre l'identité d'un déporté décédé. Pierre Kaan, l'ayant rencontré au temps de Jean Moulin, l'a reconnu et s'est lié à lui. En pleine évacuation, l'agent anglais tente de négocier avec l'officier SS. Il avoue sa véritable identité et promet à l'Allemand l'impunité lorsqu'il sera arrêté. Une stratégie que d'autres, comme Michel Garder, ont appliquée, en promettant des témoignages favorables à leurs bourreaux. Yeo-Thomas obtient du SS l'engagement qu'en cas d'évasion il ne les abattra pas. L'Anglais, Pierre Kaan, Jacques Foulquier et une vingtaine d'hommes profitent d'un arrêt pour s'enfuir dans un bois. Les balles sifflent. Les Allemands les poursuivent mais l'officier SS tient parole et envoie ses hommes dans une mauvaise direction. Un seul fugitif est repris : Pierre Kaan. Ayant perdu ses lunettes dès l'entrée du bois, il ne voit plus rien et erre à l'aveugle entre les arbres. Le SS ne l'abat pas mais le remet dans le wagon.

Trimballé en train pendant des jours sans fin, Léon Hoebeke décide de s'évader quand, immobilisé en Tchécoslovaquie, il note l'attitude amicale des habitants envers les déportés. Une première tentative se finit mal : « Comme répondant à un mot d'ordre, ceux qui étaient les plus alertes enjambèrent le côté des wagons et se sauvèrent dans toutes les directions. Nos gardiens tirèrent à répétition. Ce fut un carnage. » Léon lui n'a pas bougé car il ne peut pas courir : « J'avais toujours mon épaule fracturée qui me faisait souffrir, ma côte gauche cassée et très gêné à la respiration par les coups de pied reçus aux poumons et aux reins ; j'urinais toujours le sang. J'étais également blessé aux deux pieds, au pied droit notamment où j'avais eu le tendon claqué. » Il profite de la nuit, se glisse sous le wagon et se rue dans un champ. « Je dus faire un peu de bruit car au moment où j'approchais de la haie, il fut tiré deux coups de feu dans ma direction. Je me suis couché immédiatement dans la broussaille. La sentinelle accourut [...], n'y voyant rien, s'engagea dans la double haie [...]. Au bout de dix minutes, son retour me fut signalé par le bruit de ses bottes sur le ballast ; il passa de nouveau à côté de moi et reprit sa faction. Quelques instants plus tard, il bavardait avec un autre soldat. J'en profitai pour m'éloigner. Par bonheur, ils n'avaient pas de chiens. »

APRÈS LA NUIT

Liberté

26 avril 1945

Un an jour pour jour après son déplacement à Paris, Philippe Pétain est à nouveau sur la route. Émergeant d'un long séjour en Allemagne, il se rend en voiture à Vallorbe, petite commune suisse située à la frontière française. Les nuages et la pluie ont remplacé le soleil parisien du printemps 1944. Le temps est gris et frais. Les feuilles de chêne dorées du képi du maréchal de France ne brillent plus. L'ex-chef de l'État a rangé son uniforme. Il porte un chapeau mou et sombre, un long manteau chaud et confortable. Accompagné de sa femme, il se constitue prisonnier auprès des autorités françaises. Le général Koenig, héros de la France libre, chargé de l'arrêter, lui adresse un salut militaire mais refuse de lui serrer la main.

Le lendemain, 27 avril 1945, Pétain est incarcéré au fort de Montrouge, en banlieue parisienne, un an après le départ du convoi qui, de Compiègne, acheminait vers le camp d'extermination d'Auschwitz 1 670 hommes arrêtés par la Gestapo, l'armée d'occupation, la Milice et les autorités françaises. Près de la moitié sont morts ou disparus. Une partie d'entre eux ont recouvré la liberté : ceux restés à Buchenwald, ceux laissés dans les camps car trop faibles ou contagieux, ceux libérés par les Américains, ceux dont les colonnes ont été rattrapées par les Alliés avant la capitulation. Pierre Beuvelet, André Boulloche, Michel de Pontbriand, André Defrance, Léon Delarbre, Ernest Gimpel, François Jacquemin, Jehan et Alain Knall-Demars, Jacques L'Hoste, Henri Margraff, Pierre et Robert Nivromont, Georges Thierry d'Argenlieu...

Le 18 avril, sur l'aérodrome du Bourget, près de Paris, ont atterri les premiers déportés de Buchenwald. Il s'agit des membres du Comité des intérêts français, l'organisation clandestine du camp. « [Elle] comptait bon nombre d'officiers supérieurs et de hautes personnalités qui eurent tôt fait, écrit Pierre Durand, camarade de Marcel Paul, d'alerter les autorités françaises de leur présence au camp et de leur souhait de rentrer en France le plus rapidement possible. »

Marcel Paul, le colonel Georges Badel et le professeur Alfred Smoular sont les premiers Tatoués à retrouver le sol de France. Le dirigeant communiste, qui recouvre la liberté après près de quatre ans de prison et de camp, s'est engagé lors de son départ de Buchenwald à se démener dès son arrivée à Paris pour accélérer le rapatriement de ces milliers de survivants impatients de quitter ces lieux de misère pour rentrer chez eux. Il est reçu dans les jours qui suivent par le général de Gaulle, chef du gouvernement provisoire, puis par le général Eisenhower, commandant des forces alliées, pendant que des centaines de camarades du convoi des Tatoués sont toujours prisonniers de soldats d'un Reich déconfit dont le Führer s'est suicidé le 30 avril. Certains doivent attendre les premiers jours de mai, voire la capitulation, pour enfin être libérés de la folie SS.

Jean Baumel, Alexandre Berjonneau, André Bessière, Robert Desnos, Michel Domenech, Michel Garder, Charles Sirioud,

Joseph Kerebel, Pierre Mallez, Jean-Claude Stewart… Pour tous, bien qu'affaiblis, épuisés, malades ou mourants, l'arrivée des libérateurs a été évidemment un immense bonheur.

« Sortant prudemment, raconte Pierre Beuvelet, je vis une demi-douzaine de soldats à casque rond et tenue kaki qui se dirigeaient vers la porte du camp. Un cri : "Les Américains !" mais déjà les Russes qui campaient dans le block 1 se précipitaient vers la porte du camp, la forçaient et l'ouvrirent toute grande. Continuant leur course ils se précipitaient sur le sous-officier qui marchait en tête de sa patrouille, […] et [qui], soulevé par des squelettes ambulants, fut porté en triomphe jusque dans le camp. »

« Notre joie était tellement profonde qu'elle ne pouvait s'exprimer », rapporte Jean Baumel.

« Dire quelle fut notre émotion est impossible, écrit Armand Roux. Nous regardions sans mot dire, le cœur étreint d'un épanouissement qui nous faisait mal. Et nous pleurions comme des enfants. La délivrance était enfin là. C'en était fini de toutes nos souffrances. »

« Les premiers engins blindés entrent dans le camp, se souvient Charles Chambon. Nous délirons. Nous embrassons nos sauveurs noirs de fumée. Mais ceux-ci nous regardent avec effroi. Nous sommes d'une maigreur extrême. Des centaines de camarades sont couchés à terre… les morts sont là, en tas. »

Au bonheur des déportés répond la sidération des libérateurs devant des monceaux de cadavres et l'énorme masse de prisonniers squelettiques, vêtus de guenilles et tenant à peine debout. Les images tournées par les soldats alliés montrent l'indescriptible réalité des camps nazis, ces morts décharnés entassés par milliers, ces troupeaux d'ombres épuisées si maigres qu'on peine à croire qu'elles respirent encore. En mai, les *Actualités françaises* diffusent un court reportage sur le « train de la mort », immobilisé en gare de Dachau, qui « conduisait dans ce camp atroce des déportés amenés de Buchenwald ». « Au cours d'un voyage de dix jours sans nourriture et sans eau, six cents malheureux y sont morts. » Suivent les images de leurs corps faméliques dans les tenues rayées, l'agonie qui se lit sur leurs visages émaciés, leurs cadavres abandonnés dans les wagons découverts ou le long de la voie.

Le 10 juin 1945, les mêmes *Actualités* retransmettent un long reportage, à partir des images tournées par les « correspondants de guerre alliés et français » dans les camps : « Étalé sur 200 hectares, dit le reporter, Buchenwald comptait 65 baraques destinées à compter 18 000 détenus, on y en entassa jusqu'à 86 000. Dans cet enfer que Dante n'avait pas prévu, 5 000 détenus mouraient chaque mois, un toutes les dix minutes. » La caméra s'arrête sur les visages décharnés et déformés des survivants et fait le tour du camp. Montre le chevalet inventé par les nazis pour battre les détenus, les potences, les fours crématoires, certains encore remplis de cadavres et de squelettes, les tas d'ossements calcinés et de corps démembrés, les morts gisant un peu partout, par centaines.

À Langenstein, Ohrdruf, Dachau, Bergen-Belsen, partout d'immenses charniers remplis d'innombrables victimes, des cadavres qu'on récupère dans les trains, le canal de Dachau, les barbelés, les baraques, les « morgues » improvisées pour cause d'encombrement des fours crématoires, le long des routes, dans les bois alentour. Parfois juste des bouts de corps, comme ceux provenant d'une clairière où les Allemands « avaient placé les détenus sur un dépôt de munitions qu'ils ne pouvaient emporter et firent sauter ». L'horreur se lit sur les visages des libérateurs, sur celui du général Eisenhower qui s'y rend.

Armand Roux se souvient de l'arrivée du colonel anglais commandant le régiment ayant libéré le camp : « Il fut pris d'une colère folle en pénétrant dans la grande allée, à la vue d'une telle accumulation de cadavres, raconte-t-il. [...] Respirant cet air nauséabond qui prenait à la gorge, considérant ces détenus, cadavres ambulants, qui l'entouraient, il trépignait sur place, apostrophant les officiers nazis qui, pâles, restaient silencieux. [...] Il allait dans les baraques, levant les bras au ciel, prenant ses subordonnés à témoin des horreurs qu'il rencontrait à chaque pas. »

À Buchenwald, le général américain Patton ordonne aux habitants des environs de venir constater l'ignominie. « J'ai assisté à cette procession de civils passant [tout près], à les frôler, des centaines de cadavres décharnés, empilés sur plusieurs mètres de hauteur », confie Jacques L'Hoste. Beaucoup de villageois sont chargés d'enterrer les victimes.

La colère n'est pas que celle des libérateurs, elle est aussi celle, infinie et désespérée, des « tondus et des rayés ». « Avec joie, nous apprenons que certains SS ont été faits prisonniers, dont le chef de camp, confie Charles Chambon. Mais nous avons la rage au cœur car nos kapos, "nos chefs polonais, nos chefs de blocks", ceux qui pendant des mois nous ont torturés, sont eux aussi prisonniers... Une chasse à l'homme s'organise. À notre tour, nous frappons, nous égorgeons, le sang coule. Nous sommes ivres de joie. Les Alliés nous regardent faire le sourire aux lèvres. En deux heures, dix-huit de ces bandits sont exécutés. »

« Ce qui reste des sept cents se précipite sur les gardiens, rapporte François Jacquemin. Tous nous rassemblons nos dernières forces et, laissant exploser une soif de revanche si longtemps contenue, nous tuons un grand nombre de gardiens et de fonctionnaires allemands sous les yeux des soldats américains. »

« Une vingtaine d'hommes sont alignés par terre, se souvient Jean Grandelaude (185688), pas très loin, tous sont ficelés avec du barbelé arraché aux clôtures, tous ont la tête éclatée, mise en bouillie à coups de barre de fer. Ce sont des déportés comme nous, mais, pour une soupe supplémentaire, des kapos volontaires au service nazi, des assassins aux consciences tranquilles, pour les raisons d'État d'une société barbare. La vengeance a fait son œuvre. »

Desnos

Si, pour tous, la délivrance est là, pour beaucoup l'épuisement est tel que la joie est éphémère ou étouffée. Le typhus est partout, l'état de fatigue, les carences, la maigreur, les maladies terrassent des milliers de survivants. « La grande ombre figée d'un soldat canadien se plante devant mes yeux, se souvient Jean Grandelaude. Ils sont là, je ne prendrai plus de coups. Je voudrais pouvoir lui balancer un petit signe de bienvenue, un petit signe d'adieu, mais ils arrivent quand je n'ai plus la force d'être content. » « Le 23 avril 1945, quand les Américains nous délivrèrent, témoigne Pierre Beuvelet, je ne me donnais pas quinze jours à vivre, je pesais trente-huit kilos, j'avais perdu vingt-sept kilos en un an. » Pierre Mallez en a perdu vingt. « Je pouvais à peine parler, il m'était impossible d'écrire, je n'arrivais pas à manger, confie Jean Baumel. Lorsque l'infirmière vint me peser, elle enregistra mes trente-sept kilos et me regarda de ses yeux consternés. » Comme les autres, Léon Hoebeke est méconnaissable, marqué par la maigreur et la faiblesse : « J'avais perdu cinquante kilos. » « On m'a remis à des soldats américains qui m'ont amené à l'hôpital, raconte Pierre Nivromont, où l'infirmière de garde m'a relégué à la morgue [...] : elle me croyait mort. Un infirmier a vu que je bougeais. J'ai entendu : "*He's not dead*" ("Il n'est pas mort"). J'étais réveillé mais incapable de parler. On m'a reçu à l'étage comme un miraculé. […] On me nourrissait toutes les deux heures, en très petite quantité pour éviter de faire trop monter la fièvre. »

Pour la plupart, le premier désir est de manger. À peine libéré, Marcel Aulois se « rue » dans la cuisine des SS « en quête de nourriture ». « Une seule chose compte, dit-il, manger. Il y a tant de choses, j'avais une envie de sucre, personne ne pourra me le prendre, je le défendrai une hache à la main s'il le faut, je suis devenu un fauve. Certains sont rapidement malades d'avoir trop mangé, leur estomac avait tant rétréci ! » Après tant de privations, les corps ne supportent en effet pas facilement les excès ou même, simplement, le retour à la normale. « Nous fêtons la capitulation allemande en faisant un festin, raconte Pierre Mallez. Mais mon organisme ne résiste pas à ces agapes. Je suis pris par une forte fièvre et une diarrhée qui durent plusieurs jours. »

Beaucoup sont hospitalisés : épuisement, maladies, mauvais traitements, malnutrition, etc. L'abbé Kerebel a la joie de connaître la libération mais ne regagnera pas la France. Il agonise et meurt en juin à l'âge de trente-deux ans. Roger Valentin, victime du traître Pitou, s'éteint au même âge, fin mai, tout comme Simon Keravec, un des jeunes pris au nouvel an d'Audierne. Il avait vingt-deux ans. Pierre Kaan, souffrant d'une mauvaise blessure qui s'est infectée à la jambe, est hospitalisé et meurt quelques semaines plus tard dans le sud de la Tchécoslovaquie à l'âge de quarante-deux ans. « Desnos, affirme Jean Baumel, […] dut être transporté à l'hôpital, très affaibli par l'exode. Le typhus ne fit qu'aggraver son état. » Le poète qui a survécu aux brimades, aux coups, aux épidémies, au froid, à la malnutrition, à la longue marche, connaît lui aussi le bonheur de la fin de l'enfer. Une photo le montre parmi un groupe de déportés épuisés, cheveux rasés, visages émaciés et abattus, mines sombres, assis par terre dans leurs costumes rayés. Desnos ne semble même pas capable de tenir assis et de tourner la tête vers le photographe. Il grimace, bouche ouverte, regard perdu vers le sol, à demi allongé.

Il est hospitalisé à Terezin (Theresienstadt). Le Tchèque Josef Stuna est y médecin auxiliaire.

« En parcourant les feuilles des malades, j'ai été frappé par le nom de Robert Desnos, raconte-t-il. […] Comme je m'adressais à lui en ces termes : "Connaissez-vous le poète Robert Desnos ?", il me répondit : "Robert Desnos, le poète français, mais c'est moi." » Le médecin est alors frappé par son « état des plus inquiétants ». « Incapable de se lever, il était sans cesse étendu, comme ramassé sur lui-même. À vrai dire, il se mourait, précise-t-il. Son affaiblissement extraordinaire provenait de terribles diarrhées et de fièvres qui, deux semaines durant, oscillèrent à plus de 39 °C. Il ne pouvait s'alimenter, mais seule la soif le tourmentait. Encore s'il avait pu la satisfaire, mais, à Terezin, l'eau insalubre n'était bouillie qu'en petite quantité. Dans la baraque de Desnos, plus de cent malades se partageaient une pièce non compartimentée, et tous réclamaient à boire. Il supportait tout cela en silence, sans une plainte. »

Le jeune médecin l'interroge sur les poètes et les peintres surréalistes dont il connaît les œuvres : « Il me dit une fois qu'il se réjouissait de pouvoir m'envoyer un jour son nouveau livre sur Picasso. » Mais le typhus l'emporte. « Son agonie dura deux jours, raconte Stuna, pendant lesquels, s'il lui arrivait de répondre, c'était à contresens. Le dernier jour, c'est à peine s'il remua rarement les lèvres. Il rendit l'âme le 8 juin 1945 à 5 h 30 du matin. » Il aurait eu quarante-cinq ans le 4 juillet.

« De la fin de son long calvaire, note Jean Baumel, il nous reste son “Dernier poème” sauvé par Stuna, sa dernière pensée pour une femme aimée. Il le rédigea à Terezin, mais je pense qu'il avait dû le concevoir antérieurement [...]. Les autres poèmes, écrits à Flöha, qu'il transportait dans une boîte en bois furent sans doute brûlés par mesure d'hygiène. Pour nous, ses camarades survivants, les quelques vers de ce “Dernier poème” nous déchirent, nous donnent la fièvre, ils atteignent le plus profond de notre âme, et font désormais partie de nos douloureux souvenirs concentrationnaires. »

J'ai rêvé tellement fort de toi,
J'ai tellement marché, tellement parlé,
Tellement aimé ton ombre,
Qu'il ne me reste plus rien de toi.
Il me reste d'être l'ombre parmi les ombres
D'être cent fois plus ombre que l'ombre
D'être l'ombre qui viendra et reviendra
Dans ta vie ensoleillée.

Retour

Pour ceux qui survivent, c'est l'attente du rapatriement. L'impatience se mêle au bonheur de retrouver les joies simples : manger mais aussi se laver, dormir dans un lit, seul, retrouver des habits, être replongé dans la vie, parmi les autres, se promener librement, écrire à sa famille. Avant d'être atteint à son tour du typhus, Jean Baumel est invité à Prague par l'ambassade de France. Il retourne au restaurant. « Pour la première fois, après de longs mois, écrit-il, je me resservis d'une fourchette, d'un couteau, d'assiettes et d'un verre. Je croyais rêver dans un palais des *Mille et Une Nuits.* » Léon Hoebeke passe de longues semaines « au lit, d'abord, puis sur une chaise longue » dans une propriété de la banlieue de la capitale tchèque. Il y apprécie le paysage « dominant la belle vallée que l'on apercevait en sortant de Prague ». « Nous avions chacun notre lit. »

La plupart des déportés sont habillés de vêtements civils d'occasion et auscultés, désinfectés, souvent mis en quarantaine par crainte des épidémies. Certains s'impatientent. « L'attente d'un rapatriement qui ne vient pas se fait longue, trop longue même, lâche Pierre Mallez, car les Américains qui craignent que nous leur donnions une épidémie de typhus veulent nous mettre en quarantaine dans un camp tout proche, libéré par ses occupants depuis déjà plusieurs jours, des prisonniers de guerre ou des STO déjà rapatriés ! Nous ne sommes que du bétail plein de vermine ! »

Puis arrive le retour.

Pour Charles Chambon, c'est par avion jusqu'en Belgique puis en France par le train. « Nous voici à Lille. Enfin… Paris. Nous sommes les premiers prisonniers politiques libérés. La gare du Nord nous accueille au son d'une musique militaire. Je suis félicité par l'ingénieur en chef de cette gare, en tant que cheminot. En voiture, nous gagnons l'hôtel Lutetia où une légère collation nous est servie. Le lendemain, nous défilons à l'Arc de triomphe, en présence du général de Gaulle. »

« Je pus sortir de la gare alors qu'un haut-parleur annonçait : "Paul Le Goupil, ancien chef départemental du Front patriotique de la jeunesse, arrêté le 13 octobre 1943 à Montville, rapatrié de Langenstein, kommando de Buchenwald." Je passai entre une double haie de gens qui applaudissaient. »

Henri Margraff, lui, effectue le voyage retour par le même moyen que le voyage aller : « Une longue rame de wagons de marchandises nous chargea, rapporte-t-il, à quarante par wagon, survivants de camps regroupés dans deux de ces wagons, et roula très longtemps jusqu'à ce qu'un petit drapeau tricolore, timidement planté au bord du ballast, nous donnât la certitude que nous étions revenus en France : explosion de gaieté, embrassades, larmes de joie. »

« Me rendant en Dordogne, je fus mis dans un train à wagons de voyageurs qui se dirigea d'abord sur Charleville mais en s'arrêtant à peu près à toutes les gares et en particulier là où des rapatriés devaient descendre, raconte Pierre Beuvelet. On s'arrêta à Audun-le-Roman, à quelques kilomètres avant Longuyon (Meurthe-et-Moselle). Mon camarade Meyer descendait là, il y avait été conseiller municipal. En gare, toute la population de ce gros bourg était là, la musique municipale en particulier, qui nous joua une vibrante *Marseillaise*. C'était la première depuis quinze mois. J'en fus si ému que j'en pleurai de joie. »

Michel Domenech est rapatrié par avion : « Nous survolons maintenant le Rhin et nous savons que dès à présent, nous sommes en France. L'équipage nous informe que nous n'allons pas vers Paris où le centre d'accueil est saturé mais à Lyon, où nous atterrissons vers 18 heures. Je suis dans les premiers à descendre, la porte s'ouvre, l'escalier mobile est en place, deux files de militaires le prolongent. Un commandement : "Présentez armes !" En prenant contact avec la terre de France, mon émotion est à son comble et c'est ruisselant de larmes que je descends l'escalier. »

Léon Hoebeke réussit lui aussi à avoir une place dans un avion américain : « Parti à 16 h 15, j'ai survolé avec une certaine appréhension ce territoire maudit : l'Allemagne. Au passage de la frontière, mon émotion fut grande et j'avoue qu'après toutes ces souffrances, les larmes me vinrent aux yeux. »

L'émotion est plus forte encore quand les déportés retrouvent leurs proches.

Depuis l'aérodrome où il atterrit, Léon tente de joindre sa famille. « J'ignorais toujours si ma femme et mes enfants étaient vivants. Avaient-ils été arrêtés ? torturés ? [...] Je n'avais pu écrire et n'avais reçu aucun colis. Les miens, par conséquent, ignoraient ce que j'étais devenu et devaient me croire mort. [...] J'étais incapable de téléphoner tellement j'étais ému. Je me souvenais cependant du numéro. J'avais l'écouteur à l'oreille. J'attendais la communication, qui était longue à venir. J'ai reconnu tout de suite la voix de ma femme qui demandait qui était là. Elle ne reconnut pas ma voix. Elle était bien changée certainement. Je me souviens d'avoir dit : "C'est moi, Papa, j'arrive d'Allemagne." J'entends encore son cri de joie et appeler les enfants… "C'est Papa, c'est Papa, c'est Papa !" »

« Mon père bavardait devant la maison avec le voisin, se souvient Henri Margraff. À 30 mètres d'eux, ils virent se diriger vers eux un petit Français habillé n'importe comment et mon père eut encore le temps de dire au voisin : "Ce petit gars revient de guerre, on va lui proposer notre aide." Ce n'est qu'au moment où je lui souris qu'il me reconnut et ne put contenir son émotion. »

« Le train entre en gare, s'arrête : je descends et sur le quai, vers la tête du train, un petit groupe m'attend, rapporte Michel Domenech. Je tombe dans les bras de ma mère. Cette fois, c'est bien la fin de mon grand voyage. Ce dimanche 3 juin, c'était la fête des Mères, et à la mienne, ce jour-là, je ne pouvais offrir de plus beau cadeau que le retour de son fils. »

« Toute ma famille pleure, mais pleure de joie, confie Jean-Claude Stewart. […] Je serre ma petite fille dans mes bras en la couvrant de baisers. Rien dans ma vie ne m'aura apporté autant d'émotion et de bonheur. »

Des retrouvailles amères

« Je sonne à la porte du 72, avenue Anatole-France et tombe dans les bras de Maman, qui est venue ouvrir sans savoir que c'était moi qui sonnais, se souvient Pierre Mallez. Après les embrassades, je demande des nouvelles de mes sœurs : "Elles sont là !", de Philippe : "Il est mobilisé dans le Pas-de-Calais !", et Papa ? C'est alors le coup d'assommoir : "Papa est mort à Bergerac le 13 octobre 1944 après une crise d'urémie et de longues souffrances !" »

Pour certains, en effet, le retour est synonyme de deuil et de drames.

Raoul Boulanger rentre sans son frère, Pierre Milande sans son père. Charles Bécaud (185037), résistant de Lapalisse (Allier), détenu à Buchenwald, apprend que son fils, Jean (185038), avec qui il a été arrêté puis déporté, fait partie avec Georges Brousse et François Beaudoin des cinquante-sept assassinés par les nazis lors de l'évacuation de Flossenbürg. René Chossefoin (185294), ancien boxeur, parti avec son fils Élie (185293), vingt ans, revient seul. Jean Sueur (186424), agent de liaison avec sa femme, Florentine, du réseau des frères Boulanger, la rejoint à son retour des camps où elle a été elle aussi déportée. Mais leurs retrouvailles à l'hôpital de Rouen où, compte tenu de leur état de faiblesse, ils sont tous les deux soignés, sont brèves. Florentine meurt du typhus à la fin juin.

Charles Thirion, vingt ans, fils de fromagers lorrains, déporté avec son père Auguste, mort en septembre 1944 à Buchenwald, pendant que sa mère, Madeleine, était envoyée puis gazée à Ravensbrück, se découvre orphelin. Il attend d'être rapatrié pour l'annoncer à son frère et à sa sœur et leur envoie d'Allemagne des lettres pleines d'optimisme : « Notre retour aura lieu certainement vers la fin du mois en France. Nous serons tous réunis autour de la table des familles. »

Beaucoup de résistants connaissent ainsi des retours attristés par l'annonce de la disparition d'un ou de plusieurs proches, résistants eux-mêmes ou pris en représailles.

Quand André Boulloche rentre chez ses parents, rue d'Eylau à Paris, le 19 mai 1945, il ignore que son père Jacques et sa mère Simone ont été arrêtés, torturés, déportés et n'ont pas survécu, et que le sort de son frère Robert, envoyé à Buchenwald puis à Dora et Ellrich, ne laisse pas entrevoir beaucoup d'espoirs. Ses sœurs Jacqueline et Christiane l'attendent. « Il était extrêmement maigre, se souvient cette dernière. Mais, le pire, c'est le terrible regard qu'il avait dans les yeux. » C'est elle qui est chargée de lui apprendre la vérité. « Mais, confie-t-elle, quand il s'est enfin trouvé devant nous, dans cette apparence épouvantable qu'avaient tous les déportés, je n'ai pas pu prononcer un seul mot. » Elle finit par trouver la force de lui annoncer la mort de leurs parents. « Si je l'avais su, je ne serais pas revenu, lui répond André. Je serais mort dans les camps. » Deux semaines après son retour à Paris, les autorités lui apprennent le décès de son frère, mort à Ellrich en janvier 1945, à l'âge de trente ans.

L'adjoint d'André, Ernest « Charles » Gimpel apprend, lui, la mort de son père René au camp de concentration de

Neuengamme. Quand Rémy Roure est libéré de Buchenwald, il est sans nouvelles de son épouse, Marie-Louise, arrêtée en avril 1944 et déportée à Ravensbrück. Leur fils unique, André, vingt-quatre ans, résistant, est soldat dans les Forces françaises combattantes : « Il était à Paris en mai 1945, pour y apprendre que sa mère, malade, a été transportée de Ravensbrück au camp de Rœchling, raconte un ami de la famille, l'auteur et journaliste Émile Henriot. Il repart aussitôt, pensant pouvoir atteindre à l'aventure, dans les lignes russes, Rœchling. Il ne parvint, début juin, qu'à Ravensbrück où, arrivant et posant son sac, une grenade qu'il y emportait pour parer aux dangers de la route explose et le tue. Sa mère, depuis près de deux mois, était morte. » À sa femme et à son fils s'ajoutent pour Roure le décès de sa sœur Adrienne et de son mari, Louis Baumer, la première à Ravensbrück, le second à Neuengamme, et la mort d'un de ses neveux, Rémy Marti, fusillé à Lyon peu avant la Libération.

Quand il rejoint sa famille, l'abbé Poutrain explique que, après la joie des retrouvailles, il « fallut bien en venir à la question qui nous angoissait tous. J'appris alors que mon frère avait été fusillé par les Allemands ».

Marcel Durnez (185497) avait dix-sept ans quand il a fui la Belgique avec ses frères, Gilbert (185496), vingt ans, et Daniel (185495), dix-neuf ans, pour échapper au travail obligatoire. Ils ont été tous les trois arrêtés et déportés. Daniel, atteint de la tuberculose, est mort en janvier à Flossenbürg. Gilbert, blessé à la carrière, ayant de plus en plus de mal à marcher, a été battu par un kapo et n'a pas survécu. Marcel, rescapé de la marche de la mort, revient seul.

Nombreux sont ceux qui, arrêtés ensemble, ont subi un destin analogue. Pierre et Robert Martinon, les hôteliers de Volvic, n'ont pas survécu. Victor Provost (186279), résistant breton, s'éteint à son retour à Lannion (Côtes-d'Armor), le 1er juin, alors que son fils Ambroise (186278) a été tué quelques semaines plus tôt, abattu par un SS lors de la marche de la mort.

D'autres, au contraire, en ont réchappé, telle la famille Goupille : les trois frères du convoi du 27 avril, Pierre, Louis et Jean, rejoignent leur père André rescapé de Neuengamme, leur mère Jeanne revenue de Ravensbrück, leur tante Simone réchappée de Flossenbürg et leur sœur Élisabeth survivante de Beendorf. « Nous vous attendons donc tous avec impatience, écrit Pierre à sa mère. Nous avons tant de choses à nous raconter. Quel miracle quand on voit que tant de camarades ne sont pas rentrés, de penser que sur dix déportés dans la famille, il en est dix de rentrés. »

Eugène Diebold retrouve sa femme Laure, collaboratrice de Jean Moulin aux côtés de Pierre Kaan, elle aussi déportée, affaiblie mais vivante et faite compagnon de la Libération par le général de Gaulle.

Le comte de Bernard, survivant, rejoint sa femme, « Souris », survivante également, et ils réintègrent leur château…

Mais le retour en France n'est pas toujours synonyme de survie. Le typhus et la malnutrition continuent à faire des ravages. Comme Victor Provost, certains meurent peu de temps après le rapatriement. Gaston Le Borgès (185865) s'éteint dans le train sanitaire qui le ramène au pays. Albert Fugier (185587) est victime du typhus, en juin, bien qu'hospitalisé à l'hôpital de la Croix-Rousse (Lyon). Charles Gélinet meurt de la même maladie à l'hôpital Bichat (Paris) à la fin juin. L'aviateur Jean Guillot du Hamel (185715) rend son dernier souffle à Lyon, le 8 juillet, à la suite des « souffrances endurées », comme il est écrit sur la plaque hommage apposée sur la façade de sa maison natale, rue Terrusse à Marseille.

Pierre Demogeot (185429), « très affaibli », s'éteint à Colmar en juin.

Après avoir été rapatrié par avion, Jacques Chamson se retrouve, « mourant, à la Croix-Rousse, à Lyon ». Il pèse trente-huit kilos, « atteint de typhus, de dysenterie, une pleurésie double ». « À l'hôpital, on pensait que je ne survivrais pas, dit-il, et on ne s'occupait pas beaucoup de moi. Effectivement, dans le service où j'étais hospitalisé, chaque nuit il y avait une dizaine de morts. Mais moi j'avais décidé de ne pas mourir. »

« Quand on téléphone à mes parents en leur disant "Votre fils est arrivé", ma mère était en larmes, se souvient André Bessière. Quand ils arrivent à l'hôpital pour me voir – c'étaient des [salles] où il y avait quatre-vingts lits –, je vois l'infirmière militaire, qui était au bout et qui fait signe. Et mes parents passent devant moi sans me reconnaître. Soixante-huit kilos quand j'ai été arrêté, trente-six kilos quand je reviens. »

Jean Rousseaux (186363) refuse d'être hospitalisé et rentre agonisant chez lui : « Tout au long du parcours je suis aidé par des injections tonicardiaques, confie-t-il, je suis à bout de forces. Je suis un mort-vivant. » Débarqué seul à la gare de Pompey (Meurthe-et-Moselle), il se traîne jusque chez lui. « Il faut gravir une cinquantaine de marches. Je m'écroule sur la seconde tout en me cramponnant à la rambarde. Je suis dans un extrême état de faiblesse, je n'ai plus de ressources. J'entends des pas, je me retourne et je reconnais M. et Mme Bessieres. Je les appelle doucement, "Venez m'aider". Ils me regardent, incrédules, et ils ne me reconnaissent pas. "Je suis Jeannot, le fils de René Rousseaux." Ils accourent, je suis soulagé. Ils me soutiennent et nous montons lentement les marches. Après avoir dépassé les premières habitations des Cités du haut, des voisins s'empressent de prévenir mes parents. Ils sont tous dehors, et m'adressent des encouragements – "Le pauvre, dans quel état il est." » Jean refuse à nouveau d'être hospitalisé au prétexte qu'il préfère mourir chez lui. « [Le médecin] ordonne à mes parents de me nourrir un peu chaque heure. Il viendra deux fois par jour, pendant quatorze mois, me faire des injections. »

Beaucoup partent pour de longues périodes d'hospitalisation ou de convalescence. Le jeune Dino Bennamias (185277) reste au Sanatorium des étudiants de France, près de Grenoble, jusqu'en 1946, Jacques Chamson à celui de Leysin, en Suisse. Roger Caillé (185209), vingt et un ans, atteint de pleurésie, dysenterie et typhus, pesant trente-cinq kilos, ne parvient à reprendre son activité qu'en 1946. Charles Thirion se repose de longs mois dans la montagne suisse, à Davos. Il y redécouvre les bonheurs de la vie : « Le chocolat ne manque pas. À 16 heures, l'on peut choisir thé, lait pur ou chocolat biscottes beurrées et de ces confitures à l'orange, je ne te dis que ça, écrit-il à son frère. En plus, nous touchons des coupons de confiserie que l'on peut acheter en ville ou en excursion. »

Georges Guillemin, vingt-quatre ans, fait un séjour de six mois en sanatorium à Chamonix. Alain Knall-Demars est déclaré « grand invalide à la suite des privations et sévices subis ». Louis Leclercq (185875), vingt-trois ans, est contraint d'arrêter de travailler en août 1946. René Leduc (185886) ne reprend qu'après « de longs soins » sa vie professionnelle. Antonin Massabo (186045) rentre « extrêmement diminué » et ne retourne chez lui qu'après « un long séjour à l'hôpital Bichat » (Paris). André Pavelet est « diminué » et garde de nombreuses séquelles, Michel de Pontbriand est « gravement malade », le docteur Ropers, affaibli, doit « arrêter ses fonctions ». Émilien Dupray (185487), rapatrié tardivement compte tenu de son état de santé, meurt chez lui à Bezons

(Val-d'Oise) au mois d'août 1946. André Defrance s'éteint cinq ans après son retour, à quarante-trois ans, des suites de sa déportation tout comme Fortuné Raynaud (186300), en 1950, à cinquante-neuf ans, et Charles Thirion, trente et un ans, en 1955…

Déporté et coupable

À la fin du printemps 1945, les déportés retrouvent une France libérée déjà depuis de longs mois. Ils arrivent au moment des premières élections municipales de l'après-guerre. C'est le temps de la reconstruction et de la cicatrisation. La fièvre de la Libération et de l'épuration est retombée mais la France n'en a pas fini, loin s'en faut, avec le solde des années noires. Peu après le retour des déportés, s'ouvre en juillet 1945 le procès du maréchal Pétain. Le vieux soldat a remis son uniforme et posé son képi devant lui dans la salle d'audience pleine à craquer. Marcel Paul, au nom des internés et déportés, demande à témoigner. Il est entendu le 31 juillet. Alors que les Français découvrent les horreurs des camps, le communiste veut en porter la mémoire devant la Cour.

« Je ne parlerai pas, dit-il tout en en parlant, des chambres à gaz dans lesquelles ont été jetés, par dizaines de milliers, des Israélites qui étaient français, des combattants qui avaient fait l'autre guerre, qui avaient également fait celle-ci, combattants qui ont été, là-bas, exterminés dans les conditions les plus atroces, parce qu'arrêtés et livrés à Paris et dans toute la France par les autorités policières toujours de Vichy. [...] Je pense, conclut-il, qu'il n'est pas possible de n'en pas tenir compte. »

Pourtant, comme il le constate lui-même, même s'il désire obtenir justice pour ceux qui sont « tombés là-bas », la déportation massive, depuis la France, de Juifs et de non-Juifs dans les camps nazis ne paraît pas être un des enjeux des débats. Il faudra attendre plusieurs années pour que le sujet prenne enfin toute sa place. Les déportés « politiques » ont du mal, du reste, à être identifiés dans la masse de ceux qui reviennent d'Allemagne : prisonniers de guerre, travailleurs du STO et Juifs survivants des camps d'extermination. Doivent-ils être assimilés aux uns ou aux autres ? Marcel Paul, bien portant, les cheveux en bataille et la silhouette massive devant la cour de justice et la caméra des *Actualités*, entretient sans le vouloir la confusion. Mais le terme « déporté » est désormais bien identifié alors que les photos et les images des camps se répandent dans la presse et marquent l'opinion. Elles ont souvent précédé le retour des survivants. Les familles qui, pour la plupart, avaient reçu des lettres de Buchenwald, assimilent vite le sort de leur proche aux images atroces qui circulent, Buchenwald étant alors l'un des camps symboles du système concentrationnaire découvert par les Alliés. Paul Le Goupil perçoit, à son retour, l'angoisse qu'ont vécue ses parents « terriblement vieillis ». Ses lettres à l'été 1944 avaient engendré un regain d'optimisme mais les articles parus en avril 1945 « montrant des tas de cadavres pourrissant dans ce camp, le crématoire » leur avaient ôté tout espoir.

Pour tous ceux qui sont revenus, il s'agit de se réintégrer et de tourner la page d'un indicible qui ne peut se dire. Mais l'expérience des camps n'est pas une parenthèse qu'on referme comme un épisode vite oublié. Il faut se reconstruire sur la douleur en évitant haine et rancœur. Beaucoup réclament vengeance.

Les résistants clermontois dénoncés par le traître Georges Mathieu apprennent à leur retour que leur bourreau a été condamné et fusillé dès décembre 1944. « Je regrette que l'instruction de ce procès n'ait pas été prolongée jusqu'à notre retour en mai 1945. Après avoir de justesse survécu au régime des camps, confie Henri Margraff, je me sentais frustré de n'avoir pu participer aux interrogatoires de confrontation. »

Le docteur Camus, de Narbonne, a lui la satisfaction de pouvoir témoigner au procès de celui qui l'a arrêté, un jeune Alsacien interprète et agent tortionnaire de la Gestapo, René Bach : « J'ai lutté quinze mois contre la mort pour me trouver aujourd'hui face à cet individu », affirme le Tatoué au tribunal. « M. Camus demande, au nom de tous les déportés, que Bach soit justement et sévèrement puni », rapporte le *Midi Libre.*

Paul Le Goupil s'inquiète lui aussi du sort de celui qui l'a donné. Il apprend que durant son absence, son père a identifié le coupable. « Un jour même, rapporte-t-il, sachant qu'il se rendait de temps à autre chez sa fiancée, rue des Petites-Eaux à Rouen, mon père avait décidé de le tuer. Il avait emmené ma mère pour faire le guet et ils avaient attendu, en vain, jusqu'au couvre-feu. » Le délateur s'est enfui mais est arrêté à la Libération. Le juge attendant « le retour des déportés pour continuer l'instruction », Paul témoigne et suit de près l'affaire. Il apprend que le traître était un agent rémunéré de la Gestapo, ayant à son actif l'arrestation de nombreux résistants. « Il avouera avoir touché, pour [mon] affaire, en plus de son salaire mensuel de 3 000 francs, les dépouilles des personnes arrêtées (pour moi : le vélo, le paletot de cuir et les 7 000 francs contenus dans mon portefeuille), plus une prime de déplacement de 1 000 francs [en tout l'équivalent de 5 000 euros d'aujourd'hui]. » Paul assiste au procès et attend fermement le verdict :

« [Avec] un certain nombre de survivants, [...] nous nous étions juré de l'exécuter s'il sortait un jour de prison, même vingt ou trente ans après. Pour ma part, je crois que je l'aurais fait. » Le traître, André Prieur, est condamné à mort et fusillé en novembre 1946.

Pour ceux qui reviennent, l'épreuve des camps de concentration n'est pas un sauf-conduit. Pierre Pitou, ayant survécu aux tentatives d'assassinat de ses camarades de la Résistance qu'il avait trahis et à l'enfer des camps, d'Auschwitz à Gross-Rosen, est arrêté en juin 1945 après avoir été, comme les autres survivants, rapatrié. Il doit répondre de son action de « dénonciateur » et d'agent supplétif de la Gestapo. L'instruction est ouverte à Toulouse. Pour lui, la réinsertion consiste en une cellule de prison. Le procès se tient en juin 1946. La cour de justice de la Haute-Garonne ne lui accorde qu'une journée. « De nombreux témoins et victimes de ses crimes ne témoigneront pas demain à la barre car un tout petit nombre a échappé aux fours crématoires des camps de la mort ou aux pelotons d'exécution », affirme le journal *Liberté-Soir*. « Au total, notent Jean-Marc Binot et Bernard Boyer, Pierre Pitou a été responsable au moins de douze arrestations dont huit déportations. » Roger Valentin et Yvon Toquec, du convoi des Tatoués, ne sont pas revenus. Pitou reconnaît la plupart des faits et met en avant les menaces et les méthodes de la Gestapo. Son procès ne fait pas les gros titres et est expédié : il est condamné à mort dans la journée. L'autre dénonciateur du réseau Brutus, Jean Chopin, est lui aussi jugé et écope de la même peine. Tous deux forment un recours en grâce et, à une époque où les traîtres au lourd passif n'ont que peu de chances d'échapper au peloton d'exécution, sauvent l'un et l'autre leur peau. L'homme qui avait échappé à la Gestapo, à la vengeance des résistants, aux kapos, aux SS, au typhus, à la malnutrition, à l'exécution bien que condamné à la peine capitale, mourra en 1993 à soixante-douze ans dans sa Gironde natale.

Après la condamnation de Pitou et Chopin, le réseau Brutus n'en a pas fini de régler ses comptes. Le Tatoué André Chrétien, autre élément du groupe toulousain, est retourné chez lui à Mohon, dans la banlieue de Charleville-Mézières (Ardennes), après avoir été libéré à Dachau en avril 1945. Il s'y repose tout l'été mais il est, en septembre, convoqué à Toulouse. À sa grande surprise, il y est incarcéré, accusé d'avoir été lui aussi un informateur des Allemands. À cela s'ajoute le fait que, ayant adhéré avec Pierre Beuvelet à Agen à la Milice pour l'espionner et l'infiltrer, André doit se défendre d'avoir été un collabo. La rumeur court dans son village. Il fait publier dans le quotidien régional *L'Ardennais*, en octobre 1945, alors qu'il est emprisonné à Toulouse, une mise au point consistant en une attestation de son chef dans la Résistance, le commandant Prat, dans laquelle ce dernier certifie que « Chrétien André », « membre du réseau Brutus, est entré sur [son] ordre dans la Milice à Agen, afin de renseigner [l']organisation. [...] Il doit être rétabli dans tous ses droits au cas où son appartenance à la Milice lui aurait fait subir une condamnation ou dommage quelconque ». Ses ennuis judiciaires ne sont pas dus à cet épisode mais à un membre du réseau, Alfred Martin, qui a écrit aux autorités pour leur demander d'ouvrir une instruction contre lui. Plusieurs anciens de Brutus affirment avoir été pris au lendemain de son arrestation. Il aurait donné noms et adresses « de tous ceux qui étaient sous ses ordres ». Les survivants se déchirent. Les preuves manquent mais l'accusé s'enferre dans une « défense illogique et butée ». Le commandant Prat « l'incite à ne plus rabâcher qu'il a parlé sous la contrainte morale. Il doit abandonner ce système de complainte-défense, devenir offensif et confondre ses accusateurs en les replaçant face à leurs responsabilités propres ». Le procès a lieu en mars 1947, près de deux ans après son rapatriement. Des anciens compagnons viennent témoigner en sa faveur et lui permettent d'obtenir l'acquittement, au grand dam de ses accusateurs. Enfin libéré, il peut reprendre ses activités militaires. Sa convalescence s'est effectuée derrière les barreaux.

Pierre Beuvelet, son camarade du temps de Brutus, a lui aussi une mauvaise surprise à son retour à Agen en 1945. « Je n'étais pas là depuis trois jours, rapporte-t-il, qu'un beau matin deux policiers en civil vinrent frapper à ma porte du 48, cours de Belgique, cherchant après un certain René Beuvelet. Je leur demandai ce qu'ils reprochaient à ce René Beuvelet. "C'est un quidam qui était dans la Milice à Agen !" Alors, en riant, je leur dis : "Ça doit être moi, car je suis en effet entré dans la Milice pour y espionner par ordre du réseau Brutus. – Alors on vous demande de nous suivre au commissariat." » Il subit plusieurs interrogatoires et fournit les noms de Prat et de Chrétien qui doivent lui permettre d'attester sa bonne foi. En attendant que la police recueille leurs témoignages, il dort en cellule. Sa femme, qui vient à peine de le retrouver, est outrée et fait un esclandre au commissariat : « C'est une honte d'arrêter mon mari, qui est un héros, qui a bien servi la France et qui a risqué sa vie, dit-elle. C'est ça votre reconnaissance ! Elle est belle la France ! » Beuvelet s'en tire rapidement grâce au commissaire de police qu'il a connu dans la Résistance et certifie son activité clandestine.

Georges Despaux est rentré chez lui à Bayonne le 30 avril. Il a rapporté des camps de nombreux dessins et croquis. Mais il n'est pas encore temps de les montrer. Sa réapparition en ville où, en quinze mois, son activisme collabo n'a pas été oublié, suscite l'indignation. Dès le surlendemain, le responsable militaire de la place informe le procureur de Bayonne : « La rumeur publique accuse Despaux assez violemment et il est possible que certains lui fassent un mauvais parti. Il y aurait donc lieu de régler cette affaire légalement en faisant passer son cas en justice par vos soins. » Le Tatoué ne tarde pas à être arrêté. À sa charge : des « opérations de police avec la Gestapo », ses écrits antisémites dans l'organe local du PPF, ses actions au sein du mouvement collabo, des dénonciations et ses activités d'administrateur de biens juifs saisis. Pour sa défense, le déporté évoque une hypothétique adhésion secrète à la Résistance en liaison avec l'agent Henri Frager, lié à l'Intelligence Service, qui l'aurait poussé à infiltrer le PPF. Il semble que Despaux ait croisé ou entendu parler de Frager à Buchenwald, où ce dernier a été déporté et fusillé en octobre 1944. La camaraderie de la déportation a permis au Bayonnais de se lier à de nombreux résistants, d'en écouter les histoires et de se bâtir un autre passé. Une technique que certains vont employer pour obtenir médailles et reconnaissance, frustrés, après avoir été persécutés par les SS, de n'obtenir aucune récompense, victimes sans prestige d'un combat qu'ils n'ont pas mené. D'autres ont adopté cette tactique dès les camps, Paul Le Goupil ayant noté « le manège » de certains qui, pour rester à Buchenwald, tentaient de se faire passer pour des responsables de la Résistance.

En août, depuis sa cellule, pris dans les filets de l'épuration, Georges Despaux ne manque pas de correspondre avec Léon Hoebeke et d'entretenir ainsi une camaraderie d'anciens combattants : « Comme toi, je suis rentré de Buchenwald assez mal en point, et d'autant plus que j'ai été arrêté ici à mon retour et suis toujours en prison, pour des accusations aussi ridicules que fausses, affirme-t-il. Il y a ici de ces comédies sous couvert de la justice dont tu ne peux avoir idée. Comme les manœuvres politiques réclament des coupables, on les choisit parmi ceux dont le portefeuille est déficient, ce qui est mon cas avec mes cinq gosses qui m'attendent à la maison. »

Quand, appelé à témoigner, Léon Hoebeke intervient en faveur de Despaux, c'est pour faire le constat que la solidarité des camps ne se basait pas toujours sur un passé et un idéal communs.

« Georges faisait partie de mon convoi qui a quitté Compiègne le 27 avril 1944 pour Auschwitz puis Buchenwald, rappelle-t-il. C'est là que je l'ai connu et lui ai parlé pour la première fois. Il faisait des portraits au crayon, des caricatures. [...] J'ignore pourquoi il a été arrêté par les Allemands. [...] Comme parmi nous, déportés, il y avait en grande partie des communistes, des raciaux, des travailleurs pour l'Allemagne, des "droit commun" mais très peu de vrais résistants ayant appartenu à un service secret, nous nous méfiions les uns des autres du fait que parmi nous il y avait des traîtres. Nous bavardions donc rarement sur les vrais motifs de notre arrestation. » L'argument de l'appartenance secrète à la Résistance ne convainc pas. Despaux ne peut en fournir la moindre preuve ou un quelconque témoignage alors que son passé de collabo et de rédacteur antisémite a laissé des traces et des écrits. La cour de justice l'acquitte pourtant en décembre 1945, eu égard sans doute à son passé de déporté et au manque d'éléments concernant les dénonciations et les actions auprès de la Gestapo dont on l'accusait.

D'autres doivent ainsi répondre, malgré l'expérience des camps, de leur passé. Le jeune Guy Simon (186406), arrêté en février 1944, se retrouve au retour de Flossenbürg à la prison de Fresnes pour, selon André Bessière, « avoir appartenu aux Compagnons de France », organe de la jeunesse pétainiste pourtant peu tournée vers la Collaboration. Comme d'autres, il s'appuie sur les résistants rencontrés dans les camps : « Quelques mois plus tard, transféré à Agen, il fera appel à son camarade André Gairin de Flöha qui parviendra à le faire sortir de prison », ajoute Bessière.

Deux ans après son retour, Jean Grandelaude est arrêté et incarcéré à la prison de la Santé à Paris. On l'accuse d'être un collaborateur, un agent de la Gestapo. Il n'y comprend rien et désespère. « Ce soir, quand s'éteignent les lumières, j'ai la sensation d'un total abandon, confie-t-il. J'en ai assez de toutes ces conneries. J'aimerais mieux que ça s'arrête là et, à l'heure de culbuter, que ce soit sans haine, sans regret et sans démonstration. Je pense à tous les copains qui sont restés là-bas, eux aussi sont morts pour rien, mais pas dans le déshonneur, et à vingt-cinq ans ce n'est quand même pas facile de s'en ficher éperdument. » Son accusateur est l'homme qui, justement, l'a dénoncé pendant l'Occupation, Jacques Desoubrie. En fuite, il a été arrêté et est poursuivi pour avoir infiltré de nombreux réseaux, dont celui de Turma-Vengeance. Il semble que sa stratégie soit d'impliquer des résistants pour atténuer ses responsabilités et semer la confusion. « Le dossier est formel, écrit Jean. J'ai fait fusiller je ne sais combien de personnes et déporter je ne sais combien d'autres. J'ai balancé des réseaux à Paris, et surtout dans le Nord, où je n'ai jamais mis les pieds. » Ses camarades de Résistance qui ne l'ont « pas lâché d'un iota » témoignent en sa faveur et lui « ont dégoté une avocate champion ». Après trois semaines en cellule, il est transféré à Douai (Nord) où le juge chargé de l'enquête le confronte à son accusateur. Le face-à-face tourne court. Les accusations portent sur la période de janvier et février 1945. « Où étiez-vous ? lui demande le magistrat. – J'étais en exode d'Auschwitz, répond Jean, en pyjama et les pieds dans la neige, vers

Nordhausen, Harzungen et Bergen-Belsen. » L'alibi ayant été vérifié, Jean est libéré après la confrontation. Jacques Desoubrie, « le plus néfaste des dénonciateurs », dont les victimes sont évaluées à plusieurs centaines, est condamné à mort et fusillé en 1949.

Ceux qui sont revenus et les autres

Les vicissitudes judiciaires contribuent à rendre difficile le retour à la vie de Jean Grandelaude. Mais les lendemains de déportation sont âpres pour tous. L'enfer est une plaie qui ne se referme pas.

« Depuis son retour, confie Jean-Jacques Rousseaux, le fils de Jean, il est plongé dans une profonde solitude. [...] Il vit avec des souvenirs terribles, ses nuits sont hantées par les cris, le verrouillage des lourdes portes des wagons à bestiaux, les coups de feu, les bastonnades, l'enfournement des cadavres dans la gueule du four crématoire de Flossenbürg. Il hurle, il se réveille en sursaut. [...] Il n'est jamais sorti des barbelés. Il y est resté accroché toute sa vie. »

Charles Magris (186010), commis de boucher, déporté à dix-neuf ans pour avoir approvisionné les maquisards, ne demeure que « l'ombre de lui-même, tentant d'oublier le cauchemar qu'il avait vécu ».

Le souvenir des camps hante les nuits de la plupart des rescapés. Le fils de Louis Leclercq (185875), déporté à vingt-deux ans, confie que la fin de vie de son père, devenu « grand invalide de guerre » à la santé toujours précaire, « a été rythmée de cauchemars et ses dernières paroles avant d'être intubé pour assistance respiratoire ont été : “Ils ne m'auront pas !” »

« J'étais obsédé par certains souvenirs, témoigne Paul Le Goupil, le voyage en wagon, Auschwitz et son usine de mort, Langenstein et la route, surtout la route que je parcourais, de nouveau, chaque nuit avec les scènes terribles de ces camarades qui ne voulaient pas mourir, qui me tendaient leurs bras et que je ne pouvais aider. »

« Pendant plusieurs années j'ai eu régulièrement d'horribles cauchemars où dominaient les bombardements intensifs venant d'un ciel noir d'avions, la poursuite par des soldats allemands accompagnés de chiens dans un tunnel sans fin, l'incarcération en maison complètement fermée, etc. », écrit Pierre Mallez.

Vivre avec des souvenirs abominables tout en essayant de se réintégrer dans la vie ordinaire, appréhender l'incroyable décalage entre le monde dont on sort et celui que l'on rejoint : « Je suis rentré à Villeberny [Côte-d'Or] le 11 mai 1945, complètement déshumanisé, avoue Pierre Jobard (185784), déporté à dix-sept ans et rentré à dix-huit. Dans les camps, on pensait à éviter les coups et à la nourriture. En France, c'était la liesse, les jeunes de mon âge s'amusaient et fêtaient la victoire. C'était normal. Il y avait des bals dans tous les villages. Ça dansait partout. Moi, je n'étais pas dans cet esprit. »

Hospitalisé en France, Jean Grandelaude confie : « Quand nous nous croisons dans les couloirs, nous sommes encore dans la méfiance que l'on nous frappe, ou que l'on nous vole notre quignon de pain. »

« Je m'efforçai de reprendre une vie normale mais les camps avaient fait de moi un être grossier dans le langage et dans le comportement, reconnaît Paul Le Goupil. Je ne savais plus manger proprement et je me jetais sur la nourriture dès que j'avais faim comme un chien sur sa soupe. Les contraintes de la civilisation me pesaient : j'avais surtout envie d'être seul. Je me réfugiais dans ma chambre et je m'enfermais dans de longs silences. Je dus réapprendre à vivre en société, à m'intéresser aux autres. »

Les déportés rescapés portent aussi le deuil de ceux qui ne sont pas revenus. Certains, répondant à des promesses faites dans les camps ou à un devoir moral, rendent visite aux familles de leurs camarades disparus. Les informations sont alors parcellaires et limitées. Elles font des survivants des éléments essentiels de la transmission. La femme de Charles Duchesne (185529) apprend par « un déporté rentrant de Flossenbürg [...] venu lui apporter chez elle, vers fin mai 1945, une petite boîte ayant appartenu à son mari », la mort de son époux.

Comme d'autres, Paul Le Goupil, conscient du manque d'informations, signale la mort de ceux qu'il a connus et dont il a été témoin. Lui-même apprend la fin tragique de bon nombre de ses camarades de combat, dont l'abbé Kerebel, chez qui il avait été arrêté. « Je recevais de nombreuses lettres de parents ou d'épouses dont le fils ou le conjoint avait été vu à Auschwitz, Buchenwald ou Langenstein. Quelquefois des familles de disparus de la région venaient me voir. » Il reçoit le père de son compagnon Jean Richard (186318) qui ignore le sort de son fils et espère. Paul lui annonce son décès. « Il repartit cassé en deux sous le poids des années supplémentaires dont je venais de charger ses épaules en répétant : “Alors, comme ça, il est mort !” »

Parmi les 1 670 hommes du convoi du 27 avril, beaucoup manquent à l'appel et nul ne sait ce que certains sont devenus. Les familles attendent, anxieuses, retour ou informations.

La femme de Max Rénier (186311), fils du président d'Havas, fait intervenir ses contacts au plus haut niveau pour tenter de retrouver sa trace. Les autorités alliées se mobilisent pour ce qu'elles considèrent comme un « VIP », « interné au camp de concentration de Flossenbürg ».

« Sa femme de nationalité britannique, écrit le colonel H.G. Sheen en mai 1945, est extrêmement inquiète, particulièrement parce qu'il aurait été atteint du typhus et qu'un médecin français récemment sorti du camp lui a dit que la libération [de son mari] était une question de vie ou de mort. » Des renseignements affirment qu'il aurait été jugé « trop faible pour quitter Flossenbürg ». Il arrive finalement chez lui à la fin mai 1945.

La mère de René Saint-Rémy Pellissier n'apprend qu'en 1946 la mort certaine de son fils, tout comme Hélène Laguerre, suspendue au sort d'Alain Raymond alors qu'« Alain Balme de Sainte-Julie », sous lequel son garçon était enregistré, est mort depuis novembre 1944.

On ne sait toujours pas ce qui est arrivé à Marcel Trémodeux (186489), ce syndicaliste de trente-huit ans proche de Jean-Pierre Timbaud dont on peut encore voir la silhouette et le visage et entendre la voix dans le documentaire *Les Métallos* (1936). De ce « tôlier-formeur » communiste, haranguant les ouvriers pour les dissuader d'aller travailler en Allemagne, arrêté début 1944 dans un café du Bourget, la trace se perd au printemps 1945. On le sait à Dora en février, « très malade », d'où il est « évacué » avec l'ensemble des déportés en avril pour rejoindre Bergen-Belsen. Selon certains témoignages, il aurait été encore vivant le 15 avril à la libération du camp. Sa mère multiplie les démarches. Mais son corps, reconnaissable, dit-elle, à la vingtaine de cicatrices – souvenirs de sa participation à la guerre d'Espagne – représentant « environ 1,70 mètre de coutures chirurgicales », n'a pas été retrouvé et son décès jamais officialisé.

Beaucoup ont disparu dans la masse des morts, abandonnés lors des marches ou dans les camps surpeuplés de cadavres. Le corps d'Edgar Ponthus (186255), maire révoqué de Cruzille (Saône-et-Loire), décédé dans le train qui l'évacuait de Flossenbürg vers un ailleurs inconnu, « est jeté sans ménagement sur le ballast, quelque part vers Prague, le 21 avril 1945 ». Des survivants aideront ensuite à localiser, grâce à leurs souvenirs, des cadavres abandonnés sur la route ou la voie. André Lechevallier (185873), après-guerre, va refaire le parcours pour tenter de retrouver et d'identifier les corps. Revenu lui aussi sur les lieux, Paul Le Goupil a découvert que « presque dans tous les cimetières des villages que nous avons traversés, il y a une fosse commune » avec des inconnus et une inscription du genre : « Gloire et honneur aux victimes du fascisme qui furent assassinées ici en avril 1945 ». « Une partie des corps retrouvés, ajoute-t-il, avaient été, à partir de Bitterfeld [au nord de Leipzig], regroupés dans de grandes fosses surmontées d'un monument entretenu par les municipalités et régulièrement fleuri. » La route est ainsi marquée de plaques, de tombes et de mémoriaux : « Deux détenus assassinés à cet endroit », « Soixante-huit détenus de Buchenwald assassinés par les SS au cours de la marche d'évacuation », « Pour cinquante-huit inconnus assassinés au cours des marches de la mort », etc.

Ces innombrables fosses communes, creusées pour répondre à la masse de cadavres laissés par les SS, ont pour défaut de renfermer des corps non identifiés. Et contribuent à laisser dans l'ignorance les familles des disparus. Paul Le Goupil, lors de son périple, a retrouvé l'endroit où est mort son camarade Richard mais n'a pas su où chercher son corps : sur place, dans le village d'à côté parmi les « trente-deux détenus de camp de concentration assassinés », ou dans l'autre patelin non loin avec les « dix-neuf inconnus assassinés entre Prettin et Jessen durant la marche de la mort » ? Rares sont ceux qui, échappant aux fours crématoires, aux charniers et aux tas de cadavres squelettiques, ont pu être identifiés et bénéficier d'une sépulture individuelle, parfois même être rapatriés et enterrés en France.

Peu à peu, avec les années, l'espoir de voir réapparaître ceux qui ne sont toujours pas revenus s'est dilué. Certains espéraient que, mal en point, perdus dans des hôpitaux de l'Est ou dans des camps soviétiques, des disparus allaient finir par retrouver le chemin de chez eux. Paul Le Goupil a été marqué par la disparition de deux camarades laissés sur la route : Richard, dont il n'a pas retrouvé la tombe, et Hébert, « un copain de l'Eure », « gravement touché, à qui les SS donnèrent le coup de grâce ». « Nous l'avons cru mort pendant plus de vingt ans, confie-t-il, lorsqu'un jour il réapparut lors d'une assemblée des anciens du camp. » Le SS qui lui a « donné le coup de grâce », le laissant pour mort, ne l'a miraculeusement pas tué. Secouru par une femme des environs, il a ensuite été soigné par les Américains jusqu'en septembre 1945.

De même, Cueff-Bennett, l'agent du Komintern laissé invalide à Auschwitz après les traitements infligés par la Gestapo, semble avoir disparu corps et biens dans les cendres du camp. Les archives le notent « décédé » le 3 décembre 1944. Mais le Tatoué Jean Buisson le croise après-guerre à Paris. Le mal dont il souffrait à la colonne vertébrale « s'était atténué peu à peu pour disparaître vers la fin de sa captivité », explique-t-il. Il a tenu jusqu'à la libération puis est parti en Pologne conseiller des ministres communistes. À peine le temps de fraterniser à nouveau avec Jean Buisson, et il a encore disparu sans laisser de traces.

Dans les revues des amicales d'anciens pullulent, jusqu'en 1947, les annonces de proches à la recherche des déportés :

« Fiasson Robert [185552] dit "Berry", vingt ans, Buchenwald, Weimar, en avril ou mai 1944, n° 51713, block 15-17-51. Depuis le 5 juillet 1944, aucune nouvelle. Aurait été vu par un rapatrié le 15-4-45 entre 7 et 8 heures du soir à Bersolzen, près de Magdebourg. » Témoignage d'une mère inquiète qui comme les autres, après avoir envoyé colis et mandat, n'a pas reçu de lettres depuis l'été 1944 et désespère de revoir son fils des mois après la libération des camps. On croit l'avoir vu au printemps 1945 mais l'administration de Langenstein a enregistré son décès, dû à un « collaps cardiaque », en février 1945, deux mois avant l'évacuation. Deux ans après les faits, l'information n'était toujours pas parvenue à sa famille.

Pour les rescapés, au deuil des camarades perdus, frères de survie et compagnons de misère, s'ajoute un sentiment de culpabilité d'en être revenu quand tant d'autres y sont restés. Le père de Jean Rongieron (186348), mort à vingt ans à Hersbruck, confie aux parents d'André Bessière, revenu de l'enfer, que voir leur fils lui serait « insupportable ». Le survivant se referme alors dans « le mutisme ».

Charles Kaiser, un intime de la famille Boulloche, affirme qu'à « son retour à Paris, André se fit opérer pour réparer la blessure par balle qui n'avait pas été traitée avec soin. Mais il découvrit rapidement qu'être passé à côté de la mort, au nom de la liberté de la France, ne lui garantissait pas un accueil chaleureux. Plusieurs membres de sa famille les accusèrent, lui et ses sœurs, d'être responsables de la mort de leurs parents ».

Une des tantes de Paul Le Goupil lui glisse à son retour : « Si tu étais resté chez toi, avec tes parents, cela ne te serait pas arrivé ! »

Des lendemains

Pour André Boulloche et Paul Le Goupil comme pour les autres commence une longue reconstruction. Elle passe par une réinsertion sociale et professionnelle dans un pays qui lui-même, après des années de guerre et d'occupation, se rebâtit. Passé quelques mois de convalescence, les survivants sont priés de reprendre leur place et de refermer la parenthèse.

Pour la plupart, le séjour dans les camps n'ouvre aucun passe-droit sinon une indemnité que beaucoup jugent dérisoire. « Quand la mairie, confie Jean-Claude Stewart, [...] me fit adresser 3 000 francs, comme les STO, je fus un peu choqué, ayant pris cela comme une aumône. »

Les fonctionnaires ont plus de chance. Paul Le Goupil, instituteur, dont le salaire a été suspendu en juin 1943, se voit verser un « rappel de traitement » de 60 000 francs avec lesquels il se paie « une moto Triumph de l'armée anglaise », achetée l'équivalent de dix mois de salaire. Il réintègre l'Éducation nationale, nommé dans une école à « quelques centaines de mètres » de chez lui. Jean-Claude Stewart repart, lui, à l'atelier où il était ouvrier. Après quelques mois, désirant changer d'air, il rejoint la Lorraine et un ancien Tatoué, Jean Déhant (185401), qui le fait embaucher comme maçon à la Société des hauts fourneaux, forges et aciéries de Pompey.

C'est là aussi que travaille Jean Rousseaux qui, affaibli, jamais totalement remis, reprend difficilement son emploi à l'usine. « Enfant, je ne l'ai jamais connu en bonne santé, confie son fils Jean-Jacques, et la famille vivait au rythme des arrêts de travail pour des dépressions nerveuses, des problèmes pulmonaires, des bronchites, des maux de tête insupportables. » Fréquemment hospitalisé, l'ancien déporté mène une vie professionnelle erratique. « Nous habitions une cité appartenant à l'usine de Pompey, un deux-pièces avec grenier sans commodités, poursuit son fils. La couverture sociale était quasi inexistante et mes parents, démunis, n'avaient même pas l'argent nécessaire à l'achat du timbre pour correspondre. Plusieurs fois nous sommes allés avec maman lui rendre visite à bord de la Citroën 2 CV marquée Café Maurice, un véhicule de fonction conduit par mon oncle. » Jean reçoit le soutien d'anciens déportés dont Jean Déhant, le copain de Jean-Claude Stewart, « un ami de la famille, [qui] apportait de temps à autre un bon gratuit de chauffage (100 kilos de houille ou de briquettes) délivré par l'usine, les Aciéries de Pompey. Il aidait également maman et la famille avec ses propres deniers. »

Jacques L'Hoste, vingt-quatre ans, horloger de formation, décide de devenir son « propre patron » et de se lancer dans un commerce de réparation de montres. « Évidemment, je n'avais pas d'argent – on ne revient pas de Buchenwald avec des économies ! » Mais grâce à l'aide financière que lui propose un ancien codétenu, il parvient à ouvrir une boutique, rue du Pont-de-Mayenne à Laval.

Pierre Mallez rentre rapidement dans la vie professionnelle car, à la suite du décès prématuré de son père, sa famille compte sur lui pour gérer l'entreprise paternelle. « Je rêvais de prendre six mois de vacances pour me refaire une santé et pour me remplumer, dit-il, mais j'ai dû me contenter de deux mois pour revenir assez vite m'occuper de la "carrioterie", l'affaire familiale de fabrique de carreaux en ciment. »

Ernest Gimpel s'inscrit lui aussi dans les pas de son père en ouvrant, avec un de ses frères, une galerie d'art à Londres, « Gimpel Son and Son ». Il se bat dans le même temps pour retrouver les nombreux tableaux confisqués à la famille par les nazis pendant la guerre. Long combat qui aboutit… en 2019 à la restitution, à la demande de la cour d'appel de Paris, de trois œuvres d'André Derain détenues par des musées français. Le nouveau maire de Marseille, Benoît Payan, restitue *Pinède, Cassis* que le musée Cantini avait acquis en 1987. Les héritiers Gimpel en font alors don à la ville…

Après l'expérience concentrationnaire, Paul Chandon-Moët retrouve lui aussi l'entreprise familiale et son domaine champenois.

L'abbé Poutrain retourne dans son diocèse du Champsaur.

André Verdet, le jeune ami de Desnos, se replonge dans l'écriture. Dès 1948 il publie un roman, *La nuit n'est pas la nuit*, récit de son expérience concentrationnaire dont l'un des héros, Nodès, anagramme de Desnos, a les traits de son compagnon disparu. Originaire de Saint-Paul-de-Vence, Verdet se lie ensuite à de nombreux artistes, devient un intime de Picasso, se fait connaître pour ses ouvrages sur différents peintres, publie des recueils de poésies et acquiert une belle notoriété dans le monde des lettres et des arts.

Rémy Roure, un des premiers déportés rapatriés, rejoint l'ancienne équipe du *Temps*, où il travaillait avant-guerre, dans un nouveau journal : *Le Monde*. « Nous avons eu la joie d'accueillir hier à son arrivée du camp de Buchenwald notre collaborateur et ami Rémy Roure, écrit la rédaction du quotidien du soir. […] Il a bien voulu, reprenant déjà la plume, écrire pour *Le Monde*, non pas un témoignage – il le versera au dossier dès maintenant ouvert – mais une première impression. » Ainsi le journaliste est-il l'un des premiers à reprendre son travail, moins d'une semaine après sa libération. Son but n'est pas tant de se réinsérer que de témoigner de « L'enfer de Buchenwald et d'Auschwitz-Birkenau », selon le titre de son article. Même si, indique *Le Monde*, il en a « volontairement écarté tout ce qu'on ne peut pas dire, par égard pour l'angoisse des proches de ceux qui ne sont pas encore libérés », il est un des premiers rescapés à s'exprimer. « Quand on sort libre d'un camp de concentration en Allemagne, le trésor dont on aurait le plus besoin est celui du silence », commence-t-il, mais « ce silence, il faut le rompre ». D'une part, explique-t-il, pour dire au gouvernement : « Hâtez-vous de faire rapatrier tout le camp de Buchenwald ! Il y a des malades en danger de mort. » Ensuite pour rassurer les familles sans « nouvelles précises » : « Sur les cinquante et quelques mille internés du camp [de Buchenwald], les SS ont réussi à évacuer vers l'est vingt-cinq mille détenus. Leur délivrance, nous l'espérons bien, sera seulement retardée. » Un espoir un peu vain puisque l'article est publié le 21 avril alors que pour beaucoup la « marche de la mort », déjà bien entamée, va être encore longue et que peu vont en réchapper. Le récit de Rémy Roure n'entre pas dans les détails de « l'enfer » et édulcore, se contentant de formules générales ou de citations : « En somme, un camp de concentration en Allemagne est un endroit où l'on entre par la porte et d'où l'on sort par la cheminée. » Journaliste politique, Roure suivra ensuite les soubresauts de l'actualité française, écrira sur les procès faits aux collaborateurs, les partis issus de la France combattante, le parcours du général de Gaulle, les souvenirs de la Résistance et ne manquera pas d'évoquer les compagnons qui, au fil du temps, disparaissent ou ceux qui, happés par l'univers concentrationnaire, suscitent hommages et souvenirs.

S'il réintègre l'armée et poursuit sa carrière militaire, Michel Garder, d'origine russe, devient rapidement un spécialiste médiatique de l'Union soviétique et du communisme, dont il est un fervent opposant. Il publie au cours des années 1960 et 1970 de nombreux ouvrages dont une *Histoire de l'armée soviétique* (1959), une biographie de *Mao Tsé-toung* (1960) ou un essai sur les services secrets auxquels il a appartenu : *La Guerre secrète des services spéciaux français, 1935-1945* (1967).

Les militaires réintègrent l'armée, les étudiants reprennent leurs études et les petits malfrats leurs trafics. Pris par les Allemands en mars 1944, parce que recherché par la police pour des menus larcins, le Tatoué Joseph Jadaud fait partie des derniers libérés après une longue marche qui, de Flöha, le 14 avril, l'a mené à Terezin, le 8 mai, où il a été délivré. On l'aperçoit, juvénile, non loin de Desnos, sur une photo de groupe. Il a effectué en quinze jours près de 200 kilomètres. Soigné sur place, il arrive à l'hôtel Lutetia (Paris) où transitent tous les déportés, début juillet, puis rentre chez lui à Cholet. Étant sous le coup d'une condamnation par défaut, prononcée durant son absence, de cinq ans de prison pour des cambriolages et pour avoir faussé compagnie aux policiers, il ne regagne pas le foyer conjugal. Après douze mois d'esclavage dans l'enfer nazi, il refuse le risque d'une nouvelle incarcération et abandonne femme et enfants pour vivre avec différentes prostituées que son allure de petit dur juvénile et son joli visage séduisent, et à qui il ne livre rien de lui : « Comme je ne savais pas comment l'appeler, précise l'une d'elles, je l'ai baptisé "Loulou". »

Il se remet aux cambriolages, vols à l'arraché et hold-up. Si la justice n'a pu répertorier tous les délits et crimes dont il se rend alors coupable, elle constitue néanmoins un dossier où ses menées remplissent dix-sept pages. Sa première action identifiée remonte à novembre 1945 où il dépouille, à Nantes, un bijoutier qui rentrait chez lui avec sa recette. « Par la suite, le bandit essaya d'extorquer encore 200 000 francs à sa victime qui devait, sous peine de mort, déposer une "enveloppe" dans un café désigné. Mais la police avait été alertée et Jadaud, sentant le coup éventé, prit le large. » On le retrouve quelques jours plus tard à Angers, 100 kilomètres à l'est, où sous la menace d'un pistolet il oblige un receveur des postes à ouvrir le coffre-fort et s'empare d'une « liasse de dix billets de 1 000 francs ». Puis il tente le même coup dans un autre quartier de la ville mais là, « le courageux fonctionnaire » réussit à le désarmer. « Jadaud l'envoya au sol et lui martela le crâne d'une barre de fer, le laissant inanimé. » Dès lors, « les cambriolages armés se succédèrent à un rythme accéléré, parfois trois dans la même nuit », affirme *L'Intransigeant*. Ils valent à Jadaud le surnom de « la Terreur de l'Ouest ». Sa carrière de malfrat prend une nouvelle tournure deux ans plus tard quand il cambriole un café-tabac à Angers. Comme le buraliste appelait à l'aide, « Jadaud tira, atteignant le débitant au bras gauche. Aux cris de terreur poussés par la mère et la fille, l'homme tira encore "dans le tas", vidant les chargeurs de ses deux pistolets, tuant net, de deux balles, Mme Saulnier, blessant la jeune fille et de nouveau, par deux fois, le père ». Sa course s'arrête en mai 1948 quand, après avoir grièvement blessé un passant qu'il a dépouillé, il tente de s'emparer du sac à main « d'une bonne vieille qui tricotait sur un banc ». Un témoin le poursuit et parvient à le désarmer le temps que la police arrive. Il comparaît devant la cour d'assises de la Loire-Inférieure (Loire-Atlantique), après trois ans d'instruction et d'incarcération, en mars 1951. Il a reconnu soixante-dix cambriolages et trois tentatives d'homicide et doit répondre du meurtre de la femme du buraliste. Il risque la peine de mort.

Le procès ne lui est guère favorable. Sa vie de malfrat est bien antérieure à sa déportation et son parcours semble déterminé par son refus de travailler malgré une jeunesse « à peu près normale ». Surtout, détaché et comme déshumanisé, il « évoque ses crimes avec indifférence », affirme la presse. Au cours de la plaidoirie, son avocat a beau défendre « la responsabilité atténuée de l'accusé qui avait passé dix-sept mois en Allemagne, déporté dans les camps de la mort », les jurés n'y sont pas sensibles. L'expérience concentrationnaire ne semble pas avoir été évoquée au cours des débats. La presse n'en parle pas et le traumatisme subi est ignoré car il n'est pas consécutif à un engagement : « En prison, Joseph Jadaud [tente] de se constituer un dossier de Résistance, comptant bénéficier de l'indulgence de la justice, note la presse. Mais il ne put arriver à ses fins car s'il était traqué par la police allemande, ce fut pour des délits de droit commun. » Après quatre heures de délibération, les jurés le déclarent coupable et ne lui accordent aucune circonstance atténuante. Il aura la tête tranchée. Il s'écroule alors en criant : « Maman ! Maman ! »

Il ne lui reste que le recours en grâce pour éviter la guillotine. Il l'espère grâce à son passé dans les camps. Attend pendant huit mois. « Joseph Jadaud avait la conviction qu'il allait être gracié, explique *La Croix*. Aussi, lorsqu'on le réveilla, eut-il un moment de défaillance, mais s'étant ressaisi il assista à la messe puis déclara : "C'est le sort qui m'a poussé à commettre mes crimes." Le condamné réclama ensuite sa mère puis monta courageusement sur l'échafaud. »

Fischel Léon, autre escroc d'avant-guerre, déporté par les nazis après avoir travaillé pour eux, a réussi tout au long du grand voyage dans l'enfer concentrationnaire à dissimuler ses origines juives aux SS qui, pourtant, se flattaient de reconnaître les représentants de la « race inférieure » au premier coup d'œil. Sous le nom de Ralph de Léon, « dentiste » de nationalité américaine, il a survécu à Auschwitz, Buchenwald, Flossenbürg, le terrible kommando de Hersbruck et la marche de la mort. Libéré fin avril 1945, il rentre à Paris le 25 mai 1945. Il a alors quarante-trois ans. Le couple qu'il formait avec l'actrice Suzy Vernon est désormais une vieille histoire et, du reste, la guerre a mis fin à la carrière artistique de la jeune femme, qui se marie en 1949 avec un chirurgien. Pour Ralph de Léon commence une nouvelle vie. D'ailleurs il n'est plus Ralph mais Raoul de Léon et entend bien faire oublier ses petits arrangements et trafics avec les Allemands. Désormais, il est résistant et peut se targuer de la camaraderie de bon nombre de héros de l'ombre connus dans les blocks concentrationnaires. Son bagout intact, son art de la fraude et son talent de bonimenteur lui permettent de se bâtir une nouvelle vie pleine de promesses et de reconnaissances. Il cumule l'exploit d'être décoré de la médaille de la Résistance « avec rosette » en 1947, sous le nom de De Léon Ralph, puis en 1949 d'obtenir la Légion d'honneur, sous le nom de De Léon Raoul. Les temps nouveaux et les affaires engendrées par la reconstruction le poussent à mettre au rencart les petits trafics et voir plus grand. Nanti de ses relations, de ses décorations, de son passé héroïque de déporté-résistant, il devient un homme d'affaires prospère.

Il ne semble pourtant toujours pas très scrupuleux et est à nouveau « inquiété » pour divers délits financiers. En 1956, l'effervescence de la Libération retombée, il est radié de l'ordre de la Légion d'honneur. Puis son certificat d'appartenance à la Résistance est annulé et le Conseil d'État, auprès duquel il a formé un recours, lui donne tort. Mais ces petites contrariétés ne l'empêchent pas de prospérer. Au cœur des années 1960, il est devenu l'homme de confiance, l'associé et le factotum d'un richissime homme politique français, le prince Jean de Broglie. Ce dernier est un proche d'un jeune élu plein d'avenir, Valéry Giscard d'Estaing. Raoul/Ralph brasse, dans l'ombre des sociétés financières qu'il monte et gère pour le peu scrupuleux prince de Broglie, des millions et roule désormais sur l'or. Il vit dans un luxueux appartement de l'ultra-chic avenue Montaigne, en plein cœur du 8e arrondissement de Paris. La fin des années 1960 marque son apogée alors que son associé est membre du gouvernement puis préside la commission des Affaires étrangères à l'Assemblée nationale, lui permettant ainsi de fréquenter les premiers cercles du pouvoir.

Elle marque aussi le début de son déclin : plusieurs affaires financières liées aux sociétés qu'il gère commencent à faire parler. Si Raoul/Ralph veille à ce que le prince-député ne soit pas éclaboussé, les proches et collaborateurs de Jean de Broglie voient d'un mauvais œil ce personnage sulfureux et tentent « d'expliquer à Jean de Broglie que Raoul de Léon n'était pas la meilleure fréquentation qui soit ». Mais le prince « n'en a jamais tenu compte », laissant à penser que l'ancien déporté avait un « quelconque moyen de pression » sur lui. De Léon apparaît en mauvais génie, entouré de collaborateurs douteux comme ce Pierre de Varga, « personnage ambigu au passé judiciaire chargé » qui, comme lui, s'attribue une particule, se fait passer pour un résistant après avoir collaboré avec les Allemands et été déporté. La fine équipe va avoir les honneurs de la presse quand un bon matin, à la veille de la Noël 1976, le député proche de celui qui est devenu entre-temps président de la République est abattu en pleine rue de trois balles de revolver. Les policiers s'intéressent rapidement à son étrange entourage, perquisitionnent chez Léon, arrêtent Varga et plongent leur nez dans les affaires financières peu reluisantes. Mais une fois de plus, alors que Pierre de Varga est, lui, condamné en 1981 pour avoir commandité le meurtre, Raoul de Léon parvient à passer entre les gouttes, s'offrant même le luxe de snober le procès : « Cet homme, qui a été au cœur de toutes les activités commerciales de Jean de Broglie, a envoyé un certificat médical lui ordonnant de garder la chambre pendant une semaine. » Il est vrai que, alors âgé de soixante-dix-neuf ans, Raoul/Ralph Fischel (de) Léon, au crépuscule d'une vie bien remplie, pouvait être fatigué.

Comme lui, d'autres survivants entament au retour des camps une nouvelle vie : Auguste Boncors, le « poète impérial par la grâce de Dieu », survivant de Dora, ne regagne pas son village breton de Rostrenen. Après l'enfer de la déportation, il change d'existence, poussé semble-t-il par le décès de la femme qu'il aimait, et s'installe dans la région parisienne où il devient ouvrier chez Renault. Il ne publie plus de poèmes.

Le jeune Jacques Chamson, petit cousin de l'écrivain André Chamson, se lance lui au contraire dans l'écriture sous le nom de Pierre Versins. Il s'attache à décrire un monde « utopique », très loin de la réalité, et devient un des premiers auteurs français de science-fiction, célébré par de nombreux fans. Son *Encyclopédie de l'utopie, des voyages extraordinaires et de la science-fiction* lui vaut une certaine reconnaissance. L'ouvrage est le prolongement de son incroyable collection de livres et d'objets sur le sujet : plus de 100 000 pièces. Il en fera don à la ville d'Yverdon-les-Bains (Suisse) où il résidait et qui ouvrira grâce à ce fonds la Maison d'Ailleurs, « musée de la science-fiction, de l'utopie et des voyages extraordinaires » qui existe toujours. La télévision suisse consacre alors plusieurs portraits et interviews à ce singulier personnage. On le découvre, passionné, au milieu de milliers de bouquins, ses manches retroussées laissant apparaître sur son avant-bras gauche les chiffres tatoués un jour d'avril 1944 à Auschwitz.

Le jeune Polonais Jaroslaw Palewicz, ancien du lycée de Villard-de-Lans, rescapé de Buchenwald, décide d'émigrer au Canada. Le professeur Alfred Smoular, envoyé en Asie par *Paris Match*, découvre le Japon, s'y installe et y demeure jusqu'à la fin de sa vie.

Jean Grandelaude, après le traumatisme de la guerre, se considère comme un miraculé. Son ami Axel Dorsay explique que, au retour des camps, il choisit de « vivre différemment » en donnant libre cours à son tempérament d'artiste. Il devient Jean Delaude, joue du piano dans les cabarets parisiens, accompagne l'humoriste Jean Amadou et fraternise avec Jacques Brel. Puis, après avoir assisté à des spectacles de magie dont il est fan, il monte ses premiers tours. « Jean a commencé par les jeux de cartes car dans les camps, c'était assez facile à se procurer et de plus c'étaient des petites cartes, de format bridge, on pouvait les cacher aisément », explique Dorsay. Jean Delaude devient un illusionniste réputé pour sa manipulation des cartes, boules et anneaux. « Il a eu ses heures de gloire mais le grand public ne l'a jamais vraiment connu – sauf peut-être dans quelques émissions de télévision. »

Georges Despaux, sorti de ses ennuis judiciaires, quitte femme et enfants pour vivre, sans ressources, une vie marginale. Il rêve de faire éditer ses dessins rapportés des camps mais n'y parvient pas. Mort dans la misère en 1969, il les lègue à la famille d'un déporté belge, Hendrik Vanmolkot, avec qui il s'est lié à Buchenwald. Les descendants Vanmolkot feront éditer ses dessins et exposeront ses œuvres dans les années 2000. En 2020, la petite-fille d'une des cousines de Georges, Cécile Chabaud, racontera son histoire sous forme de roman dans *Indigne*.

Jacques Breyer (185168), jeune réfractaire au STO, survivant de Flossenbürg, se lance lui dans une quête métaphysique. Il consacre sa vie « à transmettre une connaissance ésotérique chrétienne issue de la Tradition primordiale ». Après avoir vécu plusieurs années au château d'Arginy (Rhône), il relance la légende du trésor des Templiers et cofonde l'Ordre souverain du Temple solaire. Auteur de nombreux ouvrages – *Dante alchimiste* (1957), *Arcanes solaires ou les secrets du Temple solaire* (1959), *Terra-Omega* (1974), etc., il est présenté par son éditeur comme le « père du néo-templarisme ».

La volonté de changement au sortir de l'expérience concentrationnaire n'est pas que professionnelle. Le poète André Verdet, arrêté sept jours après son mariage, se sépare à son retour de sa femme pour mener une vie sentimentale plus libre et moins exclusive.

Le traumatisme subi fait évoluer le regard et les sentiments. Quand Paul Le Goupil revoit la femme dont il était amoureux et qu'il trouve « toujours aussi jolie », il constate que le « courant ne pass[e] plus ». « Nos routes avaient terriblement divergé », dit-il. Mais pour beaucoup de jeunes, encore célibataires, le mariage puis la paternité marquent dans l'immédiat après-guerre un salutaire retour à la vie.

Politiques

Pour d'autres, la réinsertion dans le monde des vivants passe par la poursuite du combat. Les résistants revenus de l'enfer, héros authentiques des lendemains de l'Occupation, sont souvent sollicités. Guillaume Détraves, maire de Houilles, revenu de Buchenwald, reprend – provisoirement – son fauteuil puis est élu député. Charles Bécaud se réinstalle à la tête de sa commune de 3 000 habitants, Lapalisse. Michel de Pontbriand, nommé par Vichy en 1942, est élu en 1945 dans son village d'Erbray puis, à partir de 1948, devient sénateur. Claude Dussour (185498), maire avant-guerre d'Yzeure, une commune de l'Allier de 8 000 habitants, reprend ses fonctions et siège au conseil général. Marcel Paul, auréolé de son long engagement dans la Résistance, joue un rôle de tout premier plan à la Libération. Il intègre le comité central du Parti communiste et devient ministre de la Production industrielle en 1945 dans le gouvernement dirigé par le général de Gaulle. Il est à l'initiative de la création de l'entreprise publique EDF (Électricité de France).

Le polytechnicien André Boulloche, ancien délégué de la France libre à Paris durant l'Occupation, entreprend une carrière de grand commis de l'État tout en militant au sein de la SFIO (Section française de l'Internationale ouvrière, ancêtre du Parti socialiste). « C'est au moment de ma déportation, explique-t-il, que j'ai pris conscience de ce qu'était la vie d'un travailleur qui est complètement abruti par sa tâche et dont la seule perspective est de continuer à travailler jusqu'à sa mort. » Il est amené à occuper de hautes fonctions dans l'administration et joue à plusieurs reprises le rôle de conseiller ministériel ou d'éminence grise. En 1947, à trente-deux ans, il devient directeur de cabinet du président du Conseil Paul Ramadier. Il n'en reste pas moins, aux dires de Charles Kaiser, intime de la famille, marqué par le passé : « Au-delà de sa personnalité austère – il avait une attitude lugubre qui contrastait avec le jeune homme joyeux qu'il était avant la guerre –, deux choses résumaient clairement sa personnalité aux yeux de tous : il garda les cheveux coupés en brosse jusqu'à la fin de ses jours et portait quotidiennement une cravate noire en mémoire des disparus. »

Le retour au pouvoir du général de Gaulle en 1958 le propulse au premier plan. Bien que ne partageant pas la même « idée de la France », l'homme du 18 Juin le rappelle auprès de lui et l'ancien déporté répond présent même s'il doit se mettre en congé de son parti. Son ralliement doit beaucoup à sa fidélité à l'ancien chef de la France libre mais aussi à leur volonté commune de mettre fin à la guerre d'Algérie. Il est d'abord ministre délégué à la présidence du Conseil quand celle-ci est occupée par de Gaulle puis, une fois le Général élu président de la République, il hérite du maroquin de l'Éducation nationale. Une nouvelle loi sur le financement et le statut des écoles privées, voulue par le Premier ministre Michel Debré et imposée par le président de la République, amène dès la fin 1959 André Boulloche à démissionner. Cette politique n'est pas la sienne et cette façon d'exercer le pouvoir ne lui convient pas. Il renoue avec la SFIO et se lance alors véritablement dans la carrière politique. « Parachuté » dans le Doubs, il est battu aux élections législatives de 1962 mais remporte la mairie de Montbéliard en 1965 avant d'être élu à l'Assemblée nationale en 1967. Il reste député-maire jusqu'en 1978 et parvient à découper son temps entre le Doubs et Paris, grâce, dit-il, à « un bon avion ». Son passé, ses compétences et son expérience font de lui, dans la première moitié des années 1970, une des personnalités du nouveau Parti socialiste. Il se sent alors plus proche de l'ancien chef du réseau Brutus, Gaston Defferre, que de l'ancien pétainiste François Mitterrand. Le député Raymond Forni dit : « Boulloche était persuadé d'œuvrer pour la France, et Mitterrand pour lui-même. » Arrivé en tête du premier tour des législatives au soir du 12 mars 1978, il effectue, quatre jours plus tard, un court voyage en avion entre les Vosges et le Doubs. Une tempête de neige oblige le pilote à se dérouter vers Bâle (Suisse). Le bimoteur se perd au-dessus de la RFA puis se crashe. Le corps d'André est retrouvé à 200 mètres de l'épave. « Et pour couronner le tout, l'avion s'est écrasé en Allemagne », dira sa sœur Jacqueline.

Comme André Boulloche, beaucoup d'anciens résistants du convoi du 27 avril vont participer à la vie politique locale, au sein des partis ou à des postes électifs. René Leduc devient maire et député de Meudon (Hauts-de-Seine), Pierre Ravel dirige la municipalité de Châtel-Guyon (Puy-de-Dôme), le docteur Jean Payri est élu conseiller général des Pyrénées-Orientales, Antoine Désormière (185444), de l'Allier, le docteur Paul Denis, adjoint au maire du Havre, de la Seine-Maritime, le lieutenant Gaston Fayolle, de la Seine. Émile Géhant (185638) préside le Territoire de Belfort puis dirige la ville, Paul Chandon-Moët est premier adjoint au maire d'Épernay…

L'autre engagement répandu chez les déportés est celui des associations et amicales d'anciens. Dès le retour, les rescapés tentent de se regrouper. Avant même les rapatriements, les mères de deux déportés, Henri Jardel (185776) et Guy Dehollain (185404), et la veuve d'un troisième, Gaston de Beaumont, tous décédés à Flossenbürg, créent une première structure. « Dès la libération du camp par les Américains, le 23 avril 1945, Mme de Beaumont établit un contact direct avec Flossenbürg et un déporté français survivant, M. Victorien Chausse [185279], indique l'association. Ce dernier, retardant son rapatriement, relève avec soin, sur les registres allemands du camp, la liste complète des disparus. Avec ce document, ces trois femmes, dont l'action est approuvée par le ministère des Anciens Combattants et Victimes de guerre, engagent leur premier travail, celui d'informer les familles des disparus et, si possible, de les mettre en relation avec des rapatriés susceptibles d'être détenteurs d'informations. » « L'Association des déportés et familles des disparus du camp de concentration de Flossenbürg et kommandos » est ainsi la première à œuvrer, avec un triple objectif : « aider à constituer des dossiers pour les veuves » ; « organiser des recherches dans les différents kommandos et sur les routes des évacuations » ; « ériger des monuments commémoratifs ».

En juillet 1945, Marcel Paul et Henri Manhès fondent, eux, « l'Association française Buchenwald Dora et kommandos ». Elle a pour but de défendre les « intérêts matériels et moraux » des déportés, de « maintenir les liens de solidarité unissant les rescapés » et de veiller à « la mémoire de la Résistance et de la Déportation ». Parallèlement, à l'automne de la même année, ils organisent le premier congrès fondateur de ce qui va devenir la Fédération nationale des déportés et internés, résistants et patriotes (FNDIRP). En 1950 se crée l'Unadif, une union qui, contrairement à la précédente, entend regrouper tous les rescapés – et leurs familles – quel qu'ait été le motif de leur déportation : résistants, politiques, otages, raflés…

Des amicales d'autres camps se montent et en 1958, à l'instigation de Léon Hoebeke et Pierre Johnson (185785), naît l'Amicale des déportés tatoués du 27 avril 1944. Création relativement tardive par rapport aux autres mais qui permet une sérénité que nombre d'amicales de déportés ou de résistants, divisées par les querelles politiques ou mémorielles d'après-guerre, n'eurent pas toujours : « D'année en année, des réunions houleuses eurent lieu à tel point qu'en fin de compte quelques-uns de mes camarades, désagréablement voire grossièrement remis à leur place, excédés, précise Henri Margraff, décidèrent en 1958 de constituer une amicale des “déportés tatoués” […]. Quelques camarades se dévouèrent pour sillonner le pays pour la reconstitution d'un groupe de survivants. […] Ils firent tant et si bien que, sur les quelque six cents qui purent être dénombrés en 1945, ils réussirent, de bouche à oreille, à réunir un ensemble de… trois cent un survivants. »

La première assemblée générale a lieu en 1959 et réunit quatre-vingt-huit Tatoués. Elle se choisit pour président Guillaume Détraves, ancien maire de Houilles, et comme présidents d'honneur André Boulloche et Rémy Roure. Ni Marcel Paul ni aucun communiste ne figurent dans les instances dirigeantes… Les années n'ont pas apaisé les antagonismes d'autrefois. En mai 1946, alors qu'il était ministre, l'ancien chef du Comité des intérêts français de Buchenwald a été violemment attaqué par un journal d'extrême droite accusant les communistes d'avoir « régné » sur le camp et favorisé la mort de milliers de déportés. L'attaque est sans finesse et ne s'embarrasse pas de vérités historiques. Elle permet, sur fond de guerre froide, de dédouaner les nazis pour accuser les

« rouges ». Marcel Paul reçoit le soutien de nombreux déportés de tous bords. Il répond à l'article en tordant le cou à quelques contrevérités qui commencent à prospérer alors, précisant notamment qu'« il est passé par Buchenwald huit mille communistes français et [qu']il en est rentré neuf cent cinquante à peine ».

L'attaque le touche : « C'était terrible, dira-t-il. Je n'osais plus regarder en face les camarades. Je me disais : "Peut-être qu'ils croient tout ça." Un journal avait beau écrire : "Il ne faut pas l'acculer au suicide", c'était bien de cela qu'il s'agissait. » La polémique est le reflet d'une rancœur durable. Pierre Beuvelet ou Jacques L'Hoste, longtemps après, le disent à leur manière : « La solidarité tant prônée par les amis de Marcel Paul ! Rigolade je vous dis, écrit le premier. La solidarité de Marcel Paul ne jouait que pour les membres du Parti et pas pour les autres. » « "Les personnalités", comme le communiste Marcel Paul, furent rapatriées par avion spécial dès les premiers jours, affirme le second. On connaît la formule : si tous les hommes sont égaux, certains sont plus égaux que d'autres ! Ce favoritisme, près d'un demi-siècle plus tard, attise toujours les rancœurs. Tout cela pour rappeler, discrètement, que certains de ceux qui sont partis les premiers ne furent pas forcément ceux qui souffrirent le plus dans les camps. »

Charles Sirioud note qu'on reprochera à Marcel Paul d'avoir placé « quelques-uns de ses camarades dans des kommandos tranquilles » et, dans le même temps, de « n'avoir rien fait pour plus de deux cents communistes envoyés à Flossenbürg ». L'abbé Poutrain, sollicité par Marcel Paul pour témoigner en sa faveur, ne donna pas suite, soucieux, confesse-t-il, de ne pas « alimenter la polémique » et « de laisser les choses s'apaiser d'elles-mêmes, sans ameuter une opinion publique qui n'a pas qualité pour en juger ». « Toutefois, poursuit-il, j'étais attentif. S'il l'avait fallu, je serais accouru bien vite pour défendre ce camarade car je connaissais des faits très précis qui prouvaient avec évidence sa droiture et sa loyauté. »

Dire ou ne pas dire

Au-delà des polémiques percent les enjeux de la mémoire et le traumatisme des souvenirs. L'expérience des camps ne constitue pas un combat choisi et ceux qui l'ont vécue ne se sont pas exaltés dans une lutte fraternelle.

Mais les rancœurs et les rancunes sont peu de chose face à l'anéantissement qui hante les hommes. Que faire de ce passé qui ne s'efface pas ? Témoigner, tenter d'oublier ?

Pierre Mallez confie que la douleur, apaisée, s'est réveillée près de vingt ans après son retour. « Les séquelles de la déportation se sont brusquement multipliées à quarante ans, précise-t-il. Pendant quatre à cinq ans, j'ai traîné de Charybde en Scylla entre ulcère, tachycardie, nausées et dépression. »

« Ces souvenirs, je ne peux pas les retirer de ma mémoire, confie Pierre Nivromont. Un moment, je les ai écartés, parce qu'après la guerre ma volonté de vivre, de faire ma vie, d'avoir une famille, d'oublier tout ça avait repris le dessus. »

Face à l'abîme indélébile, les Tatoués n'ont pas tous la même attitude. Certains se sont barricadés dans le silence. Martine Donati, nièce de Georges Arnoux (184962), déporté à dix-neuf ans, explique qu'à son retour son oncle « s'est refermé comme une huître ».

« Pendant soixante-huit ans, je n'ai pas parlé de tout ça, même pas à la famille, confie Pierre Jobard. Je ne pouvais pas. Je ne sais même pas si les gens nous auraient crus. Et puis je n'aimais pas ça. Ça remémorait tellement de mauvais souvenirs. Je m'étais muré dans le silence, comme beaucoup de déportés. »

« Je n'en ai pas parlé pendant quarante ans parce que c'était trop difficile », affirme Pierre Nivromont. Aux questions concernant son tatouage sur l'avant-bras, il répondait : « C'était mon numéro de téléphone pendant la guerre. »

« Je n'ai pas parlé de déportation pendant trente-huit ans, confie André Bessière. [...] Quand je suis rentré, mes parents [...] ne m'avaient pas reconnu. Évidemment, quand ma mère me voit comme ça, ils retenaient leurs larmes, mon père se retenait... À un moment donné, j'ai voulu leur parler. Mon père m'a dit : "André tais-toi, tu reviens de l'enfer, tu es au paradis maintenant, tu ne penses plus à l'enfer !" Nous n'avons jamais plus parlé de déportation avec mes parents. Jamais plus. »

D'autres, au contraire, ressentent le besoin de dire. « Dans les jours qui suivirent mon retour, dit Paul Le Goupil, peu à peu je racontai mes aventures presque incroyables à ma famille. Je leur parlai de mon arrestation, de la prison, des camps, de la route... » Puis, explique-t-il, « pour me libérer de ces souvenirs, pendant des heures, je m'enfermais dans ma chambre et j'écrivis en quelques semaines *La Route des crématoires*, surtout pour pouvoir vivre normalement ».

André Verdet publie dès 1948 son roman souvenir *La nuit n'est pas la nuit*, mais la nécessité de témoigner lui vient dès son enfermement. Dans l'enfer concentrationnaire, il commence à réunir les papiers de ceux qui, clandestinement, rédigent notes, pensées ou poèmes. « Beaucoup ont écrit », affirme-t-il, même si nombre de textes lui ont échappé, « soit qu'il nous fût impossible de les déceler dans le camp, où il fallait se méfier des dénonciateurs et des fouilles, soit que certains d'entre eux aient été dispersés dans les transports vers l'inconnu ». Il parvient dès son retour à composer un ouvrage qui paraît en 1946 et s'intitule *Anthologie des poèmes de Buchenwald*.

Rapatrié fin avril 1945 à Paris, alors qu'il est accueilli à l'hôtel Lutetia, Léon Delarbre confie à un ami peintre les dessins qu'il a rapportés des camps et qu'il a au cours de sa détention, à l'abri des regards, esquissés avec le peu de moyens dont il disposait. Ils sont publiés dès novembre sous le titre *Auschwitz Buchenwald Bergen Dora, Croquis clandestins*, et constituent un des premiers témoignages, saisissant, des camps.

Comme lui, d'autres ont réussi à faire et conserver des dessins, à écrire des notes, des morceaux de textes et de souvenirs. L'abbé Poutrain, étant parvenu à dissimuler son bréviaire, s'en est servi de carnet. Marcel Letertre a consigné sur des petits bouts de papier un journal que son petit-fils a publié, avec d'autres documents, en 2005. Il consiste en un alignement de mots parfois abrégés : « Le 23 barreaux sciés – appel – fouille – punition – le 27 Desnos – troubles entre W[ehrmacht] et SS en All[emagne] et à Lyon – 28-29 rup[tures] fronts – travailleurs belges inquiets – Conversations évitant sombrer matérialisme – Manteau fruits – [recette :] 1 verre bière dans crêpes – de Mareuil – Kérébel. »

Charles Chambon, dès son retour en France, met sur papier ses souvenirs encore tout chauds de déportation « pour la croisade nécessaire de vérité et de pure justice ».

Dès sa libération, profitant de quelques jours de convalescence en Tchécoslovaquie avant son rapatriement, Léon Hoebeke commence le récit de son enfer.

Contrairement à une idée répandue, « le public était avide d'entendre des histoires sur la déportation racontées par un témoin », affirme Paul Le Goupil. « Ces tas de cadavres décharnés photographiés dans les journaux, ces fours qui brûlaient jour et nuit avaient enflammé les imaginations et lorsque quelqu'un apprenait que j'avais été déporté, les questions fusaient. » Elles créent un profond malaise : « Alors, vous devez en avoir vu de belles, là-bas ! Racontez-nous ! » « Comment expliquer à ces braves gens la vraie faim, non celle de l'estomac, mais celle qui ronge le cerveau ? s'interroge Paul. [...] Ces déportés lynchés par leurs camarades pour un bout de pain ! Comment expliquer à ces gens emmitouflés dans la civilisation cette dégradation de l'homme revenant à l'état primitif ? Souvent, je m'arrêtais au milieu de mon récit, je revoyais quelques images ramenées d'au-delà la frontière humaine et je disais : "Parlons d'autre chose..." »

Comme Paul Le Goupil ou Pierre Jobard, Pierre Nivromont est conscient du caractère inimaginable de ce qu'il a vécu et a très vite affirmé : « On ne voudra pas nous croire. » Jean-Claude Stewart évoque, lui, le « manque de patience de l'auditoire ».

Souvent, l'attitude est le repli et le silence. Ils sont la traduction du traumatisme. Ils disent aussi le sentiment d'incompréhension et de décalage face à une société jugée incapable de saisir la mesure de l'enfer dans lequel les déportés furent plongés.

Puis, avec le temps, la parole s'est libérée. Certains ont surmonté le traumatisme ou sont parvenus à vivre avec. Rejoindre une association ou retrouver d'anciens camarades a constitué une première étape. Les revues éditées par les amicales d'anciens ont publié des témoignages. Des voyages mémoriels se sont organisés.

Nombreux sont ceux qui ont fait à nouveau le trajet, à Auschwitz, à Buchenwald, à Flossenbürg, à Halberstadt, à Langenstein, etc., et sur les routes d'Allemagne. Paul Le Goupil a parcouru étape par étape le chemin qui l'a amené d'Auschwitz en avril 1944 à Coswig en avril 1945. André Lechevallier est allé « en pèlerinage » sur les routes de la longue marche et, rapporte Jean Baumel, a retrouvé « à Trebenice, localité à 13 kilomètres de Terezin, la dame âgée qui, au passage de notre convoi, nous avait lancé des pains d'épice dans un élan de son cœur ». Il a aussi recherché les bourreaux et, comme Henri Margraff, s'est investi dans la traque et les poursuites contre les SS et le personnel des camps.

Les monuments et les musées contribuent également au souvenir et au récit. Une stèle a été érigée au cimetière du Père-Lachaise (Paris) avec le granit de la carrière de Flossenbürg à la mémoire de ceux qui y ont été déportés. Le camp de Royallieu, à Compiègne, lieu de départ vers les camps, est devenu un mémorial « de l'internement et de la déportation ». Il est situé avenue des Martyrs-de-la-Liberté. « Un parcours matérialisé dans la ville par des clous de voirie retrace le trajet emprunté à pied par les déportés entre le camp de Royallieu et la gare de Compiègne. » Dans la gare a été créé un « mémorial du wagon de la déportation » autour de deux exemplaires authentiques – « Hommes : 40 – Chevaux : 8 ».

La volonté commémorative peut être aussi individuelle. Raoul Boulanger, le constructeur du « maquis souterrain » de Saint-Denis-le-Thiboult, rassemble en rentrant chez lui des fonds pour ériger son propre monument à la gloire des Diables noirs fusillés ou morts en déportation, parmi lesquels figurent huit Tatoués dont son frère Henri. Puis, après avoir inauguré l'imposante stèle surmontée d'une croix de Lorraine, il rachète le château des Ventes qui, en face de chez lui, abritait l'armée d'occupation. Grâce à son esprit inventif, l'ancien repaire allemand devient le Maquiparc, un centre d'attractions dont les employés sont les anciens compagnons de combat des frères Boulanger. C'est la femme de Raoul, Lucienne, qui souhaitait, « en souvenir des années terribles », donner ce nom au domaine. Il avait pour avantage, se souvient Martine Hautot qui, enfant, l'a fréquenté, d'intriguer. « Le Maquiparc, avec ses cow-boys, ses chevaux, son saloon, ses bonnes et mauvaises plaisanteries, a fait la joie des familles des années 1950 à 1970 », précise-t-elle.

Dans les années 1980, le Tatoué André Gairin a créé dans sa ville, Agen, un musée de la Résistance et de la Déportation, un « livre visuel », dit-il, « message d'espoir en un monde meilleur et de défiance à l'égard des éternels nostalgiques de la force brutale, servant la haine ».

La volonté de transmettre est souvent un moteur puissant de témoignage. Transmettre au plus grand nombre mais avant tout à ses proches. En 1956, onze ans après son retour, Jean Rousseaux, émergeant du silence, demande à son fils Jean-Jacques, dix ans, de « l'aider à rapporter les souvenirs de son passé concentrationnaire sur un cahier d'écolier ». « Puis, après nos premières pages, raconte Jean-Jacques, il ne s'est passé aucune journée sans qu'il en parle et son obsession était de convaincre ses interlocuteurs de l'origine de sa souffrance car il a vécu l'indescriptible. Il était sorti de son mutisme. »

C'est en vieillissant, souvent, que la volonté de témoigner se fait ressentir en même temps qu'elle apparaît moins douloureuse. « Ce qui m'a poussé, explique Pierre Nivromont qui livre ses souvenirs en 1996, plus de cinquante ans après son retour, au reporter de l'émission *Envoyé spécial* (France 2), c'est une réflexion qui te vient avec l'âge, la mesure du temps que tu prends, l'idée que tu vas bientôt disparaître et qu'avec toi disparaîtra un témoin. »

Certains n'ont pas osé, ou voulu, raconter l'indicible à leurs enfants, soucieux de ne pas les traumatiser, de ne pas les faire souffrir, de les laisser en dehors d'une histoire dont ils ne devaient pas, à leur tour, subir les conséquences. Mais les petits-enfants ont au contraire déclenché la volonté de raconter. La distance du temps et l'intermédiaire que constitue une génération permettent de transmettre la mémoire sans avoir le sentiment de transmettre la souffrance. « Jeunes, mes enfants ne m'ont jamais questionné sur ma déportation, affirme Pierre Mallez. J'ai toujours évité d'en parler avec eux pour ne pas les troubler et surtout pour éviter de réveiller mes horribles souvenirs. [...] Mes petits-enfants m'ont souvent demandé – petits – ce que voulait dire le numéro écrit sur mon bras. Ils étaient trop petits pour que je puisse leur expliquer sa signification. Et cela m'a donné l'idée de reprendre mes notes et d'écrire pour eux l'histoire de mes vingt ans. »

Raconter est une manière de répondre à la question qui revient sans cesse, comme chez Jacques L'Hoste : « Dis, Papi, c'est quoi qu't'as sur le bras, là ? » Mais témoigner répond aussi à la nécessité de refuser la trahison de la mémoire et de l'oubli : « Je le souhaite d'autant plus ardemment, précise L'Hoste, qu'il arrive encore, qu'il arrivera peut-être de plus en plus que périodiquement, encouragé par une gravissime complaisance éditoriale et médiatique, un ramassis d'êtres misérables, connus sous l'étiquette polie de révisionnistes, mettent en cause l'holocauste concentrationnaire nazi. »

Au fil du temps, des Tatoués ont fait entendre leur voix : en se rendant dans les établissements scolaires, en accompagnant des jeunes dans les lieux de mémoire, en répondant à des interviews, en racontant leurs souvenirs, pierres essentielles à la construction de l'Histoire. André Bessière a attendu trente-huit ans avant de se mettre à écrire mais il n'a, ensuite, plus cessé. Commençant à rédiger un premier livre en 1983, *L'Engrenage*, sorti en 1991, il est passé ensuite à *D'un enfer à l'autre*, publié en 1997, puis à un troisième, le prolongement des deux précédents, *Revivre après : l'impossible oubli de la déportation*, en 2006. L'ensemble constitue une somme de plus de mille pages et est pour l'auteur la résultante du « serment du 25 avril 1959 », fait lors « de l'assemblée constitutive de l'Amicale des déportés tatoués du 27 avril 1944 », promettant de ne « jamais oublier le sacrifice de tous [les] camarades restés dans les camps ». En 2001, il a dans un autre ouvrage rendu hommage à l'un des personnages phares du convoi : Robert Desnos (*Destination Auschwitz avec Robert Desnos*).

D'autres ont comme lui tenté de coucher sur le papier leurs souvenirs-témoignages. Ils n'ont pas toujours réussi à être diffusés et, faute d'éditeurs, leurs mémoires sont restés à l'état de manuscrits, réservés à des cercles restreints. Certains ont fini par être publiés grâce à l'acharnement de proches. Jean-Claude Roux, petit-fils du docteur Armand Roux, auteur de *De Poitiers à Bergen-Belsen*, explique que son grand-père « a cherché dans les années 1950 un éditeur » mais que son témoignage, jugé par les professionnels « trop détaillé », n'a pas trouvé preneur. Après sa mort, son fils s'y est essayé, en vain. Ce n'est qu'en 2013, à l'occasion d'une exposition sur les marches de la mort, que la famille a trouvé preneur, plus de soixante ans après la rédaction de l'ouvrage. De même, les mémoires de Jean Delaude ont été publiés, grâce à la volonté de proches, vingt-cinq ans après sa mort. Les dessins de Georges Despaux ont été édités près de quarante ans après sa disparition avec l'aide d'historiens.

Les témoignages restent, pour un ensemble de huit cents survivants, limités. Bien souvent, ceux qui n'ont pu se prévaloir d'un engagement dans la Résistance ne se sont pas exprimés, comme s'ils ne se donnaient pas le droit de comparer leur expérience à celle des autres, comme s'ils ne s'estimaient pas légitimes à exprimer leur souffrance. Ils n'ont guère contribué aux amicales d'anciens, ont gardé pour eux leur terrible expérience, n'ont pas trouvé de sens à leur sacrifice. Survivants ou disparus dans les camps, éléments isolés, rattachés à aucune structure, ils n'ont pas laissé de traces.

Dans les récits et souvenirs des déportés-combattants affleure souvent le besoin de revendiquer de hauts faits d'armes comme une réponse à l'enfer des camps. Face à la réalité de l'horreur nazie, ceux qui voyaient la Résistance comme un engagement limité ou inutile en ont compris le sens. L'ampleur du système mis en place par Hitler et les siens, celui de l'élimination méthodique de millions d'hommes, de femmes et d'enfants, celui d'un univers inhumain aux atrocités si insoutenables que j'ai préféré, parfois, les passer sous silence, rend toute forme de neutralité impossible. Elle donne un écho amer aux propos de Jean Giono sur cet étudiant de vingt ans, Alain Raymond, ce « jean-foutre », « paresseux sans caractère ni valeur », coupable, aux yeux de l'écrivain, de s'être engagé corps et âme contre les nazis. Puni d'avoir refusé l'inacceptable, il est mort anonyme, afin d'éviter les représailles contre sa famille, un jour d'automne 1944, après des mois d'enfer dans l'un des pires bagnes de l'univers concentrationnaire.

L'ampleur de l'anéantissement rend d'autant plus indispensable l'entretien de la mémoire, la nécessité, malgré les années, de rappeler cette histoire faite d'ombres innombrables, perdues pour la plupart dans « la nuit froide de l'oubli », simples noms inscrits sur des listes au milieu de milliers d'autres noms, témoins et victimes condamnés pour toujours au silence.

Les quelques-uns qui ont témoigné participent ainsi à faire revivre ceux qui n'ont pas pu parler. Et à ceux qui ont préféré le mutisme, ou n'ont eu ni la force, ni le temps, ni l'opportunité de se faire entendre, se sont parfois substitués les enfants ou les petits-enfants, les neveux ou les nièces, des amis ou des proches. Ainsi la mémoire continue-t-elle à se transmettre à l'heure où s'éteignent, parfois centenaires, les derniers rescapés.

Si les témoins disparaissent, les témoignages demeurent.

Que ma voix vous parvienne donc
Chaude et joyeuse et résolue,
Sans crainte et sans remords…

Robert Desnos,
« Le veilleur du Pont-au-Change », 1944

Remerciements

Le 21 octobre 1941, à Bordeaux, l'Allemand Hans Reimers fut abattu par trois résistants. En représailles, les forces d'occupation décidèrent de fusiller cent otages. Les autorités françaises livrèrent les victimes, choisies parmi les ennemis du régime : communistes et, selon la terminologie en vogue aujourd'hui, « gauchistes » et « extrémistes », résistants de toute obédience. À l'heure fatidique, le matin du 24, alors que les condamnés, après une dernière nuit de veille, se préparaient à être exécutés, le « Führer » décida d'en épargner la moitié.

Cinquante hommes furent fusillés. La plupart de ceux qui n'étaient pas communistes eurent la vie sauve. Mon grand-père, Jacques Quivy, trente-sept ans, quatre enfants, arrêté à Poitiers (Vienne), était gaulliste. Il a survécu.

J'ai été élevé dans le souvenir de cette histoire, entouré de livres sur la Résistance, la Déportation et la Seconde Guerre mondiale, rassemblés et précieusement conservés par mon père. Beaucoup figurent dans la bibliographie de cet ouvrage.

Mes remerciements vont donc à Alexandre Maujean, qui m'a permis de renouer avec cet héritage en m'incitant à écrire sur les heures sombres de l'Occupation.

Ils vont également à Stephen Carrière qui, en éditant ce livre, participe courageusement au combat contre l'oubli.

Sources

Introduction

André Malraux, « Discours pour le transfert des cendres de Jean Moulin au Panthéon », 19 décembre 1964.

— Avant la nuit —

Desnos

Dominique Desanti, *Robert Desnos, le roman d'une vie*, Mercure de France, 1999, p. 299 et 315 ; Marie-Claire Dumas, *La Résistance en Île-de-France*, AERI, 2004 ; *Aujourd'hui*, 3 mars 1941 ; *Aujourd'hui*, 7 mars 1941 ; *Le Crapouillot*, 1er janvier 1950 ; Alain Laubreaux crée sous le pseudonyme de Michel Daxiat, en 1942, la pièce *Les Pirates de Paris*, ce qui lui permet d'en écrire une critique dithyrambique sous son vrai nom dans son journal ; Dominique Desanti, *Robert Desnos*, *op. cit.*, p. 310, 303 et 309 ; *Aujourd'hui*, 16 septembre 1942 ; Robert Desnos, *Œuvres*, Gallimard, 1999, p. 882 ; *Aujourd'hui*, 22 février 1943 et 15 décembre 1942 ; Robert Desnos, *Œuvres*, *op. cit.*, p. 1207 et 1280 ; *Le Journal*, 22 mars 1943 ; Youki Desnos, *Les Confidences de Youki*, Fayard, 1957, p. 206 et 224.

Ceux de Clermont

Vanessa Michel, « Clermont-Ferrand, 1944 : "Le milliard de la Banque de France" (9 février) et "L'attentat de la Poterne"

(8 mars) », 2020 ; *Journal des débats politiques et littéraires*, 10 et 11 mars 1944.

Les Strasbourgeois

Historia, 23 février 2024 ; Lucie Aubrac, « Jean Cavaillès, résistant », CRDP d'Amiens, septembre 1985 ; Henri Margraff, *Le Serment de Kirrmann. Chronique d'une guerre ordinaire*, Jérôme Do Bentzinger, 2009, p. 30 ; Charles Guyotjeannin, « Les étudiants en pharmacie des universités de Strasbourg et de Clermont-Ferrand victimes en 1943 de la barbarie nazie », *Revue d'histoire de la pharmacie*, n° 323, 1999, p. 309 et suiv. ; Henri Margraff, *Le Serment de Kirrmann*, *op. cit.*, p. 45.

À Vichy

La Croix d'Auvergne, 12 mars 1944 ; *Aujourd'hui*, 10 mars 1944 ; *La Croix d'Auvergne*, 12 mars 1944 ; « Review of Chain – 1942 (HIHI) by Mademoiselle Suzanne Bertillon », cia.gov ; « Suzanne Bertillon, une résistante méconnue à Vichy entre 1941 et 1944 », Centre international d'études et de recherches de Vichy, janvier 2021 ; « Bataille de l'eau lourde », fr-academic.com, sans date ; Claude d'Abzac-Epezy, « Les services secrets de Vichy », cheminsdememoire.gouv.fr, sans date.

Turma-Vengeance

Pierre Mallez, *Je suis un espion ou les tribulations d'un élève HEC de 1941 à 1945*, à compte d'auteur, Paris, 1996, p. 7 ; *L'Aube*, 3 juillet 1947 ; Georges Delfanne, Bernard Fallot et Raymond Frenoy, condamnés à mort, seront fusillés le 1er octobre 1947 au fort de Montrouge ; Pierre Mallez, *Je suis un espion*, *op. cit.*, p. 27 et suiv.

Ceux de Polytechnique

Michel Domenech, *Un grand voyage*, archives de l'École polytechnique, association X-Résistance, 1997, p. 26 et suiv. ; Pierre-Jules Lafay, « Robert Lateulade », *Annales des Carburants*, 1947, III.

Les Volontaires de la liberté

Jacques Semelin, « Les Volontaires de la liberté : un exemple de résistance civile », colloque « Jacques Lusseyran (1924-1971) entre cécité et lumière. Regards croisés », 28 juin 2016 ; Bernard Fillaire, *Jusqu'au bout de la Résistance*, Stock, 1997, p. 31 et suiv. ; Goulven Péron, « Yves Allain, l'étrange destin d'un Trégourézois », *Kaier Ar Poher*, n° 35, décembre 2011, p. 60 ; Bernard Fillaire, *Jusqu'au bout de la Résistance*, *op. cit.*, p. 45 et suiv.

Les lycéens

La Nouvelle République, 26 avril 2015 ; André Blécourt (François Jacquemin), *De la Résistance au bagne*, Fernand Nathan, 1945, p. 4 et suiv. ; André Bessière, *L'Engrenage*, Buchet-Chastel, 1991, p. 412 ; *La République des Pyrénées*, 23 décembre 2010 ; Cyprian Norwid (1821-1883) est un poète polonais ; Tadeusz Lepkowski, *Une école libre polonaise en France occupée*, Mémoire du lycée Cyprian-Norwid, juin 2013, p. 104 ; L.-R. Charollais, *Lycée Bartholdi, Colmar. Hommage aux morts de la guerre 1939-1945*, Académie de Strasbourg, 1948, p. 36.

Que Giono demeure

Pierre Mallez, *Je suis un espion*, *op. cit.*, p. 38 ; *Les Lettres françaises*, 15 juin 1943 ; Jean Giono, *Journal, poèmes, essais*, Gallimard, 1995, p. 386-387.

Les cendres de la Révolution nationale

Félicité Herzog, *Une brève libération*, Stock, 2022, p. 130 ; *Vers le style du XXe siècle*, par l'équipe d'Uriage sous la direction de Gilbert Gadoffre, Seuil, 1945 ; Georges Lomné, « Yves Bonnefoy, Gilbert Gadoffre : une amitié », dans *Yves Bonnefoy, un poète*, Espace 34, 2013, p. 134 ; Pierre Bitoun, *Les Hommes d'Uriage*, La Découverte, 1988, p. 105 ; Jean Jullien, « Tenir le coup dans les camps du Vercors », *Esprit de la Résistance en Rhône-Alpes*, 2020, p. 52 ; Pierre Bitoun, *Les Hommes d'Uriage*, *op. cit.*, p. 124 et suiv. ; Jean-Claude Duclos, « Sur les portes des cellules de la Gestapo de Grenoble »,

Le Monde alpin et rhodanien. Revue régionale d'ethnologie, 2004 ; Pierre Bitoun, *Les Hommes d'Uriage*, *op. cit.*, p. 126.

La haute

Patrick Marnham, *Guerres dans les ténèbres. Résistance, désinformation et trahison dans la France occupée*, Rosie & Wolfe, 2024, p. 107 et 125 ; Collectif, *Telles furent nos jeunes années. Le pays castelbriantais sous l'Occupation (1939-1945)*, La Mée socialiste, 2003, p. 84 ; Patrick Marnham, *Guerres dans les ténèbres*, *op. cit.*, p. 124, 178(n) et 198.

Le petit juge

Alain Prigent, « Le Flem Lucie, Jeanne [née Guillou] », maitron.fr, 9 juin 2011 ; *Keloioù Priel, le magazine d'information de Plouguiel*, n° 17, juin 2022 ; « Plouguiel en 1939-1945 », ajpn.org, sans date ; Alain Prigent, « Richard Paul, André, Marie », maitron.fr, 18 décembre 2013 ; Alain Prigent, « Terrien Alexandre », maitron.fr, 12 septembre 2014 ; « Les Justes d'Auvergne », justes.msh.uca.fr, sans date ; « Maurice Berger, Juste parmi les Nations de Riom », memoiredeladeportation71.over-blog.com, 6 septembre 2009.

Élus et parlementaire

Gringoire, 25 février 1938 ; *Le Monde*, 6 novembre 1946 ; *Le Petit Bleu de Paris*, 19 février 1938 ; *Le Jour*, 9 juin 1940 ; *Pour le souvenir de Rieucros*, n° 19, janvier 2015 ; Jean Baumel, *De la guerre aux camps de concentration : témoignages*, CGC, 1974, p. 182.

Le traître Pitou

Liberté-Soir, 29 juin 1946 ; Jean-Marc Binot et Bernard Boyer, *Nom de code : Brutus*, Fayard, 2007, p. 195 et suiv. ; *Liberté-Soir*, 29 juin 1946.

« Aujourd'hui, l'Allemagne a besoin de bras »

Pierre Beuvelet, *Soixante années ont passé ! Les guerres du XXe siècle à travers les témoignages oraux*, Collection Michel El Baze, 1989, p. 10 et suiv.

Le spécialiste de Voltaire

Mercure de France, 15 novembre 1938 ; Henri Docquiert, *Églantine et vert-de-gris. Récit sur la Résistance toulousaine du Comité d'action socialiste*, publié sur Internet par Georges Portalès, 2010, p. 45 ; Pierre Petremann, *Raymond Naves, un humaniste en résistance*, éditions Loubatières, 2020, p. 121 ; *Le Midi socialiste*, 31 mars 1939 ; Pierre Petremann et Jean Sagnes, « Naves Raymond, Paul, Eugène », maitron.fr, 30 novembre 2010 ; Henri Docquiert, *Églantine et vert-de-gris*, *op. cit.*, p. 43, 51 et 83.

Souvenirs de la guerre d'Espagne

Anne-Aurore Inquimbert, *Un officier français dans la guerre d'Espagne. Carrière et écrits d'Henri Morel (1919-1944)*, Presses universitaires de Rennes, 2009, p. 177(n) ; *La Gazette de Biarritz-Bayonne et Saint-Jean-de-Luz*, 23 mars 1916 ; *Journal officiel*, 16 octobre 1941 ; *L'Appel*, 21 août 1941 ; André Weil-Curiel, *Le Temps de la honte*, II, *Éclipse en France*, Éditions du Myrte, 1946 ; *France-Soir*, 7 janvier 1945 ; *Je suis partout*, 10 janvier 1942 ; Condamné à mort à la Libération, l'ex-colonel Bordage meurt en détention d'une crise cardiaque en 1947.

L'ombre de Jean Moulin

Daniel Cordier, *Alias Caracalla*, Gallimard, 2009, p. 603-604 ; Daniel Cordier, *La Victoire en pleurant, Alias Caracalla (1943-1946)*, Gallimard, 2021, p. 29 et 31 ; « Pierre Kaan », anacr03.fr, sans date ; Yves Farge, *Rebelles, soldats et citoyens. Carnet d'un commissaire de la République*, Grasset, 1946, p. 20-21 ; Daniel Cordier, *La Victoire en pleurant*, *op. cit.*, p. 81.

Boulloche et les siens

« Ernest Gimpel », ordredelaliberation.fr ; Charles Kaiser, *Le Prix du courage. Une famille dans la Résistance*, Seuil, 2017, p. 24-25 et 122.

Sur la ligne

André Goupille, *Mon village sous la botte*, 1972, cité par Jean-Gilles Dutardre, *Les Goupille, une famille tourangelle dans la Résistance (1940-1945)*, Sutton, 2019, p. 55, 64, 106, 113 et 198.

Le maquis souterrain

Jean-Paul Nicolas, « Saint-Denis-le-Thiboult (Seine-Inférieure, Seine-Maritime). Le maquis des Diables noirs », maitron.fr, sans date ; Alain Brion, « La Résistance normande », beaucoudray.free.fr, sans date.

Le temps des communistes

Paul Le Goupil, *Un Normand dans... Itinéraire d'une guerre (1939-1945)*, Tiresias/Michel Reynaud, 1991, p. 94-95, 140, 104 et 74 ; Pierre Combes, « Deux exploits des FUJP », lot.pcf.fr, 1994.

Un chef

Martial Gauchais, *L'Enclume et la Faucille*, Cheminements, 2005, p. 44 et 48 ; *L'Humanité*, 24 juillet 1995 ; Pierre Durand, *Marcel Paul. Vie d'un « pitau »*, Messidor/Temps Actuels, 1983, p. 141, 164 et 277.

Les héros et les autres

Le Télégramme, 12 janvier 2014 ; « Aufaure Georges Henri », Amis de la Fondation pour la mémoire de la déportation de l'Allier (afmd-allier.com) ; Dossier d'instruction de Georges Despaux (Archives départementales des Pyrénées-Atlantiques, 30W 42), rapporté par Philippe Durut, « Georges Despaux : du Parti populaire français de Bayonne au triangle rouge de déporté politique à Buchenwald », retour-vers-les-basses-pyrenees.fr, 21 août 2019.

Patron de presse

Gérard Bonet, *L'Indépendant des Pyrénées-Orientales*, Publications de l'Olivier, 2004, p. 336, 334, 374-375, 388 et 391.

Le coturne de De Gaulle

Le Temps, 1er juin 1940 ; Paulette Emmanuel Depesme, *Ciel orageux, mais belles éclaircies*, Publibook, 2009, p. 67 et suiv. ; Philippe Radal, « Rémy Roure (1885-1966) », Fondation Charles de Gaulle (charles-de-gaulle.org), 24 septembre 2020 ; Charles Sirioud, *Brisures : de la typo aux kapos*, BGA Permezel, 2009, p. 193.

Le poète impérial

Renée Billot, *Léon Delarbre, le peintre déporté. Croquis d'Auschwitz, Buchenwald et Dora*, Éditions de l'Est, 1989, p. 42-43 ; *L'Ouest-Éclair*, 6 mars 1939 ; *Ce soir*, 2 mars 1939 ; *Le Mercure de France*, 1er octobre 1950 ; *Ce soir*, 2 mars 1939 ; *Ouest-France*, 3 octobre 2023 ; *Crapouillot*, novembre 1938, p. 51 ; *Le Matricule des Anges*, n° 58, novembre 2004.

Champagne

L'Union, 23 février 2016 ; « La grande histoire des maisons de Champagne », maisons-champagne.com, sans date ; Paul Chandon-Moët, préface à Alfred Untereiner (frère Birin), *16 mois de bagne. Buchenwald-Dora*, R. Dautelle, 1946, pedagogie.ac-reims.fr.

Hollywood

Les Tablettes d'Avignon et de Provence, 23 octobre 1932 ; *Le Petit Parisien*, 21 février 1927 ; *L'Écho de Paris*, 20 février 1927 ; *L'Ère nouvelle*, 18 novembre 1926 ; *Pour vous*, 13 octobre 1932 ; Jacques-Henri Lartigue, *L'Émerveillé. Écrit à mesure (1923-1931)*, Stock, 1981 ; *La Cinématographie française*, 9 juillet 1927 ; *La Petite Gironde*, 3 juin 1932 ; Jacques Bacelon, *L'Affaire de Broglie*, Jean Picollec, 1981, p. 75 ; Jesús Ynfante, *Un crime sous Giscard*, Maspero, 1981, p. 105.

En soutane

« Hommage aux abbés Tanguy victimes des bagnes nazis et aux enfants de Pont-Aven morts pour la France », Imprimerie cornouaillaise, 1947.

La filière du curé

Préface de Laurent Neury, *L'Espoir au bout du pont…*, Cabédita, 2019, p. 8 ; Jean-Claude Croquet, *Chemins de passage. Les passages clandestins entre la Haute-Savoie et la Suisse de 1940 à 1944*, La Salévienne, 1996, p. 33 ; Laurent Neury, *L'Espoir au bout du pont…*, *op. cit.*, p. 9 ; Jean-Claude Croquet, *Chemins de passage, op. cit.*, p. 33 et 34 ; « Entretien Marie-Louise Lefebvre », Inventaires des fonds de l'association Archives contestataires, Genève, sans date ; Laurent Neury, *L'Espoir au bout du pont…*, *op. cit.*, p. 150 ; Jean-Claude Croquet, *Chemins de passage, op. cit.*, p. 34-35.

Dans les alpages

Louis Poutrain, *La Déportation au cœur d'une vie*, Le Cerf, 1982, p. 48, 52, 67, 76, 80 et 86.

— La nuit —

Compiègne

L'assaut réel d'Utah Beach, le 6 juin, fera moins de victimes côté américain (200 environ) que la répétition du 27 avril ; Louis Poutrain, *La Déportation au cœur d'une vie, op. cit.*, p. 86-87 ; Paul Le Goupil, *Un Normand dans…*, *op. cit.*, p. 142 ; Léon Hoebeke, *Destination la mort (convoi du 27.4.44)*, Nouvelles Éditions Debresse, 1977, p. 26-27 ; Henri Margraff, *Le Serment de Kirrmann, op. cit.*, p. 53 ; Pierre Durand, *Marcel Paul, op. cit.*, p. 165-166 et 169.

Face à l'adversité

Michel Domenech, *Un grand voyage, op. cit.*, p. 47 ; Charles Sirioud, *Brisures, op. cit.*, p. 221 ; Henri Margraff, *Le Serment de Kirrmann, op. cit.*, p. 56 ; Pierre Beuvelet, *Soixante années ont passé !*, *op. cit.*, p. 25 ; Armand Roux, *De Poitiers à Bergen-Belsen. Mémoires d'un Résistant déporté*, Geste, 2015, p. 90 ; Paul Le Goupil, *Un Normand dans…*, *op. cit.*, p. 145 ; Michel Domenech, *Un grand voyage*, *op. cit.*, p. 45 ; Pierre Mallez, *Je suis un espion, op. cit.*, p. 54 ; Armand

Roux, *De Poitiers à Bergen-Belsen*, *op. cit.*, p. 84 ; « Maurice Berger, Juste parmi les Nations de Riom », *op. cit.* ; Jean Baumel, *De la guerre aux camps de concentration*, *op. cit.*, p. 136-137.

« C'est une salade extraordinaire »

Jean-Claude Stewart, *Ma famille, ma jeunesse, ma vie*, La Pensée universelle, 1993, p. 75-76 ; Paul Le Goupil, *Un Normand dans…*, *op. cit.*, p. 143 ; Pierre Mallez, *Je suis un espion*, *op. cit.*, p. 54 ; Rémy Roure, « Récit d'un déporté de la Seconde Guerre mondiale », conférence à l'Institution Notre-Dame de Valence, septembre 1945, cité par Pierre Petremann, *Raymond Naves*, *op. cit.*, p. 211 ; Michel Domenech, *Un grand voyage*, *op. cit.*, p. 45 ; André Bessière, *L'Engrenage*, *op. cit.*, p. 474-475 ; Charles Kaiser, *Le Prix du courage*, *op. cit.*, p. 124-125 ; Jean Baumel, *De la guerre aux camps de concentration*, *op. cit.*, p. 137 ; Lettre de Robert Desnos à Youki, 19 avril 1944, bibliothèque littéraire Jacques-Doucet ; Jean Baumel, *De la guerre aux camps de concentration*, *op. cit.*, p. 137 ; « Robert Desnos. La déportation. Témoignage d'André Bessière », desnos-1944-1945.over-blog.com, 18 juin 2013 ; Robert Desnos, « Sol de Compiègne », *Œuvres*, Gallimard, 1999.

Règlements de comptes

François Jacquemin, *De la Résistance au bagne*, *op. cit.*, p. 8 ; Léon Hoebeke, *Destination la mort*, *op. cit.*, p. 27 ; Paul Le Goupil, *Un Normand dans…*, *op. cit.*, p. 143 ; Léon Hoebeke, *Destination la mort*, *op. cit.*, p. 28 ; André Bessière, *L'Engrenage*, *op. cit.*, p. 477-478 ; Charles Chambon, *Seize mois dans les bagnes allemands*, Imprimerie du progrès, 1945, p. 11 ; Pierre Mallez, *Je suis un espion*, *op. cit.*, p. 52 ; Michel Domenech, *Un grand voyage*, *op. cit.*, p. 46. ; Henri Margraff, *Le Serment de Kirrmann*, *op. cit.*, p. 56 ; Pierre Beuvelet, *Soixante années ont passé !*, *op. cit.*, p. 26 ; Henri Margraff, *Le Serment de Kirrmann*, *op. cit.*, p. 56.

Départ

Pierre Beuvelet, *Soixante années ont passé !*, *op. cit.*, p. 26 ; Paul Le Goupil, *Un Normand dans...*, *op. cit.*, p. 146 ; Michel Domenech, *Un grand voyage*, *op. cit.*, p. 49 ; Jean-Claude Stewart, *Ma famille, ma jeunesse, ma vie*, *op. cit.*, p. 83 ; Pierre Mallez, *Je suis un espion*, *op. cit.*, p. 55 ; « La mort de Louis Boverie à Auschwitz-Birkenau », *Bulletin de l'association Flossenbürg et Kommandos*, n° 29, mars 1986, p. 10 ; Léon Hoebeke, *Destination la mort*, *op. cit.*, p. 36 et 111 ; desnos-1944-1945.over-blog.com.

Le grand voyage

Jean-Claude Stewart, *Ma famille, ma jeunesse, ma vie*, *op. cit.*, p. 84 ; Jean Baumel, *De la guerre aux camps de concentration*, *op. cit.*, p. 141 ; Paul Le Goupil, *Un Normand dans...*, *op. cit.*, p. 147 ; Pierre Durand, *Marcel Paul*, *op. cit.*, p. 170 ; Paul Le Goupil, *Un Normand dans...*, *op. cit.*, p. 148-149 ; Léon Hoebeke, *Destination la mort*, *op. cit.*, p. 35 ; Jean Baumel, *De la guerre aux camps de concentration*, *op. cit.*, p. 141 ; Jean-Claude Stewart, *Ma famille, ma jeunesse, ma vie*, *op. cit.*, p. 88-89 et 91 ; Henri Margraff, *Le Serment de Kirrmann*, *op. cit.*, p. 58 ; François Jacquemin, *De la Résistance au bagne*, *op. cit.*, p. 9 ; Michel Domenech, *Un grand voyage*, *op. cit.*, p. 50-51 ; Pierre Beuvelet, *Soixante années ont passé !*, *op. cit.*, p. 28 ; Paul Le Goupil, *Un Normand dans...*, *op. cit.*, p. 149 ; Pierre Mallez, *Je suis un espion*, *op. cit.*, p. 57.

Auschwitz

Jacques L'Hoste, *Matricule 185950*, Kerdoré, 1992 ; Jean Moulinet, *Chemins de croix*, Imprimerie commerciale et administrative, 1949 ; Paul Le Goupil, *Un Normand dans...*, *op. cit.*, p. 150 et 152 ; Pierre Eudes, « Souvenir tragique », *Message*, n° 29, mars 1986 ; Jean-Claude Stewart, *Ma famille, ma jeunesse, ma vie*, *op. cit.*, p. 103 ; Léon Hoebeke, *Destination la mort*, *op. cit.*, p. 42 ; Pierre Mallez, *Je suis un espion*, *op. cit.*, p. 60-61 ; Henri Margraff, *Le Serment de Kirrmann*, *op. cit.*, p. 61 ; Olga Wormser-Migot, *Le Système concentrationnaire nazi (1933-1945)*, PUF, 1968, p. 326 ;

Paul Le Goupil, *Un Normand dans…*, *op. cit.*, p. 155 ; fr.euronews.com, 26 janvier 2015 ; Annette Wieviorka, « Le rasage dans les camps d'extermination », tenoua.org, décembre 2020.

Nouveau départ

Pierre Mallez, *Je suis un espion*, *op. cit.*, p. 62 ; Henri Margraff, *Le Serment de Kirrmann*, *op. cit.*, p. 67 ; Pierre Petremann, *Raymond Naves*, *op. cit.*, p. 217-218.

Buchenwald

François Jacquemin, *De la Résistance au bagne*, *op. cit.*, p. 13 ; Louis Poutrain, *La Déportation au cœur d'une vie*, *op. cit.*, p. 120 ; Paul Le Goupil, *Un Normand dans…*, *op. cit.*, p. 170 et 169 ; Pierre Mallez, *Je suis un espion*, *op. cit.*, p. 68 ; asso-buchenwald-dora.com.

Un voyage sans fin

Henri Margraff, *Le Serment de Kirrmann*, *op. cit.*, p. 66 ; *Le Serment*, n° 70, février 1967 ; Michel Domenech, *Un grand voyage*, *op. cit.*, p. 72 ; Olga Wormser-Migot, *Le Système concentrationnaire nazi*, *op. cit.*, p. 327-328 ; Pierre Mallez, *Je suis un espion*, *op. cit.*, p. 68 ; François Jacquemin, *De la Résistance au bagne*, *op. cit.*, p. 13 ; Louis Poutrain, *La Déportation au cœur d'une vie*, *op. cit.*, p. 128 ; François Jacquemin, *De la Résistance au bagne*, *op. cit.*, p. 15 ; Charles Chambon, *Seize mois dans les bagnes allemands*, *op. cit.*, p. 28-29 ; Alfred Untereiner (frère Birin), *16 mois de bagne. Buchenwald-Dora*, *op. cit.*

Profession : déporté

Michel Domenech, *Un grand voyage*, *op. cit.*, p. 71 ; Pierre Beuvelet, *Soixante années ont passé !*, *op. cit.*, p. 43 ; Paul Le Goupil, *Un Normand dans…*, *op. cit.*, p. 192 ; Jean-Pierre Harbulot, *Résistance et déportation. Une famille meusienne dans la tourmente*, Dossiers documentaires meusiens, 2021, p. 105 ; Charles Sirioud, *Brisures*, *op. cit.*, p. 279 ; Pierre Durand, *Marcel Paul*, *op. cit.*, p. 185.

Sabotage

François Jacquemin, *De la Résistance au bagne, op. cit.*, p. 14 ; Pierre Mallez, *Je suis un espion, op. cit.*, p. 70 ; Pierre Beuvelet, *Soixante années ont passé !, op. cit.*, p. 43 ; Jean Baumel, *De la guerre aux camps de concentration, op. cit.*, p. 162 ; Paul Le Goupil, *Un Normand dans…, op. cit.*, p. 177 ; Jean-Claude Stewart, *Ma famille, ma jeunesse, ma vie, op. cit.*, p. 161 ; Didier Epelbaum, *Matricule 186140, histoire d'un combat*, Éditions Michel Hagège, 1997, p. 102.

Schonung

Armand Roux, *De Poitiers à Bergen-Belsen, op. cit.*, p. 240 ; Pierre Mallez, *Je suis un espion, op. cit.*, p. 80-81 ; Paul Le Goupil, *Un Normand dans…, op. cit.*, p. 203 et suiv.

Les kapos

Pierre Mallez, *Je suis un espion, op. cit.*, p. 70 ; Pierre Beuvelet, *Soixante années ont passé !, op. cit.*, p. 46 et 41 ; Marcel Paul, préface de Pierre Durand, *Les Français à Buchenwald et à Dora*, Éditions sociales, 1977, p. 11 ; Henri Margraff, *Le Serment de Kirrmann, op. cit.*, p. 87 ; Léon Hoebeke, *Destination la mort, op. cit.*, p. 69-70 ; Louis Poutrain, *La Déportation au cœur d'une vie, op. cit.*, p. 146-147 et 149 ; Henri Pfihl, « Robert Desnos à Flöha. Témoignage sur sa captivité », *Simoun*, n° 22-23, 1956 ; Michel Domenech, *Un grand voyage, op. cit.*, p. 74 ; Pierre Mallez, *Je suis un espion, op. cit.*, p. 69 ; Pierre Durand, *Les Français à Buchenwald et à Dora, op. cit.*, p. 12 ; Collectif, *Il venait de Céphée, il s'appelait Versins*, L'Âge d'Homme, 2003, p. 144.

Les SS

Charles Chambon, *Seize mois dans les bagnes allemands, op. cit.*, p. 27 et suiv. ; Jacques L'Hoste, *Matricule 185950, op. cit.* ; Pierre Beuvelet, *Soixante années ont passé !, op. cit.*, p. 48 ; Jean-Claude Stewart, *Ma famille, ma jeunesse, ma vie, op. cit.*, p. 145 ; François Jacquemin, *De la Résistance au bagne, op. cit.*, p. 13 ; Henri Margraff,

Le Serment de Kirrmann, op. cit., p. 98 ; Paul Le Goupil, *Un Normand dans…, op. cit.*, p. 213-214.

La nuit

Louis Poutrain, *La Déportation au cœur d'une vie, op. cit.*, p. 130-131 ; Michel Domenech, *Un grand voyage, op. cit.*, p. 75 ; Henri Margraff, *Le Serment de Kirrmann, op. cit.*, p. 104 ; Jean-Claude Stewart, *Ma famille, ma jeunesse, ma vie, op. cit.*, p. 142 ; Pierre Beuvelet, *Soixante années ont passé !, op. cit.*, p. 40.

Le froid et la faim

Jean Baumel, *De la guerre aux camps de concentration, op. cit.*, p. 165-166 ; Henri Margraff, *Le Serment de Kirrmann, op. cit.*, p. 81 ; Pierre Beuvelet, *Soixante années ont passé !, op. cit.*, p. 49 ; Michel Domenech, *Un grand voyage, op. cit.*, p. 88 ; Jacques L'Hoste, *Matricule 185950, op. cit.* ; Léon Hoebeke, *Destination la mort, op. cit.*, p. 93 ; Jean Baumel, *De la guerre aux camps de concentration, op. cit.*, p. 165 et 172 ; Pierre Simon-Letertre, *Marcel Letertre. Notes de déportation*, Association Marcel et Geneviève Letertre, 2005, p. 169.

Santé

Pierre Beuvelet, *Soixante années ont passé !, op. cit.*, p. 26 ; Pierre Mallez, *Je suis un espion, op. cit.*, p. 66 ; Michel Domenech, *Un grand voyage, op. cit.*, p. 61 et 78 ; Armand Roux, *De Poitiers à Bergen-Belsen, op. cit.*, p. 240 ; Jean-Claude Stewart, *Ma famille, ma jeunesse, ma vie, op. cit.*, p. 134 ; *Message, bulletin de l'Association des déportés et familles de disparus du camp de concentration de Flossenbürg et kommandos*, n° 88, décembre 2021 ; Pierre Beuvelet, *Soixante années ont passé !, op. cit.*, p. 39 et 48 ; Pierre Mallez, *Je suis un espion, op. cit.*, p. 65 ; Arolsen Archives, personal file of Nivromont Robert ; Jean-Claude Stewart, *Ma famille, ma jeunesse, ma vie, op. cit.*, p. 133 ; Paul Le Goupil, *Un Normand dans…, op. cit.*, p. 206.

Camaraderie

Louis Poutrain, *La Déportation au cœur d'une vie, op. cit.*, p. 144 ; Jean Baumel, *De la guerre aux camps de concentration, op. cit.*, p. 172-173. Le poème de Desnos dit « *Leurs* mains avaient des lignes sans nombre » et non pas « *Nos* mains » ; Pierre Mallez, *Je suis un espion, op. cit.*, p. 72 et 71 ; Charles Kaiser, *Le Prix du courage, op. cit.*, p. 208 ; Michel Domenech, *Un grand voyage, op. cit.*, p. 89 et 78 ; Jean-Claude Stewart, *Ma famille, ma jeunesse, ma vie, op. cit.*, p. 133 et 147 ; Pierre Beuvelet, *Soixante années ont passé !, op. cit.*, p. 48 ; Jean Baumel, *De la guerre aux camps de concentration, op. cit.*, p. 163 ; Pierre Mallez, *Je suis un espion, op. cit.*, p. 71 ; Michel Domenech, *Un grand voyage, op. cit.*, p. 76-77 ; Henri Margraff, *Le Serment de Kirrmann, op. cit.*, p. 86 ; Charles Kaiser, *Le Prix du courage, op. cit.*, p. 175 ; Arolsen Archives, personal file of Le Goupil Paul et Besnard Jacques ; Pierre Simon-Letertre, *Marcel Letertre, op. cit.*, p. 111-112 ; Jean Baumel, *De la guerre aux camps de concentration, op. cit.*, p. 164 ; Robert Desnos, *Œuvres, op. cit.*, p. 1277-1278.

Le moral

Henri Margraff, *Le Serment de Kirrmann, op. cit.*, p. 87-88 et 97 ; Pierre Mallez, *Je suis un espion, op. cit.*, p. 72 et 75 ; Louis Poutrain, *La Déportation au cœur d'une vie, op. cit.*, p. 130 ; François Jacquemin, *De la Résistance au bagne, op. cit.*, p. 14-15.

Évasion

« Entretien avec M. de Garder sur sa déportation à Flöha », 12 avril 1988, asso-flossenburg.com ; Alfred Untereiner (frère Birin), *16 mois de bagne. Buchenwald-Dora, op. cit.*

Un long hiver

Henri Margraff, *Le Serment de Kirrmann, op. cit.*, p. 87 et 105-106 ; François Jacquemin, *De la Résistance au bagne, op. cit.*, p. 15-16 ; Jacques L'Hoste, *Matricule 185950, op. cit.* ; Pierre Mallez, *Je suis un espion, op. cit.*, p. 79 ; Louis Poutrain, *La Déportation au cœur d'une vie, op. cit.*, p. 152.

Évacuation

Pierre Mallez, *Je suis un espion, op. cit.*, p. 81-82*;* Jacques L'Hoste, *Matricule 185950, op. cit.*

Les marches de la mort

François Jacquemin, *De la Résistance au bagne, op. cit.*, p. 16 ; Léon Hoebeke, *Destination la mort, op. cit.*, p. 99 ; Michel Domenech, *Un grand voyage, op. cit.*, p. 97-98 ; Paul Le Goupil, *Un Normand dans…, op. cit.*, p. 226, 228, 235 et 237 ; Daniel et Jean-Pierre Millot, *« Vous m'avez fait pleurer tous les jours »*, L'Harmattan, 2022, p. 150-151 ; Jean Baumel, *De la guerre aux camps de concentration, op. cit.*, p. 176-177 et 182-183 ; Jean-Claude Stewart, *Ma famille, ma jeunesse, ma vie, op. cit.*, p. 202 ; Léon Hoebeke, *Destination la mort, op. cit.*, p. 101-102.

— Après la nuit —

Liberté

Pierre Durand, *Marcel Paul, op. cit.*, p. 207 ; Pierre Beuvelet, *Soixante années ont passé !, op. cit.*, p. 58 ; Jean Baumel, *De la guerre aux camps de concentration, op. cit.*, p. 184 ; Armand Roux, *De Poitiers à Bergen-Belsen, op. cit.*, p. 366 ; Charles Chambon, *Seize mois dans les bagnes, op. cit.*, p. 3 ; *Les Actualités françaises*, 25 mai et 18 juin 1945 ; Armand Roux, *De Poitiers à Bergen-Belsen, op. cit.*, p. 367 ; Jacques L'Hoste, *Matricule 185950, op. cit.* ; Charles Chambon, *Seize mois dans les bagnes, op. cit.*, p. 35 ; François Jacquemin, *De la Résistance au bagne, op. cit.*, p. 16 ; Jean Delaude, *La Porte aux crocodiles*, Myosotis, 2002, p. 278.

Desnos

Ibid., p. 278 ; Pierre Beuvelet, *Soixante années ont passé !, op. cit.*, p. 48 ; Jean Baumel, *De la guerre aux camps de concentration, op. cit.*, p. 191 ; Léon Hoebeke, *Destination la mort, op. cit.*, p. 110 ; Didier Epelbaum, *Matricule 186140, op. cit.*, p. 169 ; Daniel et Jean-Pierre Millot, *« Vous m'avez fait pleurer tous les jours »*, *op. cit.*, p. 151 ;

Pierre Mallez, *Je suis un espion*, *op. cit.*, p. 87 ; Jean Baumel, *De la guerre aux camps de concentration*, *op. cit.*, p. 187-188 ; « Déclaration de Josef Stuna sur la mort de Robert Desnos », bibliothèque littéraire Jacques-Doucet, fonds Desnos ; l'authenticité et l'existence du « dernier poème » de Robert Desnos sont contestées par ses biographes : Dominique Desanti parle de « légende » et estime que ces vers rappellent un poème que Desnos a écrit en 1926 : « J'ai tant rêvé de toi » (*Corps et biens*, 1930, NRF/Gallimard).

Retour

Jean Baumel, *De la guerre aux camps de concentration*, *op. cit.*, p. 190 ; Léon Hoebeke, *Destination la mort*, *op. cit.*, p. 105-106 et 108-109 ; Pierre Mallez, *Je suis un espion*, *op. cit.*, p. 87 ; Charles Chambon, *Seize mois dans les bagnes allemands*, *op. cit.*, p. 37 ; Paul Le Goupil, *Un Normand dans…*, *op. cit.*, p. 261 ; Henri Margraff, *Le Serment de Kirrmann*, *op. cit.*, p. 113 ; Pierre Beuvelet, *Soixante années ont passé !*, *op. cit.*, p. 61 ; Michel Domenech, *Un grand voyage*, *op. cit.*, p. 103 ; Jean-Claude Stewart, *Ma famille, ma jeunesse, ma vie*, *op. cit.*, p. 233.

Des retrouvailles amères

Pierre Mallez, *Je suis un espion*, *op. cit.*, p. 88 ; Jean-Pierre Harbulot, *Résistance et déportation*, *op. cit.*, p. 109 ; Charles Kaiser, *Le Prix du courage*, *op. cit.*, p. 209-210 ; *Le Monde*, 6 novembre 1946 ; Louis Poutrain, *La Déportation au cœur d'une vie*, *op. cit.*, p. 168 ; Jean-Gilles Dutardre, *Les Goupille*, *op. cit.*, p. 202 ; Collectif, *Il venait de Céphée*, *op. cit.*, p. 145 ; « Témoignage d'André Bessière », desnos-1944-1945.over-blog.com, 10 juin 2013 ; Jean-Jacques Rousseaux, *Mon père me raconte : Auschwitz-Buchenwald-Flossenbürg*, Édilivre, 2016, p. 119-120 ; Jean-Pierre Harbulot, *Résistance et déportation*, *op. cit.*, p. 122.

Déporté et coupable

« Le procès du maréchal Pétain, audience du 31 juillet 1945 » ; Paul Le Goupil, *Un Normand dans…*, *op. cit.*, p. 262 ; Henri

Margraff, *Le Serment de Kirrmann*, *op. cit.*, p. 35 ; *Midi Libre*, 27 juillet 1945 ; Paul Le Goupil, *Un Normand dans…*, *op. cit.*, p. 272 ; *Liberté-Soir*, 29 juin 1946 ; Jean-Marc Binot et Bernard Boyer, *Nom de code : Brutus*, *op. cit.*, p. 200n et 264 ; *L'Ardennais*, 22 octobre 1945 ; Pierre Beuvelet, *Soixante années ont passé !*, *op. cit.*, p. 63 ; Rapporté par Philippe Durut, « Georges Despaux : du Parti populaire français de Bayonne au triangle rouge de déporté politique à Buchenwald », art. cit. ; André Bessière, *Revivre après. L'impossible oubli de la déportation*, éditions du Félin, 2006, p. 107 ; Jean Delaude, *La Porte aux crocodiles*, *op. cit.*, p. 284.

Ceux qui sont revenus et les autres

Jean-Jacques Rousseaux, *Mon père me raconte*, *op. cit.*, p. 6 ; lamaurienne.fr, 31 décembre 2015 ; vrid-memorial.com, 13 septembre 2023 ; Paul Le Goupil, *Un Normand dans…*, *op. cit.*, p. 262-264 ; Pierre Mallez, *Je suis un espion*, *op. cit.*, p. 89 ; france3-regions.francetvinfo.fr, 23 avril 2024 ; Jean Delaude, *La Porte aux crocodiles*, *op. cit.*, p. 279 ; chantran.vengeance.free.fr ; *Le Livre des 9 000 déportés de Mittelbau-Dora*, sous la direction de Laurent Thiery, Cherche Midi, 2020, p. 2224 ; Patrick Mottard, « Edgard Ponthus, mon grand-père », 22 juillet 2017, patrickmottard.wordpress.com ; Jean Baumel, *De la guerre aux camps de concentration*, *op. cit.*, p. 181 ; Paul Le Goupil, *Un Normand dans…*, *op. cit.*, p. 222n, 227n et 230n ; André Bessière, *Revivre après*, *op. cit.*, p. 209 ; *Buchenwald*, juillet-août-septembre 1947 ; André Bessière, *Revivre après*, *op. cit.*, p. 106-107 ; Charles Kaiser, *Le Prix du courage*, *op. cit.*, p. 214 ; Paul Le Goupil, *Un Normand dans…*, *op. cit.*, p. 265.

Des lendemains

Jean-Claude Stewart, *Ma famille, ma jeunesse, ma vie*, *op. cit.*, p. 236 ; Jean-Jacques Rousseaux, *Mon père me raconte*, *op. cit.*, p. 6 ; Jacques L'Hoste, *Matricule 185950*, *op. cit.* ; Pierre Mallez, *Je suis un espion*, *op. cit.*, p. 88 ; *Le Monde*, 21 avril 1945 ; *Le Segréen*, 29 mai 1948 ; *Paris-Presse L'Intransigeant*, 9 et 10 mars 1951 ; *L'Aurore*,

12 mars 1951 ; *L'Ardennais*, 29 novembre 1951 ; *La Croix*, 30 novembre 1951 ; Jacques Bacelon, *L'Affaire de Broglie*, *op. cit.*, p. 76 ; *Le Monde*, 13 janvier 1977 ; Jean Delaude, *La Porte aux crocodiles*, *op. cit.*, p. 298 ; *Georges Despaux à Buchenwald : des dessins pour l'histoire*, Cairn, 2017 ; Cécile Chabaud, *Indigne*, Écriture, 2023 ; Paul Le Goupil, *Un Normand dans…*, *op. cit.*, p. 264.

Politiques

Charles Kaiser, *Le Prix du courage*, *op. cit.*, p. 214, 217, 233 et 239 ; asso-flossenburg.com ; asso-buchenwald-dora.com ; Henri Margraff, *Le Serment de Kirrmann*, *op. cit.*, p. 70 ; Pierre Durand, *Marcel Paul*, *op. cit.*, p. 230-231 ; Pierre Beuvelet, *Soixante années ont passé !*, *op. cit.*, p. 22 ; Jacques L'Hoste, *Matricule 185950*, *op. cit.* ; Charles Sirioud, *Brisures*, *op. cit.*, p. 258 ; Louis Poutrain, *La Déportation au cœur d'une vie*, *op. cit.*, p. 103.

Dire ou ne pas dire

Pierre Mallez, *Je suis un espion*, *op. cit.*, p. 89 ; *La Provence*, 28 août 2019 ; france3-regions.francetvinfo.fr, 23 avril 2024 ; Didier Epelbaum, *Matricule 186140*, *op. cit.*, p. 32-33 ; « Témoignage d'André Bessière », desnos-1944-1945.over-blog.com, 10 juin 2013 ; Paul Le Goupil, *Un Normand dans…*, *op. cit.*, p. 262 ; André Verdet, *Anthologie des poèmes de Buchenwald*, Robert Laffont, 1946, p. 8 ; Pierre Simon-Letertre, *Marcel Letertre*, *op. cit.*, p. 201 ; Charles Chambon, *Seize mois dans les bagnes allemands*, *op. cit.*, p. 40 ; Paul Le Goupil, *Un Normand dans…*, *op. cit.*, p. 269-270 et 183 ; compiegne-pierrefonds.fr ; *Le Petit Bleu*, 8 août 1999 ; histoire-genealogie.com, 1er octobre 2015 ; Didier Epelbaum, *Matricule 186140*, *op. cit.*, p. 32 ; Jean-Jacques Rousseaux, *Mon père me raconte…*, *op. cit.*, p. 6 ; Pierre Mallez, *Je suis un espion*, *op. cit.*, p. 89 ; Jacques L'Hoste, *Matricule 185950*, *op. cit.* ; André Bessière, *Revivre après*, *op. cit.*, p. 8 ; Armand Roux, *De Poitiers à Bergen-Belsen*, *op. cit.*, p. 419 ; Robert Desnos, *Œuvres*, *op. cit.*, p. 1256.

BIBLIOGRAPHIE SÉLECTIVE

Robert Antelme, *L'Espèce humaine*, Gallimard, 1978.
Jacques Bacelon, *L'Affaire de Broglie*, Jean Picollec, 1981.
Jean Baumel, *De la guerre aux camps de concentration : témoignages*, CGC, 1974.
André Bessière, *L'Engrenage*, Buchet-Chastel, 1991.
–, *D'un enfer à l'autre*, Buchet-Chastel, 1997.
–, *Destination Auschwitz avec Robert Desnos*, L'Harmattan, 2001.
–, *Revivre après. L'impossible oubli de la déportation*, Félin, 2006.
Pierre Beuvelet, *Soixante années ont passé ! Les guerres du XXe siècle à travers les témoignages oraux*, Collection Michel El Baze, 1989.
Renée Billot, *Léon Delarbre, le peintre déporté*, Éditions de l'Est, 1989.
Jean-Marc Binot et Bernard Boyer, *Nom de code : Brutus. Histoire d'un réseau de la France libre*, Fayard, 2007.
Pierre Bitoun, *Les Hommes d'Uriage*, La Découverte, 1988.
Jean Bizien, *Sous l'habit rayé, à chacun son destin*, Éditions de la Cité, 1987.
Gérard Bonet, *L'Indépendant des Pyrénées-Orientales*, Publications de l'Olivier, 2004.

Michel Caron, *Par un si long chemin… Le voyage au bout de la nuit*, à compte d'auteur, 2009.
Cécile Chabaud, *Indigne*, Écriture, 2023.
Charles Chambon, *Seize mois dans les bagnes allemands*, Imprimerie du Progrès, 1946.
Daniel Cordier, *Alias Caracalla*, Gallimard, 2009.
–, *La Victoire en pleurant. Alias Caracalla (1943-1946)*, Gallimard, 2021.
Jean-Claude Croquet, *Chemins de passage. Les passages clandestins entre la Haute-Savoie et la Suisse de 1940 à 1944*, La Salévienne, 1996.
Léon Delarbre, *Auschwitz Buchenwald Bergen Dora : croquis clandestins*, Michel de Romilly, 1945.
Jean Delaude, *La Porte aux crocodiles*, Myosotis, 2002.
Charlotte Delbo, *Le Convoi du 24 janvier*, Minuit, 1965.
Paulette Emmanuel Depesme, *Ciel orageux, mais belles éclaircies*, Publibook, 2009.
Dominique Desanti, *Robert Desnos, le roman d'une vie*, Mercure de France, 1999.
Robert Desnos, *Œuvres*, Gallimard, 1999.
Youki Desnos, *Les Confidences de Youki*, Fayard, 1957.
Georges Despaux à Buchenwald : des dessins pour l'histoire, Cairn, 2017.
Henri Docquiert, *Églantine et vert-de-gris. Récit sur la Résistance toulousaine du Comité d'action socialiste*, publié par Georges Portalès, 2010.
Michel Domenech, *Un grand voyage*, Archives de l'École polytechnique, Association X-Résistance, 1997.
Laurent Douzou, *La Désobéissance. Histoire d'un mouvement et d'un journal clandestins : Libération-Sud (1940-1944)*, Odile Jacob, 1995.

Marie-Claire Dumas, *La Résistance en Île-de-France*, AERI, 2004.
Pierre Durand, *Les Français à Buchenwald et à Dora*, Éditions sociales, 1977.
–, *Marcel Paul. Vie d'un « pitau »*, Messidor/Temps Actuels, 1983.
Jean-Gilles Dutardre, *Les Goupille. Une famille tourangelle dans la Résistance (1940-1945)*, Sutton, 2019.
Didier Epelbaum, *Matricule 186140. Histoire d'un combat*, Éditions Michel Hagège, 1997.
Jean Estèbe, *Toulouse (1940-1944)*, Cairn, 2022.
Yves Farge, *Rebelles, soldats et citoyens. Carnet d'un commissaire de la République*, Grasset, 1946.
Bernard Fillaire, *Jusqu'au bout de la Résistance*, Stock, 1997.
Roger Foucher-Créteau, *Écrit à Buchenwald (1944-1945)*, La Boutique de l'Histoire, 2001.
Martial Gauchais, *L'Enclume et la Faucille*, Cheminements, 2005.
Jean-Pierre Harbulot, *Résistance et déportation. Une famille meusienne dans la tourmente*, Dossiers documentaires meusiens, 2021.
Léon Hoebeke, *Destination la mort (convoi du 27.4.44), récit authentique*, Nouvelles Éditions Debresse, 1977.
François Jacquemin (André Blécourt), *De la Résistance au bagne*, Fernand Nathan, 1945.
Nelly Johnson, *Matricule 185785. Montesson-La Borde 1904-Paris 1996*, NJart, 2016.
Laurent Joly, *Vichy dans la « Solution finale ». Histoire du commissariat général aux Questions juives*, Grasset, 2006.
Charles Kaiser, *Le Prix du courage. Une famille dans la Résistance*, Seuil, 2017.
Paul Le Goupil, *La Route des crématoires*, L'Amitié par le livre, 1962.

–, *Un Normand dans… Itinéraire d'une guerre (1939-1945)*, Tiresias/Michel Reynaud, 1991.

Tadeusz Łepkowski, *Une école libre polonaise en France occupée*, Mémoire du Lycée Cyprian Norwid, juin 2013.

Primo Levi, *Si c'est un homme*, Pocket, 1998.

Jacques L'Hoste, *Matricule 185950*, Kerdoré, 1992.

Pierre Mallez, *Je suis un espion ou les tribulations d'un élève HEC de 1941 à 1945*, à compte d'auteur, Paris, 1996.

Henri Margraff, *Le Serment de Kirrmann. Chronique d'une guerre ordinaire. Auschwitz, Buchenwald, Flossenbürg*, Jérôme Do Bentzinger, 2009.

Patrick Marnham, *Guerres dans les ténèbres. Résistance, désinformation et trahison dans la France occupée*, Rosie & Wolfe, 2024.

Bruce Marshall, *The White Rabbit. The Secret Agent the Gestapo Could Not Crack*, Cassel, 1952.

Daniel et Jean-Pierre Millot, *« Vous m'avez fait pleurer tous les jours »*, L'Harmattan, 2022.

Jean Moulinet, *Chemins de croix*, Imprimerie commerciale et administrative, 1949.

Laurent Neury, *L'Espoir au bout du pont… Histoire de la filière de Douvaine (1939-1945)*, Cabédita, 2019.

Robert O. Paxton, *La France de Vichy*, Seuil, 1973.

Pierre Petremann, *Raymond Naves, un humaniste en résistance*, Loubatières, 2020.

Louis Poutrain, *La Déportation au cœur d'une vie*, Le Cerf, 1982.

Jean-Jacques Rousseaux, *Mon père me raconte : Auschwitz-Buchenwald-Flossenbürg*, Édilivre, 2016.

Armand Roux, *De Poitiers à Bergen-Belsen. Mémoires d'un Résistant déporté*, Geste, 2015.

Jorge Semprun, *Le Grand Voyage*, Gallimard, 1963.

–, *Quel beau dimanche*, Gallimard, 1980.

Pierre Simon-Letertre, *Marcel Letertre. Notes de déportation*, Association Marcel et Geneviève Letertre, 2005.

Charles Sirioud, *Brisures : de la typo aux kapos*, BGA Permezel, 2009.

Jean-Claude Stewart, *Ma famille, ma jeunesse, ma vie*, La Pensée universelle, 1993.

Alfred Untereiner (frère Birin), *16 mois de bagne. Buchenwald-Dora*, R. Dautelle, 1946.

Hervé Villeré, *L'Affaire de la Section spéciale*, Fayard, 1973.

André Weil-Curiel, *Le Temps de la honte*, II, *Éclipse en France*, Éditions du Myrte, 1946.

Annette Wieviorka, *Déportation et génocide, entre la mémoire et l'oubli*, Pluriel, 1995.

Olga Wormser-Migot, *Le Système concentrationnaire nazi (1933-1945)*, PUF, 1968.

Jesús Ynfante, *Un crime sous Giscard*, Maspero, 1981.

Le Convoi des Tatoués, Auschwitz, Buchenwald, Flossenbürg et kommandos, Amicale des déportés tatoués du 27 avril 1944, 1999.

Il venait de Céphée, il s'appelait Versins (collectif), L'Âge d'Homme, 2003.

Le Livre des 9 000 déportés de Mittelbau-Dora (collectif), sous la direction de Laurent Thiery, Cherche Midi, 2020.

Telles furent nos jeunes années. Le pays castelbriantais sous l'Occupation (collectif), Les Dossiers de la Mée, 2003.

La liste des 1 670 déportés du convoi des Tatoués est consultable grâce au Livre mémorial de la Fondation pour la mémoire de la Déportation (bddm.org) et de nombreuses informations complémentaires sont disponibles sur le site de l'Amicale des déportés tatoués du 27 avril 1944 (27avril44.org).

TABLE

La nuit

APRÈS LA NUIT

Cet ouvrage a été composé par IGS-CP
à L'Isle-d'Espagnac (16)
et achevé d'imprimer par
l'Imprimerie Bussière, à Saint-Amand-Montrond,
pour le compte de S.N. Éditions Anne Carrière,
57, rue Gaston-Tessier, 75019 Paris
en décembre 2024.

Imprimé en France
Dépôt légal : janvier 2025
N° d'édition : 1134 – N° impression : 2082279